KB233770

구글은 **일하는 방식**이 다르다

Google

구글은
일하는 방식이
다르다

버나드 지라드 지음 | 이영숙 옮김

구글 월드, 그들이 만드는 세상

제1차 세계대전 직후 포드(Ford)와 GM(General Motors)은 재무관리, 통계관리, 대량생산, 표준화, 과학적인 조립라인, 부서단위에서의 자율경영 등을 통해 현대적인 개념의 '기업'을 만들었다. 1960년대에는 신용판매, 셀프서비스 스토어, 방송네트워크, 대중매체의 광고, 브랜드, 세계시장을 대상으로 한 제품을 출시하면서 소비사회(consumer society)가 형성되었다. 1980년대에는 도요타(Toyota)가 지속적인 개선(continuous refinement)을 통해 자기들만의 독특한 기업문화를 만들며 제품의 품질에 집중하는 기업의 대명사가 되었다. 2009년 현재, 비즈니스 세계는 어떤 기업에 의해 어떤 변화가 일어나고 있을까?

이 새로운 패러다임을 주도하고 있는 기업으로 구글을 거론하는 것에 이의를 제기하는 사람은 없을 것이다. 구글(Google)은 일하는 방식과 조직을 관리하는 방법, 직원들을 이끌어가는 방법 면에서 기존의 경영방식을 벗어나 자신들만의 독특한 길을 열어 가고 있기 때문이다.

구글은 1990년대 초 캘리포니아 실리콘밸리에서 탄생한 '인 터넷 경제'라는 특별한 환경 속에서 태동되었다. GM, 포드, 도 요타 같은 거대한 회사와는 달리 실리콘밸리는 젊은 창업자들이 자신의 에너지와 아이디어를 마음껏 쏟아낼 수 있는 환경을 조 성해 주었다.

그렇지만 구글의 새로운 조직운영방법으로 잘 알려진 마사지 서비스, 무료 점심, 수영장, 배구코트 같은 것들이 구글의 공동 창업자인 래리 페이지와 세르게이 브린을 관심의 대상으로 만든 것은 아니다.

구글을 이전의 기업과는 다른 새로운 기업형태라고 말할 수 있 는 참된 이유는 인적자원을 관리하는 방법, 제품과 서비스를 만 들어내는 방법, 고객관리 그리고 무엇보다도 일하는 방식에서 혁 신적인 시도를 계속 했기 때문이다. 이런 경영방식은 구글이 자 체적으로 창안한 것이긴 하지만 공동창립자의 모교인 스탠포드 대학에 근무하는 협력자들과, 다른 기술관련 회사로부터 간접적 으로 배운 것들도 상당수 있다.

하지만 구글은 이 모든 방식을 체계적으로 실행에 옮긴 최초의 회사라는 점에서 주목을 끌었다. 회사의 급속한 성장, 공동창립 자들이 가지고 있는 성격과 비전, 과학적인 기업문화를 만들고 그것이 뿌리내리게 한 그들의 집념, 그리고 이 모든 것들을 실행으로 옮길 수 있게 해준 그들의 전문지식이 하나로 뭉쳐져 '구글 방식(Google Way)'이라는 독특한 비즈니스 모델이 만들어진 것이다.

내가 이 책을 쓴 목적은 '구글 방식'이 성공할 수밖에 없었던 요인을 이해하는 데 필요한 핵심열쇠를 많은 사람들에게 알려주는 데 있다. 구글의 방식은 세계 최고의 경영대학원에서 앞다투어 가르치고 있는 우수사례(best practices)와는 거리가 멀다.

구글이 만들어낸 자기들만의 독특한 경영모델은 그들의 경영혁신 노력을 더 의미 있게 해준다. 나는 독자들이 이 책을 통해 '구글 방식'이라는 새로운 패러다임을 보다 잘 이해할 수 있기를 바란다. 뿐만 아니라 독자가 속한 영역에서 구글 방식을 구체적으로 적용해볼 수 있는 좋은 방법을 찾을 수 있기를 기대한다.

버나드 지라드

차례

Part 1 회사의 틀 갖추기

1. 전통과 융합한다 · 14

래리 페이지와 세르게이 브린은 기술적인 전통을 잘 이어받았다. 그들의 아이디어는 지난 반세기 동안 개발되어 왔던 인공지능이라는 개념을 발전시킨 것이었다.

2. 학문적인 열정을 잃지 않는다 · 20

구글의 역사를 읽어나가다 보면 독자들은 구글의 핵심강점 중 하나가 학문적인 커뮤니티와의 관계를 통해 연구활동을 유지해온 점이라는 것을 확인하게 된다.

3. 자본에 종속되지 않는다 · 28

래리와 세르게이가 벤처캐피털리스트들이 마음대로 회사 경영에 개입하게 내버려두고, 특허를 내고 한 분야에 전문화하라는 그들의 압력에 굴복했다면 지금 우리가 알고 있는 구글은 없었을 것이다.

4. 트렌드에 저항한다 · 37

구글 창업자들이 공통적으로 가지고 있는 특징은 독립과 자율을 향한 갈망이다. 그들은 도박꾼이라기보다 모험을 좋아하는 창조자라고 할 수 있다.

5. 소비자의 감성보다 이성에 호소한다 · 44

전통적인 대중매체의 광고가 소비자를 브랜드로 유인하고 설득하여 충성심을 얻어내는 것과 달리, 구글 광고는 대부분 사용자들에게 유용한 정보를 주고자 한다.

6. 자신의 강점을 최대한 활용한다 · 60

구글은 광고주에게 아무것도 빚진 것이 없기 때문에 광고하는 제품이나 서비스가 이를 비판하는 사이트의 링크에 나타나더라도 전혀 개의치 않는다.

회사의
틀 갖추기

Part 1

1995년 봄 미국 스탠포드대학에서 검색엔진의 성능을 개선하는 프로젝트에 참여했던 래리 페이지와 세르게이 브린이라고 하는 두 대학생에 대한 전설은 수없이 들어왔다. 그로부터 10여 년의 시간이 흐른 후 그 두 사람은 어떻게 되었을까? 기억도 까마득한 전설에서 어쩌다 기억나는 그런 인물이 되었을까? 그렇지 않다. 그들은 지금 역사상 가장 성공적인 기업 중 하나인 구글을 이끌어가고 있다. 그들의 이야기는 다른 기업가들의 이야기와 유사한 점이 많다. PC업계의 스티브 잡스와 빌 게이츠, 자동차업계의 헨리 포드나 알프레드 슬로언과 공통되는 점을 많이 가지고 있다. 하지만 그들과 구분되는 아주 특별한 점은 페이지와 브린이 선택한 시장과, 구글의 조직환경이 곧 구글 이야기의 핵심이라는 것이다.

1

전통과 융합한다

래리 페이지와 세르게이 브린은 기술적인 전통을 잘 이어
받았다. 그들의 아이디어는 지난 반세기 동안 개발되어 왔던
인공지능이라는 개념을 발전시킨 것이었다.

구글의 공동창립자인 래리 페이지(Larry Page)와 세르게이 브린
(Sergey Brin)은 탁월한 재능을 가진 이들이다. 세계를 움직일만한
강력한 팀을 만든 사람으로 이들 외에 어떤 사람이 기억나는가?

래리와 세르게이는 부자로 머무르는 것에 만족하지 않고 미래의
꿈에 대한 확신과 자신감에 보다 많은 의미를 두었다. 그들은 세상
을 변화시키고 싶어 했고, 인터넷에서 검색기능을 향상시키겠다는
뜨거운 열정을 함께 나누고 있다. 자유로운 사고를 가진 이 청년들
은 기존의 경영관행에 어긋나는 결정도 거침없이 내린다.

래리와 세르게이는 다른 회사의 공동창립자들과 마찬가지로 진실한 친구사이다. 대학동기인 빌 게이츠와 폴 앨런은 마이크로소프트(Microsoft)사를 공동 창립했고, 대학시절 친구인 댄 브리클린과 밥 프랭크스톤은 최초의 스프레드시트를 개발한 비지칼크(VisiCalc)를 만들었다. 스티브 워즈니악과 스티브 잡스는 18살 때 휴렛팩커드(Hewlett-Packard)가 주최한 여름 IT강좌에서 처음으로 만났다. 휴렛팩커드 또한 빌 휴렛과 데이브 팩커드라는 스탠포드대학 동기가 설립한 회사이다. 계속하자면 끝이 없다.

우정은 편안하게 아이디어를 교환하고 검증해볼 수 있는 공간을 마련해주고, 서로를 성공으로 이끌어주는 핵심적인 힘이 되어준다. 실리콘밸리처럼 리스크가 많고 부침이 심한 경영환경 속에서 우정은 회사의 독립을 위협하는 압력에 저항할 수 있게 해주는, '그래도 내 편이 있다' 는 강한 정신적 요람 역할을 한다.

래리와 세르게이는 자원을 효과적으로 활용할 줄 아는 사람들이다. 사회학자 하워드 베커는 저서 《예술세계(Art Worlds)》에서 개인주의자 중에서도 가장 개인주의적이라고 할 수 있는 예술가에게는 작품을 창조하기 위한 '예술세계' 라는 것이 꼭 필요하다고 설명했다. 기업가의 경우도 별반 다르지 않다. 구글의 공동창립자들은 그들에게 호의적인 환경뿐만 아니라 운까지 좋은 상황을 만나는 바람에 믿기 어려울 정도의 혜택을 입었다. 두 사람이 다녔던 스탠포드대학은 지금도 최고로 숙련된 웹 기술개발자를 키우기 위해 UC버클리대학과 경쟁을 벌이고 있다.(이전의 거대한

두 검색엔진 야후(Yahoo!)와 익사이트(ExcIte)는 모두 스탠포드에서 나왔다)

래리와 세르게이는 초기 사업자금을 확보할 수 있는 재정적으로 안정된 환경, 전문지식의 활용 및 아이디어의 자유로운 순환을 가능하게 해주는 법적 보호 아래 구글을 설립했다. 게다가 하드웨어 기술이 발달한 덕분에 검색엔진을 만드는 데 필요한 마이크로프로세서는 동남아시아 공장에서 저가에 생산되고 있는 제품을 사용하면 되었다. 구글의 성공을 도와주기로 작정한 것처럼 구글을 둘러싼 여러 환경이 모두 우호적으로 작용한 셈이다.

스탠포드대학의 학생으로서 래리와 세르게이는 오랫동안 이어져 내려온 기술적인 전통을 잘 이어받았다. 최신식 기술을 개발하는 회사에 '전통'이라는 케케묵은 듯한 용어를 사용하는 것이 이상해 보일지 모르겠다. 하지만 그들의 아이디어는 몇몇 대학에서 지난 반세기 동안 개발해왔던 인공지능(AI: Artificial Intelligence)이라는 개념을 발전시킨 것이었다. '세상의 정보를 정리해서 어디에서나 쉽게 찾아 활용할 수 있게 만들겠다'는 구글의 사명은 바네바 부시(Vannevar Bush, 1890~1974년)의 메멕스 계획(the memex agenda)과 매우 유사한 것이다.

바네바 부시는 프랭클린 루즈벨트 대통령과 해리 트루먼이 대통령으로 재임하던 시절, 미국에서 가장 중요한 과학자 중 한 명이었다. 그는 메멕스(the memex: MEMory EXtender)라는 가상의 기계를 고안했다. '기억 확장기'라고 부를 수 있는 메멕스는 지금의 인터넷과 하이퍼텍스트의 발전에 큰 영감을 주었다. 1945년 백악관의 자문위원으로 일하면서 그가 작성했던 글을 보면 구글이 그에게 얼마나 크게 빚지고 있는지를 알 수 있다.

연구과제는 점점 많아지고 있다. 하지만 점점 전문화되어가면서 우리는 꼼짝도 할 수 없을 지경에 이르렀다. 연구자들은 연구를 시작할 당시에는 찾아볼 엄두도 못낼 뿐 아니라 기억할 수도 없는 수천 가지 연구결과를 나중에야 확인하게 되면서 무척 당황하게 된다. 진보를 위해서는 전문화가 필수적이지만 학문과 학문을 연결하기 위한 노력도 긴요하다. 하지만 아직 피상적인 수준에 머물러 있다. 관련 논문을 찾아보고 검토하기 위해 그 동안 사용해 왔던 방식은 세월이 흐르면서 더 이상 효과적이지 않은, 한계상황에 처해 있다. 우리가 매일 접하는 경험들은 놀라운 속도로 확장되고 있지만, 정작 자신에게 필요한 정보나 아이템을 찾으려고 하면 끝없이 이어지는 미로를 헤매는 것 같은 상황인 것이다. 세계는 확장되고 있는데 필요한 자료를 검색하는 수단은 돛단배를 타고 다니던 시절에 사용하던 것에서 크게 달라진 것이 없다… 과학에 유용한 기록은 지속적으로 확대되고 저장되어야 하며, 동시에 연구자들이 필요할 때마다 손쉽게 찾아볼 수 있어야 한다.

– '우리가 생각하는 대로(As we may think)' 〈The Atlantic Monthly〉 1945.7

부시는 메멕스라는 가상의 기계를 다음과 같이 묘사했다.

수많은 서류와 논문, 도서관의 책들을 하나의 기계에 모두 모아 놓은 개인용 기계장치를 한번 상상해 보라. 그 장치의 이름을 일단 ‘메멕스’라고 불러보자. 메멕스는 개인이 가지고 있는 모든 책, 기록, 통신내용을 저장할 수 있는 장치다. 기계화되어 있기 때문에 빠른 시간 안에 원하는 정보를 찾을 수 있다. 기억을 돕는 보조장치라고나 할까.

당시에는 공상과학 소설 같은 소리로밖에 들리지 않았겠지만 이후 수십 년 동안 이 기계가 현실화되기까지, 기술전문가들과 인공지능 주창자들은 이 문제를 해결하기 위한 꿈을 키워왔다. 세상에 있는 모든 정보를 찾을 수 있게 하겠다는 래리와 세르게이의 야망과 비전도 거슬러 올라가면 ‘메멕스’라는 개념에 크게 빚지고 있는 것이다.

구글의 공동창립자들은 중요한 연구모임에서 활동을 함께 해왔다. 대학은 기업에서 원하는 전문 인력을 양성하기도 하지만, 연구 활동을 원하는 이들에게는 자유로운 연구 환경을 만들어줌으로써 기술개발에도 큰 기여를 한다. 특히 스탠포드대학은 오랫동안 이런 전통을 고수해왔다.

스탠포드대학이 가지고 있는 이런 전통 덕분에 래리와 세르게이는 자신들만의 가치와 신념을 형성할 수 있었다. 특히 컴퓨터를 다룰 수 있는 능력과 프로그램을 개발할 수 있는 능력은 그들로 하여금 기업을 설립할 자신감을 갖게 해주었다. 전통이 새로운 창조의 씨앗 역할을 하는 훌륭한 예를 이들의 성공사례에서 확인할 수 있는 것이다.

2

학문적인 열정을 잃지 않는다

구글의 역사를 읽어나가다 보면 독자들은 구글의 핵심강점 중 하나가 학문적인 커뮤니티와의 관계를 통해 연구활동을 유지해온 점이라는 것을 확인하게 된다.

스탠포드대학에 재학 중일 때, 래리와 세르게이는 웹에서 검색한 결과를 분류하는 방법에 대해 논문을 쓰기로 했다. 이 주제가 어떤 사람에게는 지극히 추상적이거나 난해하게 들릴지 모르지만 당시 연구에 참여했던 사람들은 이 주제에 거의 열광적으로 몰입했다.

전자매체에서의 정보검색은 1945년 7월 〈애틀랜틱 먼스리(The Atlantic Monthly)〉에 바네사 부시가 기고한 '우리가 생각하는 대로(As We May Think)' 라는 글이 실린 시점으로 거슬러 올라간다. 또

1960년대 코넬대학에서 SMART(the System for the Mechanical Analysis and Retrieval of Text) 정보검색시스템을 개발했던 제라드 살톤(Gerard Salton)은 현대 정보검색의 아버지로 알려져 있다. 그때 이후 수만 권의 책과 논문을 포함하여 데이터베이스에 저장된 과학정보를 신속하게 찾을 수 있는 소프트웨어를 개발하기 위해 소프트웨어 엔지니어들은 사서(司書)뿐만 아니라 문서 전문가들과 함께 작업해왔다. 이들이 노력을 집중했던 연구 분야는 크게 다음 두 가지 영역이다.

- 사서업무를 자동화한 것이 그 중 하나이다. 주제별로 문서를 목록화하고, 그 문서에 키워드를 붙여준 다음, 키워드를 시소러스(thesaurus: 컴퓨터에 기억된 정보의 색인)라는 데이터베이스에 컴파일(compile)하는 일이다. 이 프로그램을 이용하면, 사용자(user, 주로 전문가)가 불 연산자(Boolean operators: 컴퓨터 프로그램에 사용되는 and, or, not, and so on 같은 단어나 기호)를 사용하여 복잡한 문서도 검색할 수 있다.
- 다른 하나는 검색에 사용했던 단어와 문서에 포함된 단어를 비교하는 과정을 컴퓨터로 완전히 자동화하는 것이었다. 미드 사(Mead Corporation: 세계적으로 출판·정보 제공 서비스를 하는 네덜란드 회사로, 리드 엘제비어(Reed Elsevier)의 소유다)의 렉시스넥시스(LexisNexis)처럼 컴퓨터는 요청한 키워드를 포함하는 모든 문서를 사용자에게 보여주며, 이것을 본 사용자

는 관련된 정도에 따라 순서대로 배열할 수 있다. 엔지니어들은 키워드와 관계없는 문서가 너무 많이 나타나지 않도록 검색결과를 정렬할 수 있는 도구를 개발했다. 사용자는 특정 날짜 이후의 문서나 키워드가 두 개 들어있는 문서 등으로 기준을 달리해서 거기에 맞는 문서만 보여주도록 명령할 수 있다.

단순하면서도 명쾌한 위의 두 방법은 데이터를 처리하는 전문가들로부터 큰 관심을 끌었다. 전문가들이 데이터베이스를 손으로 일일이 검색할 필요가 없기 때문이었다. 키워드만 입력하면 원하는 문서가 나타난다고 생각해보라. 문서를 준비하고 색인을 만들 필요도 없다. 문서를 디지털화하여 데이터베이스에 저장한 후 검색을 통해 필요할 때마다 이용할 수 있게 되는 것이다.

하지만 검색을 자동화하는 데는 몇 가지 단점이 있었다. 예컨대, 동의어나 문맥 상의 의미를 데이터베이스에 입력하면 잘못된 결과와 함께 검색문서 수가 늘어난다.

웹으로 문서를 검색하면 사용자가 입력한 단어를 포함하고 있는 문서를 많이 찾아낼 수 있지만 관련 없는 문서도 함께 보여준다. 웹 활용이 많아져서 더 많은 페이지가 색인에 사용될수록 검색결과의 질은 더 떨어지게 된다. 래리와 세르게이는 1998년에 발표한 〈대규모 하이퍼텍스트 웹 검색엔진의 해부(The Anatomy of a Large-Scale Hypertextual Web Search Engine)〉라는 논문에서 "검색결과는 종종 사용자가 관심을 가지고 있는 문서도 날려버

린다. 실제로 1997년 11월 당시 4대 상업용 검색엔진 중 한 곳만
이 최상위 10개 검색결과를 클릭했을 때 해당 페이지를 제공해주
었다"라고 밝혔다.

이런 상황 때문에 초기 검색엔진은 두 가지 해결책 사이에서
주저하는 모습을 보여주었다. 페이지 수가 늘어나면 잘못된 결과
가 생기기 때문에 일부는 데이터베이스 규모를 제한하기도 했다.
야후와 같은 검색엔진은 유의어사전 방식을 택했다. 주제에 따라
사이트를 분류하고 순위를 매기는 정교한 시스템을 개발한 것이
다. 사이트 등록을 원하는 웹마스터는 키워드로 카테고리를 구체
화시켰다. 야후는 온톨로지스트(ontologist: 어떤 관심분야를 개념화
하기 위해 명시적으로 정형화한 명세서를 확인하는 사람 -역자 주)라
는 전문가들이, 제출된 명세서가 적절한지 검토하기도 했다.

그러나 검색에서 유의어사전 방식을 사용한 것은 중대한 문제
를 야기하고 말았다. 예컨대, 검색 창에 '말(horse)'이라는 단어를
입력하고 결과를 찾기 위해 엔터(enter)키를 누른다고 하자. 동물
학, 스포츠, 예술 등 다양한 카테고리가 나타날 것이다. 동물학
분야를 가면 말이라는 동물에 대한 사이트를 보여줄 것이다. 스
포츠 분야를 클릭하면 승마와 경마에 대한 페이지가 나타날 것이
다. 예술 분야는 승마 그림에 대한 사이트일 것이다. 음식 분야는
프랑스식 말고기 요리법을 보여줄 것이다. 정치학에서는 자기 애
완동물을 먹었다는 프랑스식 음모에 대해 불평하는 영국정치가
의 외침을 발견할 수 있을 것이다. 야후는 언어와 문화 별로 유의

어사전 방식에 따라 웹 페이지를 분석하고 분류하는 수백 명의 직원들을 고용했다. 유의어사전 방식은 자동화된 검색방식에 비해 기능이 떨어지고 시간이 많이 걸리는 단점이 있고, 자동화된 검색은 비용이 많이 들고 복잡하다는 단점이 있었다.

이런 검색결과에 만족하지 못하던 래리와 세르게이는 관련도나 순위에 따라 검색된 페이지를 자동으로 구분해줄 수 있는 방법을 찾기 위해 많은 노력을 기울였다. 쉽지 않았지만 그들이 노력에 노력을 거듭한 결과 마침내 원하던 방법을 발견하게 되었다. 물론 이 문제를 해결하기 위해 그들이 독자적으로만 일했던 것은 아니다.

예를 들면, 다이렉트힛(DirectHit)과 같은 검색엔진은 누적된 사용 수에 따라 사이트를 분류하고자 했다. 누군가 링크를 따라 사이트에 들어와 오랫동안 머물면 그 사이트는 잠깐 방문한 사이트에 비해 더 적절한 것으로 간주된다. 라이코스(Lycos)와 핫봇(HotBot)은 지금까지 이 방식으로 사이트 순위를 매기고 있다.

누적 사용 수에 따라 페이지 순위를 매기는 방법은 이전에 비해 확실히 장점이 있지만 결함 또한 내포하고 있다. 하나만 들자면, 누적 사용 수가 신뢰할만하지 못하다는 점이다. 사용자가 여러 창을 동시에 띄우는 탭 브라우저를 이용해 실제로는 읽고 있지 않으면서도 오랫동안 페이지를 열어놓을 수도 있기 때문이다. 이는 서버의 통계를 왜곡해 신뢰도를 떨어뜨릴 뿐 아니라 최악의 경우 의미 없게 만들기도 한다. 또한 속임수의 위험도 있을 수 있다. 검색페이지 상단에 사이트를 올리고 싶으면 사이트에 가서 몇 분 있다 나오고 다시 다른 IP를 이용해서 반복하는 간단한 프로그램만 짜면 된다. 이렇게 되면 누구도 잡아내기 어려워진다.

다이렉트힛의 개발자들처럼, 래리와 세르게이는 사이트의 품질과 적절성을 측정하는 최고의 방법은 명성에 달려있다고 판단했다. 하지만 그들은 검색 횟수나 시간에 따라 사이트를 측정하기보다 과학적인 연구의 본질과 실제 검색된 정보가 얼마나 인용되느냐 하는 것이 훨씬 중요하다는 점에 주목했다.

예컨대, 연구자들은 저자, 아이디어, 개념의 수준을 판단하기 위해 학술적인 출판물에 인용된 수를 확인한 다음 다른 논문에 언급된 수에 따라 학술논문을 분류한다. 인터넷상에서 페이지 링크는 인용과 같다고 볼 수 있다. 독자들이 다른 사이트에서 페이지를 올릴 수 있도록 본문에 링크를 걸어 둔다는 것은 그것이 중요하거나 적어도 관련 있다는 뜻이기 때문이다. 검색엔진이 여러 페이지에 걸린 링크 수를 세어 페이지를 분류하면 더욱 신뢰할만한 결과를 얻을 수 있다. 이것이 바로 구글 검색 알고리즘의 기본 개념이다.

하지만 이것이 그렇게 간단한 작업은 아니다. 하나의 예를 들면, 모든 인용이 다 동일한 가치를 지닌 것이 아니듯 모든 링크도 다 동일한 중요도를 가지는 것은 아니다. 예컨대, 노벨 수상자가 쓴 논문이나 저명한 학술지에 실린 논문에 대한 인용은 거의 알려지지 않은 학교신문에 난 학생의 논문보다 가치가 있다고 할 수 있다. 같은 방식으로, 자주 인용된 페이지에서 나온 링크는 거의 들어오는 링크가 없는 페이지에서 나온 링크보다 비중이 높다고 할 수 있다.

구글은 검색을 요청한 단어가 여러 개일 경우 단어 사이의 거리나, 들어오는 링크가 많지만 나가는 링크가 적은 사이트의 링크에 더 가치를 매기는 시스템과 같은 중요한 세부기능들을 추가하여 기존의 문제점들을 보완하였다. 이 메커니즘은 일일이 사람의 노력을 거치지 않고도 검색품질을 상당히 개선시키는 결과를 가져왔다.

이미 알려진 것처럼 이 방식은 고도의 복잡한 수학을 필요로 한다. 여러 단계의 문제를 통합해야만 해결할 수 있는 방식이다. 구글의 초기 지지자들이 과학 커뮤니티에 모여 함께 작업했던 이유가 바로 여기에 있다. 사실 구글이 초기에 성공할 수 있었던 이유는 프로그래밍 이론과 네트워크 사회학을 종합한 결과에 있는지도 모른다. 그 신선함 덕분에 구글 검색엔진은 많은 과학자들과 수학자들의 관심을 끌어 진정한 발명으로 인정받을 수 있었다.

이 점은 아주 중요한 사항이다. 구글의 역사를 읽어나가는 동안 독자들은 구글의 핵심강점 중 하나가 바로 학문적인 커뮤니티와의 관계를 통해 연구활동을 유지해온 점이라는 것을 확인하게 될 것이다. 얼핏 듣기에는 쉽지만 누구나 학문집단과 이런 관계를 유지할 수 있는 것은 아니다. 구글이 그렇게 할 수 있었던 것은 회사 창립자들이 가지고 있던 연구자로서의 특성 때문이 아닐까 싶다. 그들은 자신들을 가르쳤던 대학교수에 의해서도 상당히 많은 영향을 받았다. 지금은 구글의 컨설턴트가 된 테리 위노그라드(Terry Winograd)와 같은 수준 높은 연구자들이 핵심역할을 담당해주었기 때문에 가능한 일이기도 했다. 물론, 구글의 검색엔진이 연구자들의 흥미를 끊임없이 불러일으켰던 요인이 이것뿐만은 아니다. 당면한 문제를 해결하기 위해, 끊임없이 '탐구하기 위한 질문'을 제기했던 구글의 실력 있는 엔지니어들의 열정이 바로 그것이다. 그들이 제기했던 '의문'은 엔지니어들이 보여줬던 열정 때문에 수학자들에게 건너갔고, 그 열정에 감동받은 수학자들은 그들의 '의문'를 열성을 다해 풀어야 할 문제로 인식하게 되었던 것이다.

3

자본에 종속되지 않는다

:

래리와 세르게이가 투자자들이 마음대로 회사 경영에 개입
하게 내버려두고, 특허를 내고 한 분야에 전문화하라는 그들의
압력에 굴복했다면 지금 우리가 알고 있는 구글은 없었을 것이다.

창업을 지원해주는 투자전문 기업들이 활발히 활동하는 환경
에서 창업자들은 더 왕성하게 기업을 일으킬 수 있다. 평당 가장
많은 창업전문 기업가가 존재하는 곳은 캘리포니아다. 창업전문
기업가들은 벤처캐피털, 즉 초기 투자자금(seed money: 종잣돈)을
필요로 한다. 구글에 처음으로 종잣돈을 지원한 벤처캐피탈리스
트는 앤디 벡톨샤임(Andy Bechtolsheim)으로, 그는 썬마이크로시
스템즈의 공동 창업자이기도 하다. 벡톨샤임은 구글 창업자들을
만나 불과 몇 시간 대화를 나누고 십만 달러짜리 수표를 써주었

다. 하지만 당시 래리와 세르게이는 회사 설립 신고조차 하지 않아 투자받은 자금을 당장 은행에 예치할 수 없었다고 한다.

이 이야기가 사실이라면 앤디 벡톨샤임은 래리와 세르게이에게 단순히 재정적인 지원 이상을 선물한 것이다. 그는 두 사람에게 가장 중요한, 다른 투자자들의 신뢰를 끌어다 주었던 것이다. 벤처 투자자들은 좋은 아이디어를 가진 회사를 발굴하려고 안달이 난 사람들인데, 벡톨샤임이 그들에게 확신을 심어준 것이다.

투자를 위해 새로운 벤처사업을 평가할 때, 벤처캐피탈리스트들은 다음과 같은 질문을 던진다. "사용자의 니즈를 충족시킬 수 있는가?" "투자한 돈이 신중하게 사용될 수 있을 것인가?" "성장 가능한 수익모델을 가지고 있는가?" 그들은 경험을 통해 재정적인 위험은 줄이고 투자수익률은 높일 수 있는 기회를 신속하게 포착할 줄 아는 사람들이다.

2006년 하버드대학 폴 곰퍼스(Paul Gompers) 교수는 동료들과 함께 〈창업지원 기업가들을 통해 본 기업가정신과 벤처캐피털의 기술과 행운(Skill vs. Luck in Entrepreneurship and Venture Capital: Evidence from Serial Entrepreneurs)〉이라는 연구에서 "창업에 성공한 경험이 있는 기업가(주식공개까지 성공한 회사를 차린 경우)가 다음 창업에서 성공할 가능성은 30% 정도이다. 반면, 경험이 전혀 없는 기업가가 성공할 가능성은 18%이고 이전에 실패한 기업가가 성공할 가능성은 20%"라고 계산한 바 있다. 시장이 위험으로 가득 차 있을수록 이처럼 성공의 경험은 더 없이 소중하게 작용한다.

캘리포니아는 젊은 창업지원자들이 도움을 청할 수 있는 벤처 캐피털 회사 네트워크가 밀집된 곳이다. 예컨대, 2007년 Entrepreneur.com에서 거래 기준으로 미국 상위 100개의 벤처캐피털회사 순위(http://www.entrepreneur.com/vc100/stage/early.html)를 공개한 것을 보면 절반이 캘리포니아에 있다. 두 번째인 메사추세츠는 25%로 캘리포니아와 비교해볼 때 격차가 아주 크다.

벤처캐피털 회사가 밀집해 있다는 것은 캘리포니아 마운틴뷰(Mountain View)에서 기술 자금을 만드는 것이 아리조나 세도나(Sedona)나 이탈리아 남부에서 토지자금을 만드는 것보다 훨씬 쉽다는 것을 말한다.

창업전문 기업가와 벤처캐피털리스트는 하늘에서 그냥 떨어진 것이 아니다. 이들이 캘리포니아에 가장 많이 몰려있는 이유 가운데 하나는 혁신적인 회사를 만들 수 있는 법률적인 환경 때문이다. 일본과 벤처캐피털에 관한 전문가인 스탠포드대학 로날드 길슨(Ronald J. Gilson) 교수가 자신의 논문에서 이에 대해 언급한 적이 있다. 1996년, 그는 보스턴 근처 기술단지인 루트128(Route 128)과 실리콘밸리의 대조적인 운명에 대해 분석했다. 1980년대 초에는 왕 앤 디지털(Wang and DIGITAL)을 비롯한 기술 관련 업계에서 유명한 대부분의 회사 창업자들이 MIT와 같은 명망 높은 대학 출신이었다. 하지만 분위기는 곧 바뀌었다.

동부가 침체하고 실리콘밸리가 번창할 수 있었던 주된 이유 중 하나는 고용계약서에 있는 '제한적 비경쟁 조항(restrictive noncompete clauses)'이 캘리포니아에서는 법적으로 금지되어 있기 때문이다. 즉 캘리포니아에 있는 회사의 직원들은 회사의 기밀 정보를 부당하게 사용하지 않겠다는 비공개 동의서에 서명하지만 이것 때문에 경쟁사로 이직할 수 없는 것은 아니다. 그렇기 때문에 현재 몸담고 있는 회사에서는 관심을 보이지 않는 훌륭한 아이디어를 가진 엔지니어들은 그 아이디어를 받아줄 만한 다른 회사로 가거나 스스로 사업을 시작하는 결정을 내릴 수 있다.

다른 대부분의 사법관할권에 근무하는 직원들은 경쟁사로 이직할 때 현 직무에서 획득한 어떤 지식도 사용하지 않겠다는 문서에 서명해야 한다. 퇴사 후 바로 경쟁사로 가는 경우라면 현재 기업에서 획득한 지식을 재사용하는 것이 불가피하기 때문에 해당기업으로서는 엔지니어가 경쟁사로부터 입사 제안을 받더라도 이를 수용하지 못하도록 법적인 장치를 마련해 두는 것이다.

그러나 캘리포니아에는 비경쟁 조항이 없으므로 사람이나 아이디어 또는 전문기술의 이동이 얼마든지 가능하다. 이렇게 함으로써 엔지니어들에게 혁신할 수 있는 환경을 만들어주고 실험실에 갇혀있는 새로운 아이디어를 현실 세계에서 구현할 수 있게 해준다. 또 다른 중요한 측면은 비경쟁 조항을 인정하지 않는 이런 환경이 실리콘밸리에 있는 인적 자원의 질적 수준을 높여준다는 점이다. 회사를 옮기는 사람의 수가 계속 늘어난다 하더라도, 회사를 바꿀 때 굳이 업무분야까지 바꾸지 않아도 된다는 점은 엔지니어들에게 또 다른 이점으로 작용한다. 전문지식 커뮤니티는 프로젝트에 대한 아이디어, 조언, 정보를 교환하는데 많은 도움이 된다. 비록 회사를 옮기더라도 같은 분야의 틈새시장에서 계속 일하면서 자신의 전문성을 높여갈 수 있기 때문에 전문화의 정도는 지속적으로 증대될 수밖에 없다.

기술개발에 있어 인적 자원이 차지하는 영향을 생각할 때 사람들은 대개 대학을 떠올린다. 물론 대학의 역할이 중요하지만 노동시장의 역할도 무시할 수 없다. 캘리포니아처럼 시장이 인적자원의 이동성과 전문화를 보장해주면 전문가의 수준은 향상될 수밖에 없다. 2000년 인터넷 버블이 정점에 있을 때 스탠포드대학은 데이터 프로세싱을 가르치는 자리에 실제 정원보다 훨씬 많은 세 배 이상의 인원을 뽑았다. 정원을 초과해서 뽑은 사람들은 모두 산업분야에 종사하고 있던 사람들이었다. 당시 어떤 전문가들은 스탠포드대학이 계속 이렇게 하다 보면 캘리포니아의 명문대학으로서의 위치가 위태로워질 수도 있다고 경고하기도 했다. 하지만 그런 일은 실제 일어나지 않았다. 일자리의 이동을 쉽게 해주는 캘리포니아의 이런 환경은 오히려 실용적이고 손에 잡히는 것을 배우게 하는 효과를 가져다주었다.

대학과 창업전문 기업가, 벤처캐피털리스트는 실리콘밸리를 기술 혁신의 원천으로 만들었다. 하지만 이들과의 관계가 순탄하지만은 않아 회사 창립자들은 종종 경영활동에 제약을 받기도 한다. 투자자들에게 수익을 돌려주기 위해 초기에 확보한 고객들의 관심을 무시하도록 하는 약탈본능을 가진 '벌처(vulture: 남의 불행을 이용해 먹는) 캐피털리스트'에 대한 이야기가 바로 그 예이다.

벤처캐피털리스트들은 자금을 댄 회사에 자신들의 경험과 전문지식을 가지고 관여하게 된다. 투자한 회사의 일상적인 경영에 적극적으로 참여하여 전략적 포지션, 인사정책, 조직구성, 제품 개발 등에 직접 관여하게 된다. 많은 벤처캐피털리스트들은 자신들이 투자한 회사가 전문성을 가진 기업으로 성장하기를 요구한다. 가끔 전문성이 시장의 변화에 취약하게 만드는 단점으로 작용하기도 하지만 대부분의 경우에는 성장에 도움이 될 만한 핵심 활동에 자원을 집중하게 해주기 때문이다.

벤처캐피털리스트들은 결국 투자자금을 회수하기 위해 수익이 가장 높은 비즈니스 활동을 선호하게 된다. 예컨대, 생명과학이라면 벤처캐피털리스트는 희귀병 치료에 사용될 거대한 잠재시장을 가진 의약품 개발을 지지하는 경향이 있다. 많은 라이선스를 이미 확보하고 있어서 투자 자금을 많이 투입하지 않아도 되지만 그 사업이 기져올 예상수입이 적은 경우라면 벤치케피털리스트들은 대체로 그런 비즈니스 포트폴리오를 경계한다.

뿐만 아니라 벤처캐피털리스트들은 지식이 지닌 재산가치와 그로 인한 상업적인 가치를 최대한 높이기 위해 발명품에 특허출원을 하도록 회사에 압력을 가하기도 한다. 특허는 이직률이 높은 산업환경에서 제품을 보호해줄 뿐만 아니라 회사가 사라지더라도 여전히 상업적 가치를 보유할 수 있게 해주기 때문이다.

특허권과 전문화는 생명과학 분야에서는 많은 장점을 가지고 있지만 기술분야에서는 오히려 단점이 되기도 한다. 장기적으로 볼 때 특허가 기술산업을 신속하게 발전시키는 아이디어의 이동과 공유를 느리게 만들 수도 있기 때문이다. IT산업에서는 지적재산권이 제대로 보호받지 못하기 때문에 기술 파급효과가 자주 일어난다. 실제로 1990년대 후반까지 기술회사들은 특허 신청이 자동으로 거절당할 거라 생각하고 소프트웨어 특허권을 아예 신청조차 하지 않았다. 소프트웨어의 핵심 알고리즘이나 인터페이스를 결정하는 알고리즘은 보호받을 수 없는 수학공식과 같다. 코드(Code)는 연설처럼 저작권법으로 보호받을 수 있지만 기존 프로그램을 실제로 복사하거나 침해하지 않는 선에서 비슷한 코드를 써서 특정 코드가 같은 기능을 하게 하는 것은 얼마든지 가능하기 때문이다.

그러나 1999년 아마존닷컴이 '원클릭주문(one-click ordering)'으로 알려진 '통신네트워크를 통한 구매주문방식 및 시스템(A Method and System for Placing a Purchase Order Via a Communications Networks)'에 대한 특허권을 획득하면서 모든 것이 바뀌었다. 그때 이후로 미국특허청(the United States Patent and Trademark Office)은 소프트웨어 특허권을 조금씩 인정해 주게 된다. 하버드대학 법대 로렌스 레식(Lawrence Lessig) 교수처럼 업계의 움직임을 관찰하고 있던 사람들은 이 상황을 아주 처참하게 표현했다. "아무도 생각조차 하지 못한 상황에서 큰 변화가 일어나고 있다. 이것은 사이버공간에서 혁신을 위협하는 가장 심각한 일이라고 할 수 있다. 나는 누군가 특허를 얻는다는 것에 대해 매우 회의적이다."

소프트웨어 특허권을 지나치게 많이 허용하면 오히려 IT산업이 성장하는 것을 위협하는 상황을 만들게 된다. 좋든 나쁘든 지나치게 지적재산권을 보호하지 않았기 때문에 IT산업이 발전할 수 있었다. 예를 들면 마이크로소프트의 윈도우 인터페이스는 애플의 매킨토시 운영체제를 모방하는 것에서 시작되었으며, 매킨토시 운영체제 역시 제록스 스타의 윈도우 인터페이스를 모방한 것이었다.

데이터 프로세싱을 하는 기업가가 자동차나 항공산업에서와 같이 지적재산권을 보호받을 수 있었다면 아마도 오늘날과 같은 PC는 존재하지 못했을 것이다. 마찬가지로 회사들이 스프레드시트, 워드 프로세싱, 데이터베이스 프로그램과 같은 툴에 대한 특허권을 갖는다면 아마도 PC에서 사용할 수 있는 툴은 거의 없을 것이다.

신규 사업에 대한 벤처캐피털회사의 감독과 영향력은 투지한 회사가 전문성을 확보하기 위해 노력하는 초기단계에 주로 일어난다. 벤처캐피털리스트들이 자신들이 원하는 보상정책을 만들고 회사를 이끌어갈 만한 경험을 가진 고위관리자들을 외부에서 데려오기 때문이다. 그들의 이런 노력은 해당기업이 성장할 수 있게 해주기도 하지만 그 기업의 순응속도를 높여주는 역할도 하게 된다. 충분한 경험을 가진 전문가들이 제안하는 다양한 해결책들은 이미 다른 회사에서도 효과가 있었던 안전한 것들이기 때문이다.

지금까지 이야기한 것들은 오히려 구글의 이야기를 더욱 흥미진진하게 만들어준다. 래리와 세르게이가 벤처캐피털리스트들이 마음대로 회사 경영에 개입하게 내버려두었다면 어떻게 되었을까? 특허를 내고 한 분야에 전문화하라는 그들의 압력에 굴복했다면 아마도 지금 우리가 알고 있는 구글은 없을 것이다.

4

트렌드에 저항한다

구글 창업자들이 공통적으로 가지고 있는 특징은 독립과 자율을 향한 갈망이다. 그들은 도박꾼이라기보다 모험을 좋아하는 창조자라고 할 수 있다.

기업을 독립적으로 운영하기 위해 구글 창업자들은 조인트 스톡 홀딩 컴퍼니(Joint stock-holding company)라는 방식으로 대응했다. 몇 달 동안 협상과 논쟁을 거친 후에 그들은 벤처캐피털회사 두 곳이 구글에 똑같은 지분을 갖는다는 선에서 타협을 보았다. 그들이 선택했던 이 특이한 방식 덕분에 구글은 외부 전문가 네트워크를 두 배로 늘릴 수 있었다. 두 배로 늘어난 외부전문가들은 이후 구글의 성공에 중대한 역할을 하게 된다. 하지만 보다 중요한 것은 래리와 세르게이가 한 곳의 벤처캐피털 회사와 함께 일하는 것보다 압력을 덜 받게 되었다는 점이다.

래리와 세르게이는 기업을 공개할 때 '독립'에 대한 그들의 의지를 다시 한번 더 명확히 했다. 일반적으로 기업공개에 대한 일은 미국증권거래위원회(US Securities and Exchange Commission) 담당자들과의 마찰을 피하기 위해서 규정을 피해갈 수 있는 방법을 잘 아는 투자은행가들에게 넘기게 된다. 이 은행가들은 기업을 공개하는 과정을 통해 자신은 물론 친구들까지 돈을 벌 수 있게 해주는 방법을 너무나 잘 알고 있다.

투자은행가들이 사용하는 메커니즘은 비교적 간단하다. '선택된' 잠재투자자들을 조사하여 저렴한 가격으로 주식의 공모가를 산정한다. 초기에 주식을 사는 사람들은 주가가 오르면 이윤을 남기고 주식을 매각할 것이다. 이 메커니즘이 완전한 효과를 내려면 시장에 나온 처음 며칠 동안 주식이 거래될 때 '시가'가 오르지 않도록 묶어두어야 한다. 동시에 가장 확실한 잠재투자자들이 주식에 접근하지 못하게 함으로써 주식공개에 대한 수요를 증대시켜 투자자들로 하여금 사고 싶어 안달하게 만드는 것이다.

이런 주식공개 조작을 전문으로 하는 소수의 투자은행가들은 주식공개를 알리기 위한 순회 홍보세미나에 나타나 해당 주식의 장점을 최대한 내세운다. 이런 홍보활동을 통해 투자은행가들은 고객에게 주식을 판매하게(물론 매우 높은 가격에) 된다.

래리와 세르게이, 그리고 그들이 투자자들의 요청으로 채용했던 에릭 슈미트는 이런 투자은행가들과 일하는 것을 원하지 않았다. 그들은 다른 대안을 찾기 시작했다. 마침내 투자은행가들의 속임수를 피할 수 있는 시스템을 발견했는데, 주식가격을 설정한 호가(bid)를 감추기 위해 더치 옥션(Dutch auction) 또는 비크리 옥션(Vickrey auction)이라는 방식을 찾아낸 것이다.

더치 옥션에서는 판매자들이 시가를 정하고 판매할 주식 수를 정한다. 투자자들은 사고자 하는 주식 수량과 지불할 의사가 있는 가격을 제시한다. 매출가와 같은 가격 또는 더 높은 가격을 제시한 투자자는 모두 최종가격으로 지불하게 된다. 최종가격보다 낮게 제시한 투자자는 주식을 얻지 못한다.

이 특이하고 다소 정교한 방식은 1996년 노벨상을 수상한 경제학자 윌리엄 비크리(William Vickrey)에 의해 만들어졌다. 이후 유명한 실리콘밸리의 자본가인 윌리엄 함브레히트(William Hambrecht)가 주로 사용해온 방식이기도 하다.

1999년 함브레히트는 자기 회사인 '함브레히트 앤 퀴스트(Hambrecht & Quist)'를 체이스맨해튼(Chase Manhattan Corporation)에 매각했다. 그는 비크리에게서 영감을 받아 오픈 IPO(Open IPO)라고 이름 붙인 방식으로 새로운 회사인 WR 함브레히트(WR Hambrecht+Co)를 통해 회사들에 출자하기 시작했다. 1999년 그의 첫 고객은 레이븐스우드 와이너리(Ravenswood Winery)였다. 성공적인 IPO 덕분에 그는 인터넷 잡지인 〈살롱(Salon)〉을 포함한 몇몇 회사의 기업공개를 오픈 IPO시스템으로 진행하게 된다. 수천 만 달러를 가져온 IPO도 있었지만 구글에 비할 바는 아니다.

오픈 IPO 경매시스템의 특징은 경매에 신중함을 더할 수 있다는 점이다. 구매자들은 높은 가격을 부를수록 원하는 주식수량을 살 수 있는 기회가 높아진다는 것을 안다. 하지만 동시에 경매자들은 최종 IPO 가격으로 모든 주식이 판매되기 때문에 호가보다 낮은 가격으로 지불할 수 있는 좋은 기회가 있다는 것도 잘 알고 있다. 이런 식으로 오픈 IPO는 구매자가 초반에 지불하려고 하는 최종가격이 유리하다는 점에서 보통 경매방식과 구분된다. 필요 이상 지불하게 되지 않을 것을 알기 때문에 구매자들은 자신 있게 경매에 임할 수 있다.

구글 창립자들이 전통적인 투자은행가들을 통하지 않고 오픈 IPO방식을 택하자 투자 커뮤니티에서는 두 젊은이가 보여주는 오만함을 격렬하게 성토하면서 한바탕 소란이 일기도 했다. 공개적인 발언을 법적으로 금지하는 침묵기간(quiet period) 중 2004년 9월호 〈플레이보이(Playboy)〉지에 두 창립자들의 인터뷰 기사가 실렸다. 〈플레이보이〉는 2004년 4월 22일에 인터뷰를 했다고 하지만 (래리와 세르게이는 2004년 4월 29일 IPO를 발표했다), 침묵기간 중 인터뷰 내용을 지면으로 발표한 것은 본의 아니게 법을 위반한 격이 되고 말았다. 말할 것도 없이 래리와 세르게이는 주요 신문을 장식하게 되었다.

하지만 투자 커뮤니티를 더욱 자극한 것은 IPO경매와 침묵기간 규정 위반만이 아니었다. 래리와 세르게이가 2단계 투표제(two-tiered voting system)를 통해 최고경영진으로 하여금 대부분의 이슈를 다수결로 해결하도록 한 것이었다. 2단계 투표제는 유럽에서 흔히 사용되지만 미국에서는 미디어 회사들이 편집권을 보장하기 위해서나 사용할 정도로 드문 제도였다. 이 제도는 창립자가 자본가나 일시적인 주주들의 이익보다 브랜드의 명성에 장기적인 이해관계를 둬야 한다는 가정에 기초한 것이다.

독립적으로 경영하겠다는 의지를 표명하기 위해 래리는 세르게이와 함께 서명했던 '창립자들이 보낸 편지'를 잠재투자자들에게 공개했다. 편지는 "구글은 지금까지 여러분이 알고 있는 회사와 다릅니다. 우리는 그렇게 할 생각이 추호도 없습니다"로 시작한다. 그들은 투자자들이 장기적인 안목을 가지고 참여해주기를 원했다. "개인회사로서 우리는 장기(long-term)적인 면에 집중해왔고 이것이 잘 통했습니다. 상장회사로서도 우리는 마찬가지입니다." 이 편지는 금융시장에 대한 불신과 돈만 벌 목적으로 행해지는 월스트리트의 횡포를 멸시하는 표현으로 가득했다. 그들의 편지는 금융 커뮤니티를 더욱 분개하게 만들었다.

이전과는 다른 방식을 선택함으로써 래리와 세르게이는 투표권을 약화시키지 않고도 방해와 간섭 없이 장기적인 목표를 추구할 수 있는 경영시스템을 확보하기 위해 모든 노력을 쏟았다. 오픈 IPO는 투자자들 스스로 공정하다고 생각하는 가격을 부를 수 있게 함으로써 구글의 이익과 미래의 성공을 위해 헌신할 수 있는 투자자들을 끌어들이려는 시도였다. 투자은행가들보다는 구매자들이 적정 주식가격을 판단하게 함으로써 회사 가치를 효과적으로 높일 수 있었던 것이다.

사람들은 구글이 시도한 실험이 다른 곳에도 사용될 수 있을지 종종 궁금해한다. 래리와 세르게이는 시기를 잘 타고 나서 실리콘밸리가 가지고 있던 기업가적인 분위기를 잘 활용했기 때문에 성공한 것이 아닐까라고 의구심을 갖기도 한다.

이런 의문에 대해 필자는 구글이 창립되는 과정에서 기존 시스템과 꾸준히 맞서왔다는 점을 강조하고 싶다. 래리와 세르게이는 벤처캐피털리스트나 다른 실리콘밸리 전문가들이 하라고 하는 것과는 반대되는 방식으로 조직을 발전시켜왔다.

우리는 흔히 기업가들이란 보통 사람들보다 더 위험을 감수할 줄 아는 영웅이나 모험가라는 이미지를 갖고 있다. 그런 이미지는 낭만적이긴 하지만 현실은 매우 다르다. 사실 성공한 기업가들은 위험을 기피하는 경향이 있고, 오직 계산된 몇 개의 위험만 감수하려고 한다.

회사를 창립하면서 래리와 세르게이는 거의 위험을 선택하지 않았다. 학생 신분이었던 그들은 아마존닷컴을 창립한 제프 베조스(Jeff Bezos)처럼 미지의 세계를 모험하기 위해 좋은 직장을 떠나지도 않았다. 미국에서 가장 많은 벤처캐피털리스트와 신규 비즈니스가 몰려 있는 곳에서 기업가 양성 학교로 알려진 스탠포드 대학의 교육을 받은 그들은 실패해도 잃을 것이 별로 없었다.

그들은 트렌드에 순응하기보다 맞서는 것에 확신이 있었기 때문에 성공할 수 있었다. 래리와 세르게이가 공통적으로 가지고 있는 특징은 독립과 자율을 향한 갈망이다. 그들은 도박꾼이라기보다 창조자라고 할 수 있다. 그들은 새로운 조직모델과 경영전략을 찾아냈다. 이 모델과 전략은 대기업이든 이제 막 비즈니스를 시작하는 회사든 자기 실정에 맞게 적용해볼 수 있다. 앞으로도 그들은 이 길을 계속 나아갈 것이다.

5

소비자의 감성보다
이성에 호소한다

전통적인 대중매체의 광고가 소비자를 브랜드로 유인하고
설득하여 충성심을 얻어내는 것과 달리, 구글 광고는 대부분
사용자들에게 유용한 정보를 주고자 한다.

텔레비전 쇼나 다른 검색엔진처럼 구글은 일정한 조건에서 무료로 사용할 수 있다. 예컨대 텔레비전의 '공짜' 프로그램은 텔레비전이나 컴퓨터가 있는 경우, 그리고 전기세를 지불한 경우 공짜로 볼 수 있다. 단, '공짜'로 프로그램을 시청하고 싶으면 광고를 봐야 한다. 같은 방식으로, 인터넷도 대부분의 경우 서비스 제공자에게 사용료를 지불해야 하기 때문에 그냥 '공짜'라고만 할 수는 없다. 돈을 지불한 대가로 얻는 것이 너무 많아서 미처 비용을 눈치 채지 못할 뿐이다.

'공짜'라고 하는 것을 경제용어로 점검해보자. 마르셀 모스(Marcel Mauss)는 아메리카의 한 원주민 부족이 축제에서 나중에 받을 것을 기대하고 하객들에게 선물을 안겨주는 포틀래치(potlatch)라는 의식(儀式)을 분석한 적이 있다. 이를 계기로 인류학자들은 '공짜'라는 개념을 검토하기 시작했다. 학자들은 이들 원주민 부족들이 행한 방식을 선물 경제(gift economy)라는 이름으로 개념화했다.

아메리카 원주민들에게서 전해오던 포틀래치 관습을 현대적인 사례를 통해 살펴보자. 자원봉사자들이 돈을 벌겠다는 목적 없이 개발해서 무료로 배포하는 소프트웨어, 즉 오픈 소스 소프트웨어(open source software)의 속성을 들여다 보자. 오픈 소스 소프트웨어를 개발한 사람들은 자기가 개발한 프로그램의 소스 코드를 비롯하여 그것을 사용하는 것은 물론, 복사하고 수정할 수 있는 권리를 모두 사용자(user)에게 넘겨준다. 사용자에게 모든 것을 넘겨준 대가로 그들이 기대하는 것은 아주 간단한 것들이다. 사용해본 후 코멘트를 남기거나 새로운 아이디어를 제안해주는 것, 또는 실제 개발이나 테스트 같은 활동을 통해 사용자가 프로그램을 개선하는 데 직접 참여해주는 것들이다.

과학 연구분야에서도 선물 경제와 유사한 사례를 볼 수 있다. 일반적으로 과학자들은 저널이나 온라인에 자신이 연구한 결과를 게재하고 컨퍼런스에서 발표할 기회를 갖는다. 그러면 다른 과학자들은 그가 연구한 결과를 자신의 연구과제에 인용하게 된다. 다른 사람에 의해 연구결과가 많이 인용될수록 연구결과를 발표한 과학자는 과학 커뮤니티에서 점점 더 유명해진다. 그 결과 과학 커뮤니티 안에는 점점 지식이 쌓여가고, 과학자의 명성 또한 올라간다. 명성이 높아지면서 그 과학자는 연구비를 추가로 조달받을 수 있는 효과까지 얻을 수 있게 된다.

선물 경제의 또 다른 예는 독점판매(captive sale)기법으로 알려진 것이다. 잉크젯 프린터 제조업체는 잉크 카트리지를 팔아 이익을 남기겠다는 생각에 말도 안 되는 낮은 가격에 프린터를 판매한다. 턱없이 낮은 가격에 프린터를 구매한 고객은 마치 공짜로 프린터를 건진 듯한 느낌을 갖게 된다.

광고로 수익을 올리는 대신 검색결과는 무료로 제공하고 있는 검색엔진의 수익모델을 경제학자들은 양면시장(two-sided market, double-sided market)이라고 부른다. 광고수익이 없다면 개인들이 텔레비전, 라디오, 잡지, 신문을 포함한 대중 매체를 구입하거나 이용하는데 드는 비용은 지금보다 훨씬 더 비싸질 것이다. 다른 비즈니스 분야에서도 비슷한 기법을 적용하여 수익 모델을 만들고 있다. 신용카드를 가지고 물건을 살 때는 공짜(또는 거의 공짜)인 것처럼 보이지만 고객으로부터 카드를 받는 상점은 카드회사에 수수료를 지불해야 하고, 고객도 할부 금액에 대해 수수료 격의 높은 이자를 지불해야 한다.

검색엔진이나 신문, 신용카드 등의 경우, 회사(인터넷 회사, 신문사, 신용카드사)는 사용자(인터넷 사용자, 구독자, 소비자)와 광고주(혹은 신용카드 제휴사) 양쪽 모두에 제품과 서비스를 제공한다. 사용자나 구독자, 카드 사용자가 더 많이 늘어나고 그래서 입 소문이 더 널리 퍼져나갈수록, 광고주나 신용카드 제휴사에 대한 그들의 입지와 영향력도 더 커지게 된다. 예컨대 신문 독자 수가 많을수록 광고주에게 팔 수 있는 광고페이지가 많아지고, 비자 카드를 쓰는 사람이 많을수록 그 카드를 받는 상점 수가 증가하는 것이다.

회사가 양면시장모델을 채택할 때 가장 중요한 포인트는 제품 배치를 극대화하면서도 서비스를 효과적으로 판매할 수 있는 적절한 가격, 즉 균형가격 포인트를 찾아내는 것이다.

검색엔진 회사들은 완전히 무료로 서비스를 제공하는 것과 낮은 사용료를 물리는 것 사이에서 오랫동안 고민해왔다. 그러다 무료서비스로 결정했는데, 그렇게 결정한 이유는 사용료를 물리는 데 드는 간접비 때문이다. 예컨대, 인터넷 검색에 사용료를 부과한다면 사용자는 지불과 관련해 필요한 정보를 입력하고 암호를 기억해둬야 한다. 거래절차에 드는 비용이나 사용자를 잃어버림으로써 발생하는 비용을 고려하면 인터넷 검색 툴을 굳이 지금 당장 개발해야 할 이유가 없어진다.

그래서 서비스를 무료로 제공함으로써 오히려 대규모 검색엔진이 급속하게 성장할 수 있는 기반이 만들어졌던 것이다. 야후와 익사이트 같은 회사들은 사용자들에게 검색 서비스를 무료로 제공하는 대신 광고주들에게 높은 가격에 광고 공간을 팔아 수익을 창출할 수 있었다.

구글 또한 광고를 통해 수익을 남길 수 있는 방법을 찾아냈지만, 다른 회사들이 사용한 방법과는 달랐다. 두 창립자들은 오버추어 서비스(Overture Services, Inc.)가 사용했던 CPC(the Cost Per Click, 클릭당비용) 시스템에 착안하여 자신들만의 방법을 만들어냈다. 1998년 고투(GoTo)라는 이름으로 창립되었던 오버추어는 검색결과 화면의 상단에 나타나는 광고에 대해 비용을 지불할 수 있는 옵션을 광고주들에게 제공하였다. 광고주들은 사용자가 자기 회사의 웹사이트로 들어오는 링크를 클릭할 때마다 비용을 지불하기로 약정을 맺었다.

여기에 착안하여 구글은 사용자가 입력한 질문어가 특정 지역 광고주가 선택한 키워드와 맞을 경우에만 나타나는 광고 디스플레이에 이 모델을 결합하였다. 구글은 클릭당 지불비용을 광고주가 결정하게 했다. 공학경제학자 쥘르 뒤피(Jules Dupuit)는 1849년에 가격차별화 원리를 발표했는데 그것은, "서비스 가격을 결정할 때 서비스를 제공하는 측에서 발생되는 비용을 기준으로 하지 말고 그 서비스가 사용자에게 미치는 중요도를 기준으로 가격을 설정하라"는 것이었다.

CPC 전략을 채택함으로써 구글은 광고주가 부담하는 위험 정도를 낮추는 것을 물론, 매스컴광고에 대해 가질 수 있는 불확실성도 상당부분 감소시킬 수 있었다. 어떻게 보면 이 방법은 세부사항을 수정한 것에 불과하다고 여겨질 수도 있지만 사실 구글에게는 아주 중대한 돌파구가 되어주었다.

이 과정에서 구글 엔지니어들은 새로운 비밀 하나를 발견하게 된다. 일반적으로 광고주들이 광고의 효과를 쉽게 평가할 수 없다는 점이었다. 이것을 뒷받침하는 것으로 전국광고주협회(ANA: the Association of National Advertisers)가 2005년에 실시했던 조사를 들 수 있는데 이 조사에서 다음과 같은 사실이 밝혀졌다.

- 경영자의 73%는 광고가 판매에 미치는 효과를 판단할 줄 몰랐다.
- 경영자의 19%만이 광고의 투자수익률을 측정할 수 있었다.
- 더 중요한 것은, 경영자의 63%가 광고예산을 10% 줄이면 그것이 판매에 어떤 영향을 미칠지 전혀 판단하지 못했다는 것이다.

불확실성은 모든 광고주에게 영향을 미친다. 특히 광고의 효과를 측정할 수 있는 기술을 확보하지 못한 소규모 광고주일수록 더 많은 영향을 받게 되어 있다. 구글은 초기에 개인 컨설턴트와 중소기업, 또는 비싼 비용 때문에 대중매체에는 광고할 수 없는 전문회사와 같은 소규모 광고주들을 끌어들이기 위해 애를 썼다.

신문이나 라디오, TV 같은 전통적인 매체의 경우 광고주는 광고를 대하는 대중의 규모에 따라 비용을 지불해야 한다. 이에 상응하는 인터넷 광고로 CPM(Cost Per Thousand, M은 로마숫자로

1,000을 나타낸다)을 들 수 있다. 이것은 광고가 소개된 화면의 페이지 뷰 1,000명당 광고비용을 말한다.

CPM 전략은 TV나 라디오 같은 대중 매체에 광고를 실을 수 있을만큼 충분한 자금력이 있는 광고주에게 적합하다. 전체 비용은 높지만 노출당비용(cost per impression)은 매우 낮기 때문이다. 예컨대 CBS 방송에 30초 동안 광고하는 것과 수천 명의 독자층을 확보하고 있는 잡지에 4색으로 인쇄한 1페이지짜리 광고를 비교해보면, 수천 만 명의 시청자를 확보한 CBS 방송에 광고하는 것이 노출당 비용이 더 낮다.

이에 반해 CPC 시스템은 결과에 따라 지불하기 때문에 광고비용에 대한 게임의 규칙을 완전히 바꿔놓았다. 예산이 적은 광고주들은 광고에 비용을 많이 지출하는 광고주에 비해 노출빈도는 적지만 광고매체에서 완전히 배제되지 않게 되었다. 심사숙고하여 광고를 기획하고 효과적으로 만들기만 한다면 그들에게도 성공적으로 광고할 수 있는 길이 활짝 열린 셈이다.

사실 구글은 최고의 효과를 낼 수 있는 광고에 우선순위를 준다. 광고주들은 키워드나 문구에 가격을 제시하고 광고에 필요한 예산을 책정한다. 같은 키워드를 이용하여 클릭을 자주 하게 하는 광고가 페이지에 더 많이 나타나게 만들었다. 그 결과 어떤 광고주가 다른 광고주보다 특정 키워드나 문구에 더 높은 가격을 제시한다고 해도 사용자가 자주 클릭하는 광고주의 광고가 페이지에 더 많이 나타나게 된다. CPC 비용은 CPM의 고객당 비용보다 높다. 그러나 CPC 세계에서는 광고주가 가지고 있는 재정적인 영향력이 광고의 품질과 잠재고객을 유인하는 능력보다 중요하지는 않다. 광고를 살 수 있는 예산이 적어도 광고주는 지출하고자 하는 비용을 결정할 수 있기 때문이다.

이 전략은 매우 효과적인 것으로 나타났다. 캘리포니아의 마운틴뷰에 위치한 검색엔진 마케팅회사 이피션트 프론티어(Efficient Frontier, Inc.)의 최고기술경영자(CTO: chief technology officer)인 아닐 카마스(Anil Kamath)에 따르면 구글이 광고 노출당 벌어들이는 수익은 야후보다 30% 이상 많다(2007년 초 구글과 비슷한 경매시스템을 사용하기로 했다는 사실을 발표하기 전까지 야후는 가장 높은 가격을 제시하는 광고주에게 광고공간을 판매해왔다).

설득보다 유용한 정보 제공에 초점을 맞춘다

오버추어가 CPC를 발명했다면 구글은 광고주 웹사이트의 URL을 포함하여 10~15 단어로 구성된 미니멀리스트 광고를 통해 새로운 광고 패러다임을 만들어냈다. 구글 검색결과 페이지 오른쪽 열에 나타나는 애드워즈(AdWords)라는 광고는 호화스러운 TV광고보다 신문에 주제별로 나오는 광고와 유사하다.

구글은 메인 홈페이지에는 광고를 게재하지 않는다. 문자 그대로 광고를 여백으로 밀어낸다. 이렇게 배치하면 질문에 대한 답을 찾으러 오는 사람들을 방해하지 않기 때문에 광고에 관심이 없는 대다수의 사용자는 짜증을 내지 않게 된다. 동시에, 검색내용과 관련된 광고를 찾아낸 사람은 한번의 클릭으로도 많은 정보를 얻을 수 있게 된다.

이 방법은 그 동안 시선을 끌어들이기 위한 광고에만 익숙해 있던 광고계 사람들을 경악하게 만들었다. 그들은 살아남기 위해 새로운 방법을 찾아야만 했다. 그리하여 많은 이들은 검색엔진 최적화라는 것을 택하게 되었다. 검색엔진 최적화(SEO: Search Engine Optimization)는 특정 고객에게 가장 적합한 키워드를 결정하는 것을 말한다. 이런 상황에서는 SEO 전문가의 조언과 툴이 분명 유용하긴 할 것이다. 그러나 중소기업의 광고주는 대가를 요구하는 그런 조언 없이도 얼마든지 광고를 만들 수 있다. 광고 자체는 생산비용이 들지 않고 몇 분만 생각하면 언제든지 수정할 수 있기 때문이다.

구글이 이런 광고형식을 선택한 것은 경제적 합리성보다는 언론의 관심을 기피하는 창립자들의 태도에 기인한 것이지만 결국 이것은 그들이 천재성을 발휘하여 만들어낸 또다른 히트작이 되었다.

그들은 검색엔진의 성능을 더 중요하게 생각했기 때문에 결과를 놓고 타협을 해야 하는 광고를 원하지 않았다. 배너는 잘 해야 정보를 찾으러 온 사용자의 집중을 방해할 뿐이다. 최악의 경우 사용자는 검색결과인 줄 알고 실수로 광고에 걸려들지도 모른다.

구글 광고의 미니멀리즘(minimalism)에는 중요한 이점이 몇 가지 있다. 무엇보다도 광고에 대한 반응이 직접적이고 즉각적이라는 점이다. 사용자는 흥미로운 헤드라인을 보고 클릭해서 사이트를 방문하거나 제품을 구매한다. 또 거래시간이 짧기 때문에 광고주들은 광고효과와 판매비용을 신속하게 측정해낼 수 있다.

전통적인 대중매체의 광고가 소비자를 브랜드로 유인하고 설득하여 충성심을 얻어내는 것과 달리, 구글 광고는 대부분 사용자들에게 유용한 정보를 주고자 한다. 설득적인 광고는 소비자의 습관을 바꾸게 마련이다. 수동식 면도기에서 전동면도기로, 면손수건에서 종이티슈로, 비누에서 젤로 바꾸는 식이다. 반면 정보를 전달하는 광고는 주로 특징, 사용법, 혜택, 가격 등 제품과 관련된 정보를 제공한다. 사고 싶다는 생각이 들게 하는 정보를 제공함으로써 소비자의 이성(理性)에 피력하는 것이다. 구글 광고는 매우 제한된 공간을 제공하기 때문에 광고주는 키워드 몇 개만을 사용하여 사용자들을 유인해내야 한다. 핵심을 말할 수 있어야 한다는 뜻이다.

정보를 전달하는 광고를 배타적으로 사용함으로써 이들은 그동안 광고계를 이끌어오던 게임의 규칙을 완전히 바꾸게 되었다. 브랜드명을 알리는 데 필요한 어마어마한 광고예산을 충분히 갖고 있지 못한 광고주들에게 오히려 더 많은 기회를 제공해주었기 때문이다. 정보를 전달하는 광고는 설득을 목적으로 하는 광고에서 즐겨 사용하는 '끊임없는 반복'의 수를 줄여준다. 반복은 광고가 많이 노출될수록 소비자행동이 바뀔 것이라는 가정에서 만들어진다. 다시 말해 사람들이 반복되는 메시지를 많이 볼수록 면도하는 방법이나 세제, 운전하는 차량을 바꾸게 된다는 것이다.

그러나 정보를 전달하는 광고는 다르다. 정보를 얻은 사람들은 구매하거나, 하지 않거나 둘 중 하나를 선택할 것이다. 정보를 본 사람은 다시 한번 더 클릭해서 같은 사이트를 재방문할 이유가 없어진다. 따라서 광고주는 광고를 반복할 필요 없이 적은 예산으로도 구글에서 효과적인 광고캠페인을 운영할 수 있게 되는 것이다.

구글이 종래 널리 사용되고 있던 광고영업 방식에 따라 소규모 광고주를 일일이 방문해서 판매하는 영업사원을 채용한다면 엄청난 돈이 들 것이다. 그러나 구글은 광고를 팔기 위해 영업사원을 채용하지 않았다. 그랬다면 광고를 판매하기 위해 사용하는 비용이 광고를 팔아서 벌어들인 수입보다 더 컸을지도 모른다. 애드워즈가 성공할 수 있었던 것은 광고를 배치하는 과정을 자동으로 처리하여 판매에 소요되는 비용을 급격히 감소시켰기 때문이다. 자동화는 영업사원을 고용할 필요가 없게 만들어주었다. 대신 고객 스스로 구글을 직접 찾아오게 했다. 회사 규모가 크든 작든, 광고에 익숙하든 그렇지 않든 간에 광고주는 사람의 개입 없이도 광고 캠페인을 만들 수 있게 된 것이다.

광고 과정을 자동화하기 위해서는 인터넷 상점들로부터 충분한 신뢰를 얻어내야 했다. 처음에는 구글의 자동화 컨셉에 대해 심한 거부감을 드러내거나 혼란스러워하는 이들이 많았다. 얼굴도 볼 수 없고 음성조차 들을 수 없는 회사와의 접촉을 신뢰한다는 것은 결코 쉬운 일이 아니다. 인터넷상에서 결제가 이루어진다는 것도 쉽게 받아들일 수 있는 것이 아니었다. 인터넷결제는 두 가지 특징이 없었다면 아마도 자동화로 넘어가는 데 큰 장애물이 되었을 것이다.

첫 번째 특징은 세련된 절차이다. 애플 제품을 친근하고 사용하기 쉽게 만들어주는 매킨토시 GUI(Graphical User Interface: 그래픽 사용자 인터페이스)처럼 구글 애드워즈 인터페이스의 디자인이 사용하기 쉽도록 구성되었기 때문에 광고주들이 무리없이 자동화로 넘어올 수 있었다. 광고주들이 단계별 지침에 따라 광고를 배열하는 방법을 쉽게 이해할 수 있게 해준 것이다.

두 번째 특징은 좀 더 절묘한 데서 찾아볼 수 있다. 래리와 세르게이는 사람들이 기계를 신뢰한다는 것을 처음부터 알고 있었다. 컴퓨터에 대한 이런 자신감은 실리콘밸리에서는 일반적인 현상이다. 실리콘밸리가 아닌 다른 지역이었다면 고객이 기계를 신뢰할 수 있을 것이라 생각하지 못하고 자동화에 대한 결정을 망설였을지도 모른다.

어쩌면 세르게이와 래리가 조셉 와이젠바움(Joseph Weizenbaum)의 작품에 친숙했기 때문에 사람들이 기계를 신뢰할 것이라고 믿었는지도 모른다. 인공지능을 창시한(후에는 많은 연구가 국방부의 지원 하에 진행되었기 때문에 가혹하게 비판을 받았던) 와이젠바움은 사람과 기계(혹은 컴퓨터 프로그램) 사이의 관계에 대해 처음으로 주목한 사람 중 한 명이다. 1950년대 초에 이미 그는 사람이 기계와 대화할 수 있는 컴퓨터 프로그램을 설계했다. 놀랍게도 그는 보통 사람들이 '컴퓨터와 정서적으로 교감하고… 컴퓨터를 의인화한다'는 것을 발견했다. 하지만 와이젠바움에 대해 읽어본 적이 없다고 하더라도 래리와 세르게이는 이미 사람과 기계 사이의 관계에 대해 관심을 갖고 있었다. '컴퓨터 또는 텔레비전과 한 개인이 주고받을 수 있는 상호작용이 실제 생활에서 일어나는 다른 많은 상호작용과 마찬가지로 자연스럽고 사회적일 수 있다는 것'을 발견한 연구자들과 함께 일했기 때문이다. 그동안 발표되었던 많은 연구자료에 의하면 우리가 친구들과 접촉할 때 나타나는 상호성 및 요구되는 예의는 기계와의 관계에서도 똑같이 적용된다고 한다.

래리와 세르게이는 컴퓨터를 활용하여 광고주들에게 편안하고 친숙한 환경을 만들어주었다. 예를 들어, 금융거래 시스템을 설계할 때는 사람들이 관계를 구축할 때 '신뢰'에 의존한다는 사실을 중요하게 고려하였다. 특히, 대부분의 사람들이 학습곡선을 따른다는 사실을 잘 알고 있었기 때문에 '경험'을 많이 할수록 더 깊은 관계를 맺을 수 있다는 사실을 시스템 설계에 적용하기도 했다. 사람들은 신중하기 때문에 위험부담이 적을 때 시작하며, 실망한 순간 빨리 빠져나올 방법이 있을 때 가장 큰 안도감을 느낀다는 사실도 시스템 디자인에 고려해 넣음으로써 사용자에게 편안한 환경을 만들어줄 수 있었다.

구글이 광고에 대한 지불구조를 설계할 때 야후가 사용하던 모델에 따라 CPC 표준을 설계했다면 간단한 일이었을 것이다. 그러나 구글은 그 방법을 쓰지 않고 오버추어가 사용하던 입찰방식을 선택하게 된다. 오버추어 입찰방식의 핵심은 광고주가 키워드를 두고 경쟁하는데 경쟁을 하면 할수록 키워드의 가격이 높아진다는 것이다.

경매장에서 널리 사용되는 올림차순 경매방식 대신 구글의 지도자들은 경매자가 키워드에 기꺼이 지불할 수 있는 최고가를 말하는 시스템을 선택하였다. 이 가격은 비밀로 처리되기 때문에 구글만 알 수 있다. 가장 높은 가격을 제시한 사람에게 판매되지만 실제로 가격은 두 번째로 최고가를 제시한 사람에 의해 결정된다. 이 시스템은 경매자들로 하여금 자신이 실제로 지불할 수 있는 가격을 제시할 수 있게 해준다. 판매자에게 감춘다고 해도 별 혜택이 없기 때문이다. 뿐만 아니라 이 시스템은 비밀경매이기 때문에 경매자들이 서로 결탁하는 것도 막을 수 있다.

애드워즈 경매 시스템은 구글의 IPO방식과 유사한 면을 가지고 있지만 두 가지 중요한 측면에서 보면 다른 시스템이라고 할 수 있다. 첫째, 경매가 계속된다는 점이다. 목표는 제품이나 주식, 계약에 있는 것이 아니라 계속해서 바뀌고 있는 화면에서 최상의 위치를 구매하는 데 있다. 그렇게 하기 위해 광고주는 다양한 실험을 시도할 수 있다. 자신이 가지고 있는 키워드와 환경의 목록을 바꿔가면서 처음 내렸던 결정을 수정해보는 것이다. 다시 말해, 손을 보고 자주 고치면서 훈련하는 것이다. 이런 과정을 통해 얻는 효과는 상당하다. 2004년 초 호주 출신의 두 연구원(Brendan Kitts와 Benjamin Leblanc)은 이렇게 수정하는 과정을 통해 광고 효과가 4배나 증대될 수 있다는 것을 증명하여 발표하기도 했다.

이 경매방식은 처음에는 복잡해 보일지 모르지만 복잡한 일은 대부분 구글의 몫이다. 광고주는 키워드 광고에 집행할 예산과, 지불할 수 있는 최고의 경매가격만 정하고 나머지 절차는 구글이 정한 프로세스를 따라가기만 하면 된다. 나머지 복잡한 계산은 구글이 맡아서 처리한다.

광고주가 지불한 가격과 광고의 효과에 따라 좋은 위치에 광고를 배정함으로써 구글은 광고주들이 효과적인 광고를 짜는데 더 많은 시간을 투자하게 만들었고 이것은 양쪽 모두에게 혜택이 되고 있다.

구글의 이러한 경매 시스템은 가격을 조정해줄 뿐만 아니라 광고주와 영업사원 사이에 일어날 수 있는 협상의 가능성을 없애기 때문에 거래를 단순하고 투명하게 해준다. 고객이 얼마를 지불할지 결정하면 시장이 가격을 결정하게 되는 것이다. 구글도 경매 절차에서 직접적인 혜택을 본다. 사실 구글 광고의 평균가격은 구글이 광고가격을 고정해둘 때보다 높다. 2007년 마켓워치(MarketWatch)가 실시한 광고주 인터뷰에 따르면 키워드 검색가격은 2006년에 비해 40~60% 가량 상승했다고 한다.

물론 경매가 성공하려면 광고주가 경매절차와 게임의 규칙을 학습하기 위해 어느 정도 시간을 투자해야 한다. 하지만 이 시간은 아깝지 않다. 잘 선택한 키워드는 더 많은 클릭수와 방문자를 불러오기 때문이다. 그리고 구글에게는 그 만큼 높은 수익이 따라오는 것이다.

6

자신의 강점을
최대한 활용한다

구글은 광고주에게 아무것도 빚진 것이 없기 때문에 광고하는 제품이나 서비스가 이를 비판하는 사이트의 링크에 나타나더라도 전혀 개의치 않는다.

전문가의 조언을 받아들여 래리와 세르게이는 다양한 서비스를 제공할 수 있는 포털 사이트를 구축했다. 하지만 그들은 경쟁자들과는 완전히 다른 방법으로 포털 사이트를 구축했다. 구글은 자체적으로 컨텐츠를 생산하지 않기로 결정한 것이다. 대신 구글은 컨텐츠를 찾거나 생산하는 툴을 제공하는 일에 집중하기로 했다.

경쟁사들이 검색과 뉴스에 에너지를 분산하여 저널리스트, 그래픽 디자이너, 웹개발자를 고용하고 컨텐츠 기반 포털을 만드는 동안에 구글은 그들과 반대되는 선택을 했다. 핵심사업인 검색엔진에 모든 자원을 집중한 것이다.

구글이 컨텐츠를 제공하지 않음으로써 얻을 수 있는 혜택으로는 이런 것도 있다. 광고주가 자사제품을 비방한 저널리스트에게 화가 났을 때 광고수입으로 지탱하는 매체가 감당해야 할 문제를 사전에 방지할 수 있다는 점이 바로 그것이다. 구글이 컨텐츠를 제공했다면 화가 난 광고주를 처리해야 하는 것은 당연히 구글의 몫이었을 것이다. 광고주와 매체의 관계는 비판할 자유를 요구하는 기자와 광고수익을 염려하는 신문사 및 출판사의 갈등처럼 아주 복잡하게 얽혀있다. 매체들은 가능한 한 가장 간단한 방법으로 이런 갈등을 해결하기를 원한다. 즉 고객(광고주)의 제품을 비방하지 않는 것이다.

아마존닷컴 같은 사이트의 독자리뷰, 온갖 종류의 사기를 폭로하는 신문기사, 광고가 전혀 없는 〈소비자 리포트(Consumer Reports)〉 같은 잡지가 인기를 얻는 것을 보면 분명 제품에 대한 객관적인 비판을 원하는 시장이 있음을 알 수 있다. 라디오·텔레비전 방송과 신문칼럼은 우리가 매일 구매하는 제품을 비판하면서 명성을 올릴 수도 있지만, 반대급부로 방송국과 신문사를 운영하는데 필요한 수입원이 위협받게 될 것이다. 광고로 지탱하는 다른 매체와 달리 구글은 광고주에게 아무것도 빚진 것이 없기 때문에 광고하는 제품이나 서비스가 이를 비판하는 사이트의 링크를 따라 나타나더라도 전혀 개의치 않는다. 이처럼 구글은 자체 컨텐츠를 생산하지 않더라도 명성은 얼마든지 유지하면서 골칫거리는 줄일 수 있었다.

하지만 구글이 자체적으로 만든 컨텐츠가 없다는 사실은 위험요소이기도 하다. 컨텐츠나 웹 포털 없이 홈 베이스를 운영하면 구글의 방문자들은 찾고 있는 링크를 발견할 때까지만 구글에 머물러 있다가 다른 곳으로 이동하기 때문이다. 구글이 지도, 메일, 뉴스처럼 제품을 다각화하고 방문자를 잡아두기 위해 웹브라우저 크롬(Chrome)을 제공하는 이유 중 하나가 바로 여기에 있다.

채널 서핑(channel surfing)은 채널에서 채널 또는 사이트에서 사이트로 뛰어 넘고 싶게끔 호기심을 자극하는 무료 정보(free information) 때문에 자연스럽게 이루어진다. 하지만 핵심사업이 광고판매인데 방문자를 잃기만 해서야 어떻게 수익이 창출되겠는가? 컨텐츠를 제공하지 않으면서도 이용자가 검색하고자 하는 페이지를 가능한 빠른 시간 내에 제공하는 것이 검색엔진의 목표라면, 인터넷 서퍼가 페이지로 다시 돌아오게 하기 위해서는 어떻게 해야 할까? 구글의 성공을 설명하는 네 가지 전략을 살펴보자.

- **무료 검색**: 이 문제에 대한 구글의 첫 번째 해결책은 사이트 소유주들이 자기들 페이지에 무료로 구글 검색엔진을 추가하게 하는 것이었다. 검색 툴이 없다면 사용자들이 거대한 사이트에서 원하는 것을 어떻게 찾을 수 있겠는가? 경쟁사들이 돈을 받고 판매하려고 했던 검색툴을 공짜로 내줌으로써 구글은 브랜드 인지도를 높이고 구글 홈페이지로 소개받아 오는 횟수도 높일 수 있게 되었다. 그리하여 웹 상에서 구글의 존재감을 확보할 수 있게 된 것이다.

- **애드센스(AdSense)**: 두 번째 해결책은 사이트 소유주를 대상으로 하는 수익창출 프로그램으로, 2008년 구글 광고 판매수익의 30%를 차지한 애드센스(AdSense)다. 애드센스는 페이지의 컨텐츠를 긁어와서 그 컨텐츠와 관련 있는 광고를 자동으로 배달해준다. 방문자가 페이지에 배열된 구글 광고를 클릭할 때마다 사이트 소유주는 광고금액 중 일정액을 받는다. 또

다른 혜택은 이 프로그램을 통해 구글이 저작권을 위반하지 않고서도 사이트 소유주에게 보수를 지불하고 무료 컨텐츠를 올릴 수 있게 된 것이다.

• **무료 툴**: 구글이 방문자를 유지하는 세 번째 방법은 웹을 서핑하는 것이 서퍼의 일상이 되도록 설계된 툴에 있다. 지메일 (Gmail)과 구글토크(Google Talk)같은 통신 툴, 구글 캘린더 (Google Calendar)와 구글 맵(Google Map)같이 계획하고 정리하는 툴, 구글 노트(Google Notes)와 구글 닥스(Google Docs)같은 생산 툴, 구글 메트릭스(Google Metrics)와 구글 트렌드(Google Trends)같은 분석 툴, 구글 어스(Google Earth)와 구글 스카이 (Google Sky)같은 지도 툴 등이 서퍼의 발길이 구글을 떠나지 못하도록 잡아주는 구글의 툴들이라고 할 수 있다. 각각의 서비스는 구글 안에서 검색 기능을 확장하고 방문자 (그리고 광고주)를 유인하여 잡아두는 효과를 발휘한다.

• **유비쿼티(Ubiquity)**: 마지막으로, 어디서나 이용할 수 있도록 구글이 사용범위를 확장하였다는 점이다. 이동전화나 PDA(G1 폰과 모바일 어플리케이션), 컴퓨터, 심지어 차량(구글 맵에 연결된 GPS와, 핸즈프리 음성 검색)에 이르기까지 모두 구글이 닿을 수 있는 범위 안에 있다. 구글은 자신들의 기능이 미치는 범위를 넓힘으로써 자신들의 수익도 확장하고 있다.

롱테일 법칙의 머리와 꼬리를 모두 잡는다

구글은 제한된 예산 때문에 대중매체에 접근하지 못하고 있던 광고주에게 기회를 줌으로써 광고 수익기반을 극적으로 확장할 수 있었다. 현재 구글이 벌어들이는 광고 판매수익의 많은 부분은, 기존 매체들이 광고비가 너무 적다고 버려두었던 수십만의 광고주에게서 나오고 있다.

크리스 앤더슨(Chris Anderson)은 그의 저서 《롱테일 경제학(The Long Tail)》에서 전체 사용자 숫자와 사용자 당 영수증 수량을 비교한 매우 길고 완만한 기울기의 그래프에 '롱테일(long tail)'이란 이름을 붙였다. 그림에서 완만하게 이어진 꼬리 부분은 밝은 회색으로 채워져 있는데, 이것은 지불하는 광고비가 적을수록 광고주의 숫자는 많아진다는 사실을 가리킨다. 다시 말하면 소액 광고주들일지라도 모두를 합치면 금액이 꽤 커진다는 것이다.

구글은 이같은 롱테일 개념을 최대한 활용히여 소규모 광고시장까지 검색을 확장해 수익을 크게 높였다. 하지만 이것은 이야기의 일부일 뿐이다.

롱테일 법칙은 수년간 여러 형태로 묘사되었던 파레토 법칙(Pareto Principle, 20:80 법칙이라고도 한다. 전체 결과의 80%는 20%의 원인에 의해 발생한다)과 대비되어 역파레토 법칙이라고 불리기도 한다. 꼬리가 매우 긴 것은 각각의 흔치 않은 현상들을 모으면 자주 발생하는 현상 이상의 양이 될 수 있음을 뜻한다.

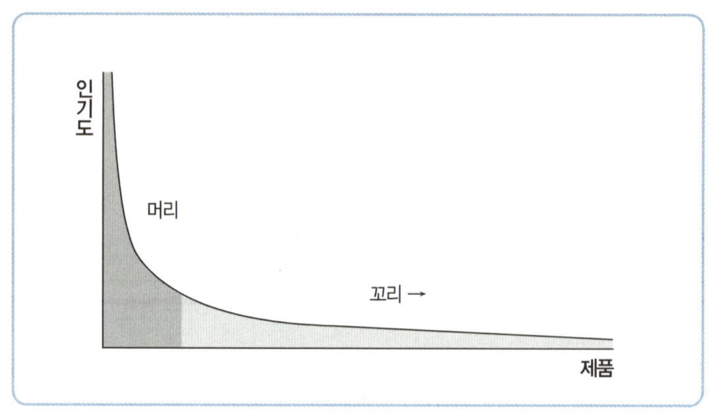

롱테일

　인터넷에서도 검색비용을 낮추고 제품의 이용가능성을 높이면 틈새 제품의 시장점유율을 상당히 증가시켜 판매분포 면에서 꼬리가 보다 긴 롱테일을 형성할 수 있다. 몇몇 연구는 앤더슨의 이론을 많은 다른 제품에도 적용할 수 있음을 증명하기도 했다. 예를 들어 코리(Rajee Kohli)와 싸(Raaj Sah)가 발표한 2004년 연구결과를 보면 음식과 스포츠용품에서도 롱테일 현상의 증거를 발견할 수 있다. 또 온라인 상의 추천이 구매자의 행동을 바꿀 수 있다는 증거도 발견했다. 아마존닷컴 자료를 연구한 다른 두 연구자도 "한 카테고리에서 추천의 영향력이 2배로 증가하면 가장 인기 없는 제품 20%에 대한 상대적 수요를 50% 증가시키고, 가장 있기 있는 제품 20%에 대한 상대적 수요를 12% 감소시킬 수 있다"는 결론으로 이를 뒷받침했다.

　또 다른 학술연구자료에 따르면, 롱테일 법칙이 블록버스터의 등장을 막지는 않을 것이라고 한다. 다만 블록버스터는 계속 등장하겠지만 더 이상 과거처럼 대기업이 배타적으로 독점하지는 못할 것이라고 본다. 예컨대 터커(Catherine Tucker)와 짱(Juanjuan Zhang)은 MIT 논문을 통해 "인기도에 대한 정보(아마존닷컴의 판매순위처럼 어떤 제품을 선택했는지 빈도에 대한 정보)가 오히려 틈새 제품에 유리하다"는 것을 보여주었다.

대기업들은 시장에서 벌어지는 이런 현실을 그냥 넘기지는 않았다. 그들은 광고예산의 상당 부분을 웹으로 옮겼다. 유니버설 맥켄(Universal McCann)의 CEO 닉 브라이언(Nick Brien) 같은 시장 분석가들이 거대한 예산의 이동까지 예상할 정도였다. 그에 따르면 "유명한 브랜드 마케터들은 기존 미디어 채널에 신물이 났고 예산의 가장 많은 부분을 온라인으로 옮기고 있다"고 한다. 브라이언은 몇몇 대기업이 "전체 예산의 50~60%를 온라인에 투입할

광고형태 별 전체 지출비율

매체	2008년 1분기 / 2007년 1분기 (미국 시장)
텔레비전	2.1%
잡지	−3.9%
신문	−10.0%
인터넷	7.0%
라디오	−8.8%
야외	−0.5%

출처: *TNS Media Intelligence, 2008*

것을 고려하고 있는 상황"이라고 덧붙였다.

앞의 표에서 보는 바와 같이 TNS 미디어 인텔리전스가 보고한 통계를 보면 광고지출이 기존의 매체로부터 웹으로 이동하고 있다는 것을 확실히 알 수 있다.

구글은 롱테일 법칙을 통해 두 번의 혜택을 볼 수 있었다. 첫째는 소규모 광고주로부터의 수입이고 둘째는 시장점유율을 지키려는 대규모 광고주들이 더 많이 지불함으로써 벌어들일 수 있었던 수입이다. 2005년 에릭 슈미트는 "롱테일에서 놀라운 점은 롱테일이 매우 길다는 것과 아직까지 전통적인 광고판매를 하고 있는 사업이 많다는 것"이라고 말했다. 그리고 3년 후 그가 맥킨지 쿼털리(The McKinsey Quarterly)의 인터뷰에서 설명한 것처럼, "꼬리가 매우 재미를 보는 동안 거대한 수익은 대부분 머리에 있었다." 수익의 상당부분이 롱테일의 머리에 있다는 말은 롱테일 법칙으로 인해 대기업이 시장점유율을 높이기 위해 훨씬 치열해진 경쟁상황에 빠졌다는 것을 의미한다.

7

서로 견제하는
경영체제를 만든다

래리 페이지와 세르게이 브린, 에릭 슈미트는 함께 회사를 이끌면서 권력을 분산하고 서로 균형을 잡아주는 구글만의 독특한 삼두체제 형식의 이사회를 만들었다.

만약 구글의 창업자들이 회사를 설립할 당시 벤처캐피털이 요구하는 전형적인 통과의례를 거쳤다면 그들은 사업계획서에 '수익창출방법'과 초기 투자자들에게 보여줄 '손익분기점을 넘어설수 있는 재무모델'을 그려 넣어야 했을 것이다. 하지만 그들은 그렇게 하지 않았다. 그들에게 가장 중요한 것은 얼마나 사용자들의 니즈를 정확히 읽어내고 창출하느냐 하는 것이었다. 수익을내는 방법을 찾아내는 것은 그 다음 고민거리였다.

역설적이라고 생각하는가? 그렇다. 매우 역설적이다. 그 어떤 기업이 이런 모델을 이용하여 사업을 할 수 있겠는가? 아마도 쉽지 않을 것이다. 캐피털회사로부터 투자를 받아서 출발한 다른 창업자들과 달리, 페이지와 래리는 그 동안 공들여 개발한 검색엔진을 무료로 제공하겠다고 선언할 만큼 높은 자신감을 갖고 있었다. 그들의 성공은 그런 자신감 때문에 가능할 수 있었다. 그들의 궁극적인 목표는 방문자를 유인해서 돈을 버는 것이 아니었다. 그들의 목표는 경쟁사의 검색엔진보다 훨씬 수준 높은 훌륭한 고성능 검색엔진을 만드는 것이었다. 그리고 그런 그들의 도전적인 목표는 시장에 절묘하게 먹혀들었다.

물론 구글은 운도 좋았다. 구글은 인내심을 가지고 기다려주는 투자자와 구글에 열광하는 헌신적인 팬클럽이 존재하는 매우 호의적인 환경 속에서 탄생했다. 하지만 구글이 자신들만의 독특한 경영방법을 찾아내 발전시키지 못했다면 다른 기업들과 크게 다르지 않았을지도 모른다. 구글은 회사를 궤도에서 이탈시킬 수도 있는 주주들의 압력으로부터 회사를 보호하고 발전시켜나갈 수 있는 3인 체제를 토대로 그들만의 지배구조를 구축했다.

어느 누구도 구글에게 최고경영진을 세 사람으로 구성하라고 조언하지는 않았다. 기업의 지배구조를 생각하면 보통 가장 높은 자리에는 한 사람을 두는 것이 정상일 것이다. 한 사람의 CEO가 회사를 이끌고, 계획한 대로 일이 풀리지 않으면 그 한 사람이 모든 책임을 지는 것이 통상적인 구조이다. 구글의 3인 체제는 고대 로마에서 실패한 삼두정치를 떠올리게 한다.(로마 원로원은 왕위를 노리는 사람들 간의 갈등을 해결하기 위해 삼두정치를 두 번 시도했다. 첫 번째는 율리우스 카이사르(Julius Caesar), 폼페이(Pompey), 크라수스(Crassus)였고 몇년 후에는 옥타비안(Octavian), 마크 안토니(Mark Antony), 레피더스(Lepidus)였다. 두 번 모두 전쟁을 불러일으켜 실패로 끝나고 말았다)

그러나 래리와 세르게이가 노벨(Novell, Inc.)에서 전략기획, 경영, 기술개발을 총괄하던 회장겸 CEO였던 에릭 슈미트를 2001년에 영입한 이래 모든 일은 착착 순조롭게 진행되어갔다. 일반적인 경우라면 에릭 슈미트가 회사 경영을 총괄하고 공동창립자는 비전과 기술을 맡는 식으로 권한영역을 구분했겠지만, 래리와 세르게이는 그렇게 하지 않았다. 그들은 세 사람이 함께 이끌면서 권력을 분산할 수 있는 구글만의 독특한 형태의 이사회를 만들었다.

3인 체제는 많은 전문가들을 놀라게 한 특이한 지배구조 방식이었지만 예상과 달리 제대로 작동했다. 다른 경우에는 실패했던 3인 체제가 구글에서는 어떻게 효과적으로 작동할 수 있었을까? 아마도 그것은 한 사람이 성공에 도취되어 있을 때 다른 두 사람들이 제동을 걸어줄 수 있는 체제였기 때문일 것이다.

IT 기업 CEO 중에는 빌 게이츠, 스티브 잡스, 래리 엘리슨 처럼 자기도취적인 리더들이 많다. 이들은 엄청나게 큰 성공을 거두긴 했지만 다른 한편으로는 함께 일하기 어려운 사람들로도 악명이 높다.

차터지(Arijit Chatterjee)와 햄브릭(Donald C. Hambrick)이 2007년에 발표한 '나에 대한 모든 것 (It's All About Me)' 이라는 연구자료에 따르면 자기도취는 신기술 분야의 CEO에게서 특히 많이 나타난다고 한다. 그러나 구글의 경우는 달랐다. 3명의 리더 가운데 어느 한 사람이 마음대로 하려고 하면 다른 두 사람이 견제와 균형을 통해 재빨리 바로잡아 놓곤 했다.

구글의 3인 체제는 문제를 가능한 한 신속하게 되돌려놓는 역할도 했다. 회사 대표가 한 사람일 경우, 잘못된 결정을 내린 순간에도 자존심이나 지위를 잃어버릴지도 모른다는 두려움 때문에 자신이 내린 판단을 되돌리기를 망설이는 경향이 있다. 하지만 3인 체제는 이런 문제로 인한 고통을 최대한 줄여줄 수 있다. 3인 체제는 또한 책임을 나누어지기 때문에 세 사람이 내린 결정에 대해 한 사람을 콕 집어 책임을 물을 수가 없다. 따라서 어느 한 사람이 집중적으로 비난을 받을 가능성도 상당히 줄어든다.

물론 3인 체제에는 두 사람이 나머지 한 사람을 배제시킬 수 있는 위험이 항상 존재한다. 하지만 구조가 올바른 방향으로 작동하기만 하면 상당히 많은 이점을 조직에 가져올 수 있다.

3인 체제는 각자가 가지고 있는 다양한 관점, 통찰력 그리고 전문성을 바탕으로 투자자와 고객들이 가지고 있는 서로 다른 욕구를 구글이 잘 이해하고 있다는 인상을 줌으로써 그들을 안심시킬 수 있었다. 예컨대 구글의 주주들은 에릭 슈미트가 자신들의 기대를 충족시켜줄 것이라고 생각할 것이다. 반면 사용자들은 래리와 세르게이가 시장의 압력에도 불구하고 회사의 방향을 제품의 품질에 둘 것이라는 확신을 가질 수 있다.

마지막으로, 3인 체제로 인해 조직의 최고위층에서 권력의 균형이 유지될 수 있었다. 세 사람의 경영진은 한 사람에 비해 주주와 투자자들로부터의 압력에 보다 잘 견딜 수 있다. 뛰어난 통찰력을 가진 세 사람이 공동 지배구조를 확보한 구글의 경영진은 회사정책을 집행할 때 외부의 영향력으로부터 자유로울 수 있었다. 일반 기업에서는 중간관리자, 기술전문가, 외부 컨설턴트 등이 긴 시간 동안 지리한 토의와 숙고를 거치면서도 결정이 더딘 경우가 많지만 구글의 삼두체제는 이런 영향권에서 벗어나 있다.

래리와 세르게이, 에릭은 상호견제 시스템을 선택함으로써 사실상 더 자유로워졌다. 이들은 일반 기업에서 위험을 줄이고 합리적인 판단력을 높인다는 미명 아래 투자자나 자문가들이 가하는 간섭이나 통제로부터 벗어나 있다. 그렇게 함으로써 기존의 경영원칙들에 얽매이지 않는 회사를 세우는 데 필요한 자유를 극대화할 수 있었다.

기업의 지배구조에 관한 대부분의 논문들은 회사의 성과를 개선하기 위한 필수조건으로, 최고경영자의 권한을 직접적으로 제한할 수 있는 적절한 통제수단이 필요하다는 점을 강조한다. 하지만 구글의 지도자들은 3인조의 자율권을 지키면서도 건전한 비판보다는 무조건적으로 동의만 하는 부하들에 둘러싸인 지도자들이 가질 수 있는 결점을 피해갈 수 있는 자신들만의 방법을 성공적으로 찾아냈다. 뿐만 아니라 한 명의 지도자가 예기치 않게 자리를 떠나는 경우가 와도 그로 인한 혼란을 최소화함으로써 경영의 지속성을 최대한 확보할 수 있다는 장점도 가지고 있다.

역사적으로 3인 체제가 실패할 수밖에 없었던 가장 중요한 요인은 각자 최고가 되려는 야망을 마음속에 품고 있는 상태에서 갈등이 겉으로 드러나는 것을 피하기 위한 목적으로만 만들어졌기 때문이다. 오늘날 기업 인수나 합병 후 만들어지는 3인 체제도 대부분은 비슷한 목적에서 이루어진다. 그러나 구글의 경우는 달랐다. 구글의 3인 경영체제는 다음과 같은 이유 때문에 지금까지 성공할 수 있었다.

- **충분한 자격을 갖춘 리더십**: 구글의 리더 세 사람은 모두 최고 경영자로서의 능력을 인정받았다. 래리와 세르게이는 창립자이며 에릭 슈미트는 대기업(노벨, 썬마이크로시스템즈)을 성공적으로 이끌어온 인물이다.
- **상호존중**: 에릭 슈미트가 어린 동료 두 사람의 지적 능력이 얼마나 뛰어난지에 대해 자주 언급하는 것을 보면 충분히 알겠지만 이들은 서로의 능력을 존중하고 있다.
- **공유가치**: 구글의 리더 세 사람은 모두 숙련된 엔지니어들이다. 수학적인 추론이 갖는 정확성을 높이 평가하며 기술에 대한 신뢰도 높다. 돈을 많이 버는 것이 좋은 일이긴 하지만 꼭 그렇게 해야만 하는 것은 아니라는 점에 서로 동의하고 있다.

• **다른 관점**: 세 사람은 각기 다른 관점을 갖고 있다. 에릭은 기업의 경영적인 면에 초점을 맞추고 있고, 래리는 회사의 사회적 관계에 깊이 주목하고 있다. 반면에 세르게이는 윤리적 문제를 책임지고 있다. 보통 에릭은 재무분석가들 앞에 나서서 설명을 하고, 세르게이는 중국시장의 진입조건을 이야기할 때 회사의 대변인 역할을 한다.

물론 시간이 말해주겠지만 아직까지는 구글의 시작과 행보가 불길하다고 주장하는 사람은 거의 없다.

8

최고의 인재를 채용한다

 최고의 인재들은 회사에 이익을 가져다주는 특별한 심리적 프로파일을 갖추고 있다. 진짜 오만한 것은, 스스로에게 취해서 똑똑한 사람들을 고용할 필요가 없다고 믿는 경영자들이다.

최고의 인재들만 채용한다는 것을 지속적으로 강력하게 표현하는 회사는 그리 많지 않다. 구글 웹 페이지의 채용란을 보면, '구글은 최고만을 채용한다' 는 주문으로 가득하다. 지난 몇 년간 직원 수가 급격히 증가하면서 구글의 까다로운 채용정책이 완화된 게 아니냐는 이야기가 있기는 하지만 구글과 일 해 본 헤드헌터들은 일류대학의 박사학위, 적어도 석사학위가 없으면 구글에 들어갈 수 없다고 잘라 말한다. 이런 엘리트주의가 구글에만 해당되는 이야기는 아니다. 아마존닷컴과 마이크로소프트도 마찬

가지다. 1993년, 마이크로소프트의 창업자 빌 게이츠는 인터뷰에서 이런 말을 했다.

우리가 가장 중점을 둔 것은 최고의 인재를 채용한다는 것이었습니다. 최고의 인재란 단순히 지능지수가 높은 사람을 말하는 것은 아닙니다. 소프트웨어 개발에 가장 적합한 인재를 채용해야 한다는 점에서 우리는 엘리트주의를 지향해야 합니다. 소프트웨어 개발 인력 가운데 95%는 소프트웨어를 만들어서는 안 되는 사람들입니다. 우리는 95%의 사람들을 제외한 5%의 인재를 채용하는 데 모든 노력을 기울입니다.

또 다른 하나는 작은 규모로 구성된 핵심 팀입니다. 이 작은 팀에 훌륭한 툴을 제공해주어야 합니다. 즉 뛰어난 인재들을 채용해 소규모의 핵심 팀을 만들고, 기계를 디버그(debug)하고 기술을 프로파일(profile)하는 탁월한 툴을 제공해주기만 하면 그들은 자신이 맡은 일을 훌륭하게 처리해낼 것입니다. 그들이 자신의 역량을 최대한 발휘할 수 있도록 해주어야 합니다. 스스로 아주 잘 하고 있다고 느낄 수 있게 해주어야 합니다.

엘리트주의는 기술산업이 갖는 특성과 그 산업 내에서 빠르게 성장하는 회사들의 경영특성을 충분히 고려한 후에 적용되어야 한다. 구글처럼 급성장하는 기업에서는 한 개인이 맡는 업무영역 또한 빠르게 확장될 수밖에 없다. 처음 채용된 후 몇 년 동안은 짧은 기간에 몇 차례나 승진할 기회를 가질 것이다. 이런 여건에서는 당장의 업무에 요구되는 역할 이상을 해낼 수 있는 자격을 갖춘 사람들을 채용하는 것이 필요하다. 최고의 인재를 선택하라고 말하는 이유가 바로 여기에 있다.

하지만 이것이 최고의 인재를 선택하는 유일한 방법은 아니다. 학문적으로 충분한 자격을 갖춘 후보자의 경우에는 기술(tech)에 대해 그들이 충분히 준비돼 있다고 짐작해볼 수 있다. 경기가 최고조에 달했을 때 많은 하이테크 회사들은 뛰어난 대학생들을 데려가기 위해 대학들을 괴롭힌 적이 있다. 이때 하이테크 회사로 가지 않고 대학원 진학을 위해 학교에 남은 학생들이 있었다. 이들은 더 똑똑하고, 충분한 교육을 받았을 뿐만 아니라 (여기서 이미 점수를 따고 들어간다) 열정적이고 동기부여 수준 또한 아주 높은 경우가 많다. 당장 돈을 버는 것이 그들의 주된 목표가 아니기 때문에 그들은 대학원에서 자신의 관심분야를 더 공부할 수 있었다.

이런 후보자들은 기업에 들어가서 돈을 버는 것보다 배우는 것을 더 좋아한다. 학위를 얻기 위해 학교에 머물렀다는 사실은 빨리 돈을 벌 수 있는 수많은 기회를 이미 거절했다는 뜻이다. 이러한 석·박사들을 채용하는 것은 눈앞의 개인적인 이해관계보다 업무의 질에 가치를 두는 인재를 채용하는 좋은 방법이 될 수 있다.

석·박사 학위를 가진 신입사원들은 대체로 철저한 습관을 가지고 있다. 프랑스 최고 엘리트학교인 에꼴 뽈리테크닉(Ecole Polytechnique) 박사 출신들은 일상을 방정식으로 푼다는 농담도 있다. 박사학위를 가진 사람들이 보이는 공통적인 점은 세부적인 관찰을 중요하게 여기고, 수학을 신뢰하며, 가능하면 직관보다는 합리적인 사고를 믿고, 즉흥적인 것보다 사실에 기반한 분석을 존중하도록 훈련돼 왔다는 점이다. 구글의 창립자들은 그 어떤 능력보다 수학과 합리성에 더 높은 가치를 두기 때문에 이런 자격을 갖춘 사람들을 찾는다.

혼자 수행하는 대학원 수준의 연구활동을 경험해본 사람은 자율적으로 일할 줄 안다. 대학원생은 논문주제를 선택하면서 통제된 혁신(controlled innovation)이라고 할 수 있는 것에 익숙해진다. 아무리 독창적이더라도 논문주제는 특정한 범주 안에 들지 않으면 용인되지 않기 때문이다.

세간으로부터 종종 비난 받고 있는 엘리트주의의 이면에는 지금까지 설명한 현실적인 동기가 들어있다. 대체로 최고의 인재들은 하이테크 회사에 충분한 이익을 가져다 줄만한 아주 특별한 심리적 프로파일을 갖추고 있다. 진짜 오만한 것은, 스스로 너무 똑똑해서 회사발전에 도움이 되는 똑똑한 사람들을 고용할 필요가 없다고 믿는 경영자들이다.

최고의 인재를 채용하는 데는 많은 비용이 든다. 그러나 구글은 운 좋게도 2000년에 시작된 IT붕괴로 인해 모든 부문과 모든 직급에서 수천 명의 숙련된 IT전문가를 고용시장에서 찾아낼 수 있었다. 2001년 모토로라(Motorola)만 해도 15만 명 중 25%를 해고했다. 검색엔진 회사들도 다를 바 없었다. 2001년 1월 당시 업계선두주자였던 알타비스타(AltaVista)는 전체 직원의 25%인 250명을 해고하고 기업공개 계획을 취소했다. 야후도 대규모 인원을 감축했다. 썬마이크로시스템즈(Sun Microsystems), GE(General Electric), 지멘스(Siemens)도 수천 명을 해고했다.

그렇게 실직한 사람들 중 일부만이 구글로 왔다. 구글은 당시 많은 인재들을 채용하는 중이었고, 수많은 지원자 중에서 자신들이 원하는 인재를 마음껏 고를 수 있었다. 당시의 경제적인 상황 때문에 구글은 탁월한 엔지니어들을 낮은 초봉으로 데려올 수밖에 없었지만 스톡옵션(stock options)으로 부분적인 보상을 해주었다. 경제가 회복되자 구글은 채용을 공격적으로 늘려갔다. 구글은 다른 대부분의 기업들이 사용하는 채용방식(이력서 검토, 성격 테스트, 면접 등)과는 다른 방법을 썼다.

구글은 높은 연봉을 제시함으로써 회사가 원하는 직원을 채용할 수도 있었을 것이다. 하지만 구글 경영진은 다른 방식을 택했다. 직원 수에 도무지 맞지 않는 거대한 채용기구를 만들었던 것이다. 2005년 후반 인사전문가인 존 설리반 박사(Dr. John Sullivan)는 구글 직원 350명을 채용 프로세스에 참여시켰다고 보고했다. 당시 구글 직원이 5,000명이었으므로 14명 중 1명이 채용을 위해 일했다는 뜻이다. 보통 회사에서 100명 당 1명이 채용을 담당하고 있는 현실에 비하면 극히 높은 비율이다. 신입직원 채용에 많은 신경을 쓰는 회사로 알려진 시스코(Cisco)는 2005년 기준으로 68명당 1명이 채용을 담당했을 정도였다.

물론 이런 수치만을 가지고 완벽하게 비교할 수 있는 것은 아니다. 구글의 내부 채용담당자가 항상 그 일만 하는 것도 아니고 다른 회사들은 내부보다는 외부 채용기관에 의뢰하는 방법을 쓰기도 한다. 그렇더라도 구글에서 채용에 관계하는 사람 수는 다른 회사에 비해 월등히 많고, 구글은 당분간 이런 채용전략을 계속 유지할 것 같다.

구글의 인사부서는 거의 임시직원들로 구성되어 있다. 구글 채용기구는 얼핏 보기에는 공장 같지만 필요할 때 언제든지 직원에게 도움을 요청할 수 있는 유연한 체제로 운영되고 있다. 이런 패러다임은 아주 혁신적인 채용방법이다. 대부분 회사들은 채용담당 직원의 규모를 어느 정도 일정하게 유지하고 있다. 하지만 구글의 채용절차는 업무량에 따라 조정된다. 공석이 별로 없으면 채용이 복잡하고 뽑아야 할 자리가 많으면 절차는 간단해진다. 그 결과 채용해야 할 사람 수가 많을 때는 채용된 사람들의 수준이 낮아지는 경향이 있다. 반대로 회사가 채용해야 할 사람이 적을수록 후보자 별 면접 수도 많아지고 절차도 철저하게 지켜진다.

구글의 많은 직원이 새로운 직원의 채용에 관여하는 것을 보면 구글이 다른 회사가 간과하거나 대충대충 다루는 직무들까지도 얼마나 중요하게 대하고 있는지를 여실히 알 수 있다. 급성장하는 회사일수록 인력충원 또한 급하게 이루어져야 하기 때문에 인력수준이 떨어지기 쉽다. 바로 이런 점 때문에 좋은 인재를 채용하는 것이 기업의 성패에 중요하다고 말할 수 있다.

메커니즘은 간단하다. 보통 수준의 직원들이 동료를 채용하면 자기보다 뛰어나지 않은 사람들을 선택하게 된다. 이럴 경우 상사의 승인 없이는 사소한 결정도 내리지 못하는 직원들이 자리를 채우게 되고 결국 조직은 관료화의 늪에 빠지게 된다. 구글의 초기 투자자 가운데 한 명으로 현재까지 이사회에 남아있는 램 슈리램(Ram Shriram: 슈리램은 벤처캐피털회사를 창업하기 전에 넷스케이프(Netscape)의 원조멤버였고 아마존닷컴에서 중역을 지냈으며 그 밖에 몇 개 회사를 창업하기도 했다)이 지적한 말은 실리콘밸리의 격언이 될 정도로 사람들에게 잘 알려져 있다. "A급 사람들을 고용하면 그들도 A급 사람들만 채용한다. B급 사람들을 고용하면 C급이나 D급을 채용한다." 이 규칙을 잊어버리고 현안에 급급하여 인재를 채용하면 급속히 성장하던 회사의 발전도 결국은 뒤처지고 만다. 구글은 어느 기업보다도 빠르게 성장해왔다. 2003년 말 1,628명이었던 직원이 2006년 말 10,674명으로 증가했다. 9,000명 이상 증가했다는 것은 3년 동안 5배 이상 증가했다는 뜻이다. 2008년 6월에는 19,604명이 전일제로 근무하고 있다. 2006년 말에 비하면 거의 2배에 가까운 인원이다. 구글의 연구책임자(Director of Google Research)인 피터 노빅(Peter Norvig)은 이렇게 설명한다.

매년 규모가 거의 2배 증가하면 어떻게 해야 기술수준을 유지할 수 있는지가 과제로 떠오른다. 당면한 이 문제를 해결하기 위해 우리는 워비곤 호수전략(Lake Wobegon Strategy: 워비곤 호수는 미국의 방송인 게리슨 케일러(Garrison Keillor)가 1974년부터 방송한 〈프레이리 홈 컴패니언(A Prairie Home Companion)〉이라는 라디오 버라이어티 쇼의 무대로 평균 이상의 아이들이 산다는 가상의 마을을 말한다 ―역자 주)을 취하고 있다. 현재 직원의 평균적인 수준보다 더 높은 수준의 후보자만 채용하겠다는 것이 바로 그것이다. 닷컴 붐 시기에 많은 기업들이 채택하던 채용전략은 "채용 후보자가 현재의 직원들 가운데 가장 못한 직원보다는 확실히 낫다"며 고용을 합리화하는 것이었다.

실험실 적성검사

표면적으로만 보면 구글의 채용절차는 다른 회사와 비슷해 보인다. 마이크로소프트와 다른 기술전문 대기업처럼 구글도 후보자들에게 일반적인 테스트 과정을 거치게 한다.

기술직으로 지원한 사람들은 구글 실험실 적성검사(GLAT: Google Labs Aptitude Test)를 거치게 되어 있다. 난이도 높은 문제(매우 복잡한 통계와 수학 방정식) 해결 능력 뿐 아니라 후보자가 가지고 있는 독창성과 유머를 보는 것이 이 검사의 특징이다. 다음은 실제 GLAT의 한 예이다.

구글에 입사한 첫날, 대학원 첫 학기에 당신이 가장 아끼던 교과서의 저자가 함께 일하는 동료라는 사실을 알게 되었다. 이 경우 당신은 어떻게 할 것인가?

A) 아부하듯 알랑거리며 책에 사인을 해줄 수 있는지 묻는다.

B) 아무렇지도 않은 척 앉아서 동료가 집중하는 데 방해되지 않도록 조용히 키보드를 두드린다.

C) 그 동료가 날마다 먹는 시리얼과 사탕을 가져다 놓는다.

D) 그가 쓴 교과서에 나오는 공식을 당신이 얼마나 즐겨 쓰고 있는지 설명한다.

E) 예제 17b번 문제를 코드를 34행이나 줄여서 풀 수 있는 방법을 보여준다.

이 테스트에 통과한 사람에게는 면접이 기다리고 있다. 절차만 보면 다른 회사와 별반 다르지 않다. 그렇지만 이 절차를 좀 더 자세히 들여다보면 독창적인 면이 있다는 사실을 알아차릴 수 있다. 첫 번째 차이점은 채용방식의 구성에 있다. 다른 회사 같으면 채용 담당자가 보통 몇 가지 수단만 사용한다. 채용대행사, 광고 인쇄, 구인박람회, 학교와 교수, 인맥을 중심으로 채용활동을 하는 헤드헌터의 활용 등이 그것이다. 구글 역시 이런 수단을 사용하지만 학문적인 경력과 연구분야(대학에서 데이터베이스 검색과 관련된 연구)에서의 경험도 중요하게 여긴다.

'한여름의 코드(Summer of Code)'는 학생 신분에 있는 개발자들을 대상으로 다양한 오픈 소스 프로젝트의 코드를 작성하게 하고 상금을 지불하는 여름방학 특별프로그램이다. 그런데 이 프로그램은 방학을 이용한 단순한 프로그램이 아니다. 구글은 이 프로그램을 통해 복잡한 문제를 풀 수 있는 능력을 가진 후보자를 발굴하고 있다. 구글은 이 분야에서 가장 우수한 인재를 찾아내는 선발대회를 후원하기도 한다. 또 공채에 관심 있는 사람들을 파악하기 위해 자사 검색 툴을 사용하기도 한다.

구글 채용 전략의 또 다른 특징은 채용담당자를 전문화하는 것이다. 채용 프로세스는 채용대상자에 따라 새롭게 조직되고 운영된다. 어떤 채용담당자는 신입직원만 상대하고, 다른 사람은 기술직이나 관리자만 상대하며 또 다른 사람은 해외채용만 맡는다. 아무리 큰 회사라도 인사 분야에서 이렇게 전문화된 경우를 찾아보기는 쉽지 않다. 그 결과 가 채용담당자는 아주 세분화된 영역에서 후보자들을 볼 수 있기 때문에 후보자의 능력을 아주 자세히 확인해볼 수 있다.

구글 채용에서 가장 독창적이라고 할 수 있는 부분은 실제 선발과정이다. 이 과정이 진행되는 동안 구글은 아주 많은 시간을 투자해서 면접을 진행한다. 신입직원의 경우 8번 정도의 면접과정을 거쳐야 한다.

대학 세미나에서 연구주제를 발표할 때 동료 전문가로부터 기술관련 질문을 받는 것과 유사한 형태로 면접이 진행된다. 그들은 조직에서 함께 일하는 데 적합한 성격을 갖추고 있는지에 대해서는 묻지 않는다. 그들이 궁금해 하는 것은 후보자의 역량이다. 그들은 기술적이고 도전적이며 실질적인 부분을 구체적으로 물어본다. 면접은 후보자가 회사의 기술적 도전과제를 이해하고 문제를 제기할 수 있는지에 관심을 가지고 있다. 뿐만 아니라 그 문제를 해결하는 데 필요한 기술적 역량을 가지고 있는지를 엄격하게 평가한다.

질문하는 동료는 후보자의 답변을 평가할만한 기술적인 지식을 완벽하게 갖추고 있을 필요는 없다. 하지만 적어도 후보자의 역량을 알아볼 수 있는 질문을 던질 수 있는 능력은 갖추고 있어야 한다. 아마존닷컴의 창립자 중 한 명인 그레그 린든(Greg Linden)은 다음과 같이 설명한다.

누군가의 지식을 알아볼 때 반드시 그 지식을 알고 있어야 할 필요는 없다. 점점 더 깊이 있게 쪼개가면서 질문을 계속 할 수만 있다면 충분하다. 상대가 문제를 제대로 이해한다면 다른 사람에게 설명하고 그 문제에 대해 가르칠 수 있어야 한다. 결국 상대가 질문에 대해 "모르겠다"고 할 때는 즉각적으로 핵심을 찔러야 한다. 이것이 중요한 신호이기 때문이다. 알고 있는 것을 자각하는 것은 모르는 것을 자각하는 것만큼 중요하지 않다. 누군가의 지식이 바닥난 상태에서 터놓고 토의할 수 있다면, 그것은 진짜 이해하고 있다는 신호로 봐도 된다.

　면접관들이 제기하는 문제는 회사에서 실제 맞닥뜨리는 문제들이다. 아민 사베리(Amin Saberi)의 면접 인터뷰는 바로 그런 점을 말해주는 유명한 사례라고 할 수 있다. 당시 사베리는 조지아 공대(Georgia Institute of Technology) IT박사과정을 밟고 있었다. 인터뷰에서 구글의 연구책임자인 모니카 헨징어(Monika Henzinger)는 구글 웹 페이지에서 광고 순위를 향상시킬 수 있는 아이디어를 가지고 있는지 물었다. 질문은 대단한 것이 아니었지만 사베리는 학교로 돌아가 이 문제를 논문 지도교수에게 말했고, 교수는 그에게 그것을 논문 주제로 연구해보라고 권했다. 얼마간의 연구 끝에 그들은 순위 알고리즘 안에 광고주의 일일 예산을 포함시키면 좋겠다는 판단에 이르게 되었다. 사베리와 동료들은 알고리즘 작성에 성공했고, 그들은 결국 그것에 대한 특허를 따냈다.

　이런 종류의 질문은 작은 회사들이 사용하는 전통적인 면접방법과는 확실히 다르다(기존 방식의 면접은 꽤 혹독한 경우도 있다. 애플에서 일했던 직원은 스티브 잡스가 후보자에게 성 경험이 있는지 물었는데, 그 때문에 당황하고 곤란해 한 경험이 있다고 했다. 말할 필요도 없이 후보자는 그 일자리가 자기 것이 아니라고 결론지었다.(Andy Hertzfeld, "Gobble, Gobble, Gobble," http://www.folklore.org/) 구글의 면접절차는 전문적인 능력뿐만 아니라 후보자의 성격까지 평

가하려는 대기업의 평가와도 거리가 멀다. 구글에 지원한 후보자
는 미래의 동료들에게 자신이 일상적인 업무환경에서 부딪칠 수
있는 문제를 해결할 능력을 갖추고 있다는 것을 보여주어야 한
다. 겉보기에는 구글의 채용절차가 다른 대기업과 비슷해 보이지
만 세부적인 점에서는 이렇게 아주 다르게 진행되고 있다.

- 채용은 회사의 중요한 행사이다.(대부분의 기업에서는 그렇지
  않다)
- 직원 채용이나 배치, 이동을 결정할 때 현장의 니즈에 신속하
  게 대응할 수 있는 것인지가 중요한 기준이 된다. 다른 요소
  들은 얼마든지 유연하게 적용할 수 있다.
- 후보자의 학위와 학문적 적합성은 후보자의 경력, 엄격한 합
  리성, 자율적인 태도와 함께 후보자의 자질을 평가하는 중요
  한 요소이다.
- 면접은 기술적인 역량을 검토하는데 사용된다. 후보자는 업
  무환경에 응용할 수 있는 기술에 대한 질문을 주로 받는다.

이러한 채용방식이 구글의 성공에 결정적으로 기여했다는 점
을 부인하기는 어려울 것이다. 구글이 성공적으로 사용했던 이런
채용방식을 다른 기업에도 적용할 수 있을까? 장담은 못하겠다.
그러나 이렇게 독특한 구글의 채용절차에도 한 가지 단점은 있
다. 시간이 아주 오래 걸린다는 점이다. 너무 오래 걸리기 때문에

구글의 전문가들은 면접할 후보자 수를 제한하기로 했다. 그들은 후보자를 면접한 직원들에게 일주일 안에 평가서를 제출하게 한 다. 구글 자신에게조차 구글의 채용절차가 너무 길게 여겨진다면 구글을 지원한 후보자들은 얼마나 길다고 느끼겠는가! 결과가 나오기까지 걸리는 그 몇 달을 기다리지 않는 후보자도 분명 있을 수 있다.

9

금전에만 의존한
동기부여를 하지 않는다

구글은 엔지니어와 개발자의 근무시간을 둘로 나눈다. 80%는 월급을 받는 프로젝트에, 나머지 20%는 개인연구에 투자하게 하는 것이다. 이것이 바로 구글의 20% 정책이다.

최고의 인재만을 채용하는 것은 좋은 일이다. 하지만 성공적으로 채용절차를 거친 후 회사에 들어온 최고의 인재들을 잘 유지하는 것도 그만큼 중요하다. 구글이 직원들에게 금전적인 동기 외에 많은 것을 제공하기 위해 애쓰는 이유가 바로 여기에 있다.

직원의 행동을 연구하는 심리학자들은 동기부여를 두 가지 형태로 정의한다. 외부적(external) 혹은 외재적(extrinsic)인 것과 내부적(internal) 혹은 내재적(intrinsic)인 것이다. 내재적 동기부여는 직원 자신의 업무에 대한 관심과 그 일을 잘 해냈을 때 오는 만족감에서 나온다. 외재적 동기부여는 보너스, 진급, 직무 변화와 같이 직원 외부에서 주어지는 동기를 말한다. 다른 회사들처럼 구글도 외적 동기부여 방법을 사용하기는 한다. 주차장에 있는 고급차량을 보면 알겠지만 돈을 많이 받는 직원들이 상당히 많이 있다. 하지만 구글은 직원들이 금전적 보상에 의해서만 동기를 부여받는다고 생각하지 않는다. 그 이상의 것에 의해 동기를 부여받는다고 생각하기 때문에 내재적 동기부여를 더 중요하게 여긴다.

그렇기 때문에 빌 게이츠가 사업초기에 말했던 유명한 원칙을 구글도 받아들이고 있다. "훌륭한 프로그래머는 '돈을 많이 벌겠다' 든지 '수십만 개를 팔겠다' 고 말하지 않는다. 그런 생각은 문제해결에 아무런 지침을 주지 않기 때문이다."

구글은 개발자들이 내재적 동기부여에 얼마나 잘 반응하는지를 알고 있다. 예를 들면, 오픈 소스 커뮤니티에 속한 개발자들이 고품질 소프트웨어를 만들어내겠다는 의욕에 가득 찬 것을 볼 수 있다. 그들은 좋은 프로그램을 마들어서 무료로 배포하려는 욕구에 의해 동기를 부여받는다. 그렇다고 해도 구글은 이런 형태의 내재적 인센티브를 기업환경에 맞게 조정해야 했다. 구글은 3M이 연구센터에 적용했던 방식을 구글에 맞게 수정해서 사용하고 있다. 3M이 사용하고 있는 15% 정책은 연구자들로 하여금 자신이 선택한 프로젝트에 15%의 시간을 투자하게 하는 것을 말한다. 3M의 전 회장인 윌리엄 맥나이트(William McKnight)의 표현처럼 '실험 삼아 끄적거리는 것(experimental doodling)' 이다. 15% 정책은 스카치가드 섬유보호제, 카펫보호제, 스카치 마스킹 테이프, 수익성이 매우 높은 포스트잇 같은 제품을 개발하는 원천이 되었다. 휴렛팩커드도 비슷한 정책을 사용하고 있다.

구글은 정책상 엔지니어와 개발자의 근무시간을 두 부분으로 구분한다. 80%는 그들에게 월급을 주는 프로젝트에, 나머지 20%는 스스로 선택한 개인연구에 투자하게 하는 것이다. 이것이 바로 구글의 20% 정책이다. 20% 정책은 바쁜 업무 때문에 여유시간을 전혀 가질 수 없었던 직원들에게는 매우 요긴한 것이고, 직원들에게 "행군하라"고 잔소리 하지 않아도 되기 때문에 관리자에게도 흐뭇한 일이다.

자신이 꿈꿔 왔던 컨셉을 개발하고 싶어 하는 엔지니어들이 회사를 떠나는 것을 막기 위해 3M이 고안한 방법이기는 하지만 이 정책은 구글이 혁신적인 아이디어를 지속적으로 만들어내게 하는 중요한 프로그램 가운데 하나로 자리 잡았다. 직원이 신제품을 고안하면 관리자는 "그건 우선순위가 아니니까 쓸데없는 시간낭비하지 말라"고 할 필요가 없다. 애플 컴퓨터의 공동창립자인 스티브 워즈니악이 개인용 컴퓨터 개발을 제안했을 때 휴렛팩커드의 경영진은 그에게 그렇게 말했었다. 지금의 구글이라면 "시간의 20%를 투자해도 된다"고 말했을 터이지만.

물론 엔지니어들은 원하는 연구분야를 마음대로 선택할 수 있지만 구글은 그들이 선택하는 연구분야가 회사의 목표에 부합되어야 한다는 전제를 단다.

20% 정책은 최근의 비즈니스 환경에도 도움이 되는 몇 가지 장점을 가지고 있다. 기업에 들어온 후에도 학교에서와 같은 자율성을 원하는 나이 어린 졸업생들(잠재 신입사원)에게 이 전략은 아주 매력적인 것이다. 이제 갓 졸업한 사람들에게 자기 프로젝트를 개발하도록 20%의 시간을 허락해주는 것만큼 기업의 첫인상을 좋게 하는 방법이 또 있을까?

20% 정책은 오픈 소스 커뮤니티에서 개발에 참여하던 자원봉사자들도 구글로 끌어들였다. 그들은 자신의 프로젝트를 계속할 수 있는 (그리고 어쩌면 구글에게 '팔' 수 있는) 기회를 본 것이다. 맥킨토시 웹 브라우저 카미노(Camino)의 핵심개발자인 마이크 핀커톤(Mike Pinkerton)이 한 말을 들어보자. 2005년 9월 핀커톤이 구글에서 일하기 시작했을 때 블로그에 그가 남긴 글이다.

핀커톤이 파이어폭스(Firefox)를 만진다는 것은 카미노에게 어떤 의미일까? 정답: 좋은 일. 구글 직원들은 자기 프로젝트에 투자할 20%의 시간을 얻는다! 그 시간의 일부는 구글 내부에서 성장하고 있는 맥(Mac) 커뮤니티를 키우는 일에 쓰고, 나머지 대부분의 시간은 카미노에 투자할 것이다. 그렇다. 나는 (간접적으로) 계속 카미노를 개발할 수 있는 돈을 구글로부터 받는 것이다. 이번 가을 1.0 버전을 추진하는 데 큰 도움이 될 것이다.

구글의 20% 정책(그리고 3M의 15% 정책)은 생산성 증대에도 도움이 된다. 엔지니어들은 개인적으로 관심을 가지고 있는 연구에 집중할 수 있는 자유시간을 확보하기 위해 더 빨리 일을 끝내려고 하기 때문이다. 구글이 가지고 있는 품질추구 문화는 업무의 80%를 엉성하게 끝내게 내버려두지 않는다. 구글은 엔지니어들이 학술계와 손잡는 것을 장려하고 있다. 구글에서 보내는 시간의 일부가 학술저널에 게재하는 일에 쓰일 수도 있기 때문이다.

20% 정책은 신제품, 특히 구글이 제공하고 있는 기존 제품에 통합할 수 있는 신제품을 개발하는 데도 활용된다. 구글추천 검색어(Google Suggest), 애드센스, 오컷(Orkut)은 20% 정책으로부터 얻어낸 결과물이다. 구글이 한 손으로 내어 준 것이 다른 손으로 돌아온 셈이다. 20% 정책은 비즈니스 감각을 완벽하게 만들어줄 뿐만 아니라 앞에서 얘기한 아메리칸 원주민 부족의 포트래치의 논리, 즉 선물 교환의 상호성을 입증하는 사례에 해당된다고도 할 수 있다.

게다가 이 20% 정책은 노벨 경제학상을 수상한 조지 애커로프(George Akerlof)가 1984년에 발간한 '선물 교환과 임금 효율성 이론'이라는 논문에서 다룬 것이 실제 기업현장에서 일어나고 있다는 것을 입증한 훌륭한 사례이기도 하다. 애커로프는 직원들에게 시장평균보다 높은 연봉을 주는 회사들을 보고 놀랐다. 그의 연구와 분석에 따르면 회사들은 비합리적이거나 무지해서 임금을 많이 주는 것이 아니라 이직률(회사에 비용을 초래하는)을 줄이고 생산성과 효율성을 높이는데 목적을 두고 있다고 한다. 그들은 높은 임금을 받은 직원들이 회사의 관대함에 감사하는 마음을 가지고 더 열심히 일한다는 것을 알고 있다. 이들과 비슷한 생각을 구글도 가지고 있었던 것 같다. 20%의 자유시간을 활용하여 직원들은 새로운 정보와 혁신적인 아이디어를 만들고, 그렇게 할 수 있도록 허용해준 회사에게 그들의 충성심을 보여줄 것이라고 믿었다.

컨설팅이나 엔지니어링 같은 서비스산업에 근무하는 직원들은 주어진 프로젝트에 투자한 시간을 상세하게 기록하는 근무시간기록표를 채워 넣어야 한다. 그러나 구글은 다르다. 직원들은 지난 주에 사용한 시간에 대해 다섯 줄로 보고하는 것으로 충분하다. 동료들에게 자신의 프로젝트 활동을 발표한 후 그들로부터 평가를 받는다. 동료들이 프로젝트를 진행하는 것이 좋겠다고 판단하면 그 프로젝트는 회사가 재정적으로 지원하는 공식적인 프로젝트가 된다.

개인 프로젝트도 동료로부터 평가를 받는데 그 평가수준 역시 아주 높다. 동료들로부터의 압력(peer pressure)과 엔지니어로서의 명성을 얻기 위해 직원들은 개인적으로 수행하는 프로젝트도 아주 신중하게 준비한다. 회사에게 큰 이익을 가져다 줄만한 아이디어가 생기면 거기에 최우선순위를 두게 된다. 그 아이디어를 잘만 개발하면 크게 주목받을 수 있고, 엔지니어로서의 명성을 얻을 수 있기 때문이다.

20% 정책은 기량을 충분히 발휘하지 못하는 직원들에게도 도

움이 된다. 자기에게 주어진 업무에 헌신하게 만드는 경향이 있기 때문이다. 이들은 개인적으로 수행하는 프로젝트에서 진척을 보이기 위해 내부적으로 압력을 많이 받고 있다. 충분한 진척상황을 만들어내지 못하면 그 사람은 구글의 기준에 미치지 못하는 것으로 여겨지기 때문이다. 요약하면, 구글의 20% 정책은 세 가지 간접적인 영향을 조직 전반에 미치고 있다.

- 새로운 아이디어를 만들어내고 그것을 구현해볼 수 있는 자유시간을 인정받았기 때문에 나는 회사에 빚을 지고 있다.
- 내 시간의 20%를 충분히 잘 활용하지 못하면 내 성과는 기준 이하로 떨어질 것이다.
- 엔지니어로서의 내 명예는 동료들로부터 존경받을만한 아이디어를 개발하는 데 달려있다.

이전에 구글에 근무한 적이 있는 직원들에게서 들은 바에 따르면 20% 정책은 상당히 효과적이라고 한다. 그렇다면 구글은 직원들의 천국일까? 공짜 식사, 마사지, 수영장, 스포츠 시설, 스쿠터나 세그웨이(Segway)를 타고 사무실을 오가는 동료들이 있으니까? 구글단지(Googleplex)에서 직원들이 누리고 있는 많은 복지 프로그램에 대해서는 이미 많은 사람들이 설명해왔다.

기자들이 이런 특전에 대해 물으면 회사 중역들은 "글쎄요, 새벽 2시에 나와서 사무실에 누가 있는지 한 번 보세요"라고 말한다. 어느 기자도 그 말을 검증하려 하지 않았기 때문에 정확히 몇 명이 새벽에 자리를 지키고 있는지 말하기는 어렵지만 그다지 억지스러운 말은 아닌 듯하다. 해커들은 시계는 보지도 않은 채 오랫동안 일을 하는 습관을 가지고 있다. 그렇게 방해받지 않고 집중해서 일하는 동안 그들의 생산성은 아주 높은 수준으로 올라간다. 조셉 와이젠바움이 《컴퓨터의 힘과 인간의 이성(Computer Power and Human Reason)》이라는 책에 쓴 것처럼 "일상에서 자기 조절이 힘든 프로그래머는 자기가 일할 수 있는 모든 시간을 큰 프로젝트에 쏟는다." 그는 해커를 도스토예프스키가 묘사한 강박적인 도박꾼에 비교한다.

룰렛 외에는 아무것도 존재하지 않는… 주위에 무슨 일이 일어나는지 거의 알지 못하고 다른 어떤 것에도 관심이 없으며, 아침부터 밤늦게까지 게임만 하는, 할 수만 있다면 밤을 새서 쉬지 않고 계속하는 사람.

구글이 제공하는 복지 프로그램은 다른 기업에 근무하는 대다수 직원들과는 완전히 다른 업무습관을 가진 직원들이 미친 듯이 자신을 몰입하여 일한 후에, 일상적인 삶으로 되돌아오기 위해 필요한 수단들일 뿐이다. 건강이나 체력을 단련하는 측면에서 볼 때 진짜 천국보다는 못할지 모르겠지만 그래도 구글은 많은 직원들에게 천국과 같다.

10

동료들끼리 평가하도록 한다

동료평가는 기술분야에서 전문지식을 충분히 확보하고 있는 개인의 명성을 토대로 이루어지기 때문에 기존의 수직적인 조직구조와는 다른 병렬적인 계층구조를 만들어낸다.

20% 정책만큼 기사에 자주 소개되지는 않지만 구글의 동료평가 정책(peer review policy)은 최고 프로젝트를 발굴하게 해줌으로써 프로젝트 파이프라인을 단절시키지 않고 이어갈 수 있게 해준다는 점에서 볼 때 매우 중요한 구글만의 독특한 정책이라고 할 수 있다. 앞서 살펴본 것처럼, 20% 정책을 통해 우수한 프로젝트를 낸 팀은 다른 부서의 평가를 받기 위해 프로젝트를 발표하게 된다. 여느 회사라면 그런 평가는 최고경영진, 마케팅부, 또는 이사회의 몫이지만 구글은 그렇게 하지 않는다. 중요한 평가자의

역할을 프로젝트를 만들어낸 엔지니어들의 동료들에게 맡기고 있다. 학계에서 사용하고 있는 동료평가집단과 같은 이 위원회는 신규 프로젝트를 채택하거나 진행 중인 프로젝트를 점검하기 위해 자주 모임을 갖는다. 이 회의에 쏟는 시간이 길지는 않지만 이 모임에서는 매우 집중적인 논의가 오간다.

캘리포니아 마운틴뷰에 위치한 검색엔진 회사인 구글에는 매주 금요일마다 마리사 메이어와 엔지니어 50명을 비롯한 직원들이 모여든다. 열정적이고 말이 빠른 상품기획자인 메이어는 엔지니어들이 내부 웹사이트에 올려놓은 새로운 아이디어를 설명해준다. 이후 진행되는 1시간 동안 집중적인 회의가 끝나면 다음 단계로 넘겨도 괜찮은 7~8개의 아이디어로 압축된다. 이 아이디어 중 일부는 새로운 코드나 검색 알고리즘 또는 구글 홈페이지를 더 신나게 만드는 새로운 방법으로 바뀌게 된다. 메이어는 "그런 회의 분위기는 아주 뜨겁다. 정말 숨쉴 틈조차 없다"고 말한다.

– Fara Warner, 〈구글은 어떻게 스스로를 검색하는가
(How Google Searches Itself)〉 중에서

이 방법은 과학저널에서 널리 사용되고 있는 동료평가 절차에서 영감을 받아 구글이 아주 효과적으로 사용하고 있는 방법이다. 해당 분야에서 인정받고 있는 전문가 패널로 구성된 과학저

널 편집위원회는 제출된 논문을 출판할 것인지 결정하기 위해 평가하고 비판하는 절차를 거친다. 편집위원회에서 서로 (때로는 가혹한) 의견을 나누고 진지하게 토의하는 절차를 거친 후 출판여부가 결정된다. 마찬가지로 구글 직원(구글러)들은 자신이 달성한 업적과 전문지식에 따라 회사 내에서 존경받고 있는 뛰어난 동료 엔지니어들에게 그 결과를 제출하게 된다. 그들에게서 승인을 받아내는 것이 엔지니어에게는 무지무지 중요한 일이기 때문이다.

동료평가는 코드나 프로그래밍과 같은 구체적인 주제를 직접적으로 논의하는 것이 목적이다. 결과는 연공서열에 의해 결정되는 것이 아니라 해당 엔지니어가 가지고 있는 지적인 능력과 자격요건, 기술언어의 유창함 등에 달려 있다. 최종판단은 제출된 코드 페이지를 읽고 그 안에서 약점을 지적해낼 수 있는 사람들이 내리게 된다.

이러한 동료평가는 기술분야에서 전문지식을 충분히 확보하고 있는 개인의 명성을 토대로 이루어지기 때문에 기존의 수직적인 조직구조와는 다른 병렬적인 계층구조를 만들어낸다. 에릭 슈미트는 자신이 노벨(Novel)을 대표하던 1999년, 〈패스트 컴퍼니(Fast Company)〉지와 가졌던 인터뷰에서 이런 병렬적인 계층구조가 얼마나 중요한지에 대해 강조한 적이 있다. '괴짜 다루는 방법(How to manage Geeks)'이라는 기사에서 에릭은 뛰어난 엔지니어로 성장할 수 있게 해주는 '기술자를 위한 경력 사다리(technical career ladder)'의 개념을 자세하게 설명했다.

괴짜를 놓치지 않고 싶다면 관리자로 만들지 않고도 승진시킬 수 있는 방법을 찾아야 한다. 그들 대부분은 훌륭한 경영자가 되지 못한다. 어쩌면 가장 형편없는 경영자가 될 것이다. 하지만 그들이 경력을 쌓을 수 있는 기회를 주고 인정해주면서 금전적으로도 충분히 보상해줘야 한다.

20년 전 우리는 경영자 트랙(executive career track)과 기술자 트랙(technical career track)이라는 '이중 경력사다리(dual career ladder)' 라는 개념을 만들어낸 적이 있다. 기술자를 위한 경력사다리를 별도로 만드는 것 자체가 큰 시도였다. 하지만 윗단계로의 승진, 주식제공, 비금전적인 보상 프로그램 등 다양한 형태의 인센티브도 이들에게는 중요하다. 우리는 '탁월한 엔지니어(distinguished engineer)' 라는 새로운 명칭을 사용하여 이들을 격려한 적이 있다. 탁월한 엔지니어가 되려면 동료들로부터 인정을 받아야 한다. 그러기 위해 엔지니어들은 경영진으로부터 인정받는 것보다 훨씬 엄격한 기준을 충족시켜야 한다. 이렇게 인정받은 직원들은 기술 커뮤니티에서 점점 중요한 구성원으로 성장해갈 수 있었다.

구글은 회사가 채용하고 싶어하는 기술광인 해커들의 사고방식에 이런 식으로 호소한 적이 있다. 괴짜들은 경영자 직함만으로는 충분히 보상받았다고 느끼지 못한다. 그렇다, 금전적인 보상도 중요하지만 그것보다 비금전적 형태의 보상이 더 중요할 때도 있다. 기술광인 엔지니어들에게 이미 기술광의 위치에 올라와 있는 동료들의 평가와 존중이 얼마나 중요한지는 상상하기조차 힘들 정도이다.

이 같은 동료평가방법은 18세기 계몽시대 문학에서 광범위하게 사용되던 '명예를 위한 경쟁원리'를 떠올리게 한다. '명예를 위한 경쟁(competition for honor)'은 헬비티우스(Helvétius), 디드로(Diderot), 백과전서파(Encyclopédistes)가 '우수함(merit)'을 분석할 때 사용했던 중요한 주제이기도 했다. 그들에게 있어 '우수함'이란 위에서 내려오는 형식적인 명예가 아니라 상호간에 존경할 수 있는 관계에서 나오는 것이었다. 디드로의 백과전서(Encyclopédie: 디드로가 주도한 18세기 지식인 그룹은 최초의 과학 백과사전을 편집하기 위해 공동으로 작업했다. 이 프로젝트를 통해 140명의 저자가 70,000개나 되는 글을 썼는데, 26년(1751-1777)이라는 긴 시간이 걸려서 비로소 완성되었다. 이 백과전서는 26권의 본문과 본문을 설명하는 판화 11권으로 구성되었다)에서 '존경(Esteem)'이란 글을 쓴 저자는 "진정한 영광은 자기 스스로 가치를 인정할 수 있는 사람들에 대한 것이며 오로지 이 경우에만 우수하다고 할 수 있다"라고 표현했다. 몽테스키외(Montesquieu)는 《법의 정신(The Spirit of Law)》 제3부에서 "명예가 개인의 행동을 신중하게 만들어주기 때문에 개인은 자기의 이익 증대를 생각하면서도 공공의 선을 증진하게 된다"고 말했다.

이 '명예를 위한 경쟁'은 아주 숙련된 전문가를 필요로 하는 회사들에게는 명쾌한 해법이 된다. 엔지니어의 경력 사다리를 관리자 트랙으로 빠지게 하지 않으면서도 계속 성장할 수 있게 해줄 수는 없을까? 뛰어난 엔지니어가 지속적으로 성장할 수 있는 기회를 주면서도 동시에 조직체계 안에서 점점 위로 올라가고 있다는 성취감을 갖게 하는 방법은 없을까?

동료평가는 높은 수준의 품질을 유지하는데도 중요한 역할을 하고 있다. 채택된 프로젝트가 일정 기준을 이미 충족한 상태이기 때문에 프로그래밍의 품질 수준을 유지하기 위해 충분한 지원을 받게 된다. 동료들과 반복해서 아주 세부적인 수준까지 프로그래밍에 대해 토의하다 보면 공통된 언어가 자연스럽게 생겨난다. 동료평가에서 프로젝트가 탈락되지 않게 하려면 표준에서 벗어나려는 충동은 초기에 꺾이게 마련이다. 공통된 기준에 맞지 않는 프로젝트는 동료들이 거절할 거라고 생각하기 때문이다.

이렇게 진행되는 동료평가 과정은 소프트웨어 회사들이 혁신에서 자주 부딪치는 문제 중 하나를 해결할 수 있게 해준다. 커뮤니케이션조차 할 수 없을 정도로 복잡한 제품라인과 모듈을 만드는 회사는 그만큼 높은 비용을 치르게 된다. 개발비용이 높아질 뿐만 아니라 관련지식이 특정 코드를 만든 개발자의 머리 속에만 있기 때문에 심각한 문제가 발생한다. 프로그래머는 해당 프로그램의 '소유자'로서 없어서는 안 될 사람이 된다. 아무도 그 소프트웨어를 업그레이드하거나 유지할 수 없다. 경영진이 팀을 구성하고 직원들을 해고하거나 연봉을 협상할 때도 문제가 된다.

동료평가는 소스코드를 기록하는 작업에도 큰 도움이 된다. 코드 기록작업은 시간도 많이 걸리고 업무 흐름을 방해하기 때문에 대체로 프로그래머들이 싫어하는 일이다. 그래서 나중에 하겠다고 제쳐 두고 결국은 하지 않는 경우가 종종 벌어진다. 하지만 동료평가를 받는 프로그래머는 자기가 작성한 알고리즘이나 프로그램 모듈을 동료들에게 보여주어야 한다. 그러기 위해서는 코드 작성시 반드시 기록해두어야 한다. 그가 남긴 기록은 나중에 품질관리 수단이 된다. 더 이상 품질은 다른 회사에서처럼 감독관에 의해 좌우되는 것이 아니다. 이렇게 동료평가는 구글의 품질수준을 높이는 데 큰 몫을 하고 있다.

동료평가에는 또 다른 이점들이 있다. 그 중 하나는 거대한 프로젝트를 작게 나누어 진행하기 때문에 그동안의 경영관행과 조직의 계층구조가 가지고 있던 문제점들을 상당부분 개선했다는 점이다. 동료평가를 위해 시간을 많이 투자해야 하기 때문에 동료들은 너무 긴 프로그램은 평가하려고 하지 않는다. 그래서 과학저널에서 책으로 나오기 전에 논문을 심사할 때처럼 프로젝트를 세부적으로 나누어 놓으면 동료평가자들이 해야 할 일은 그만큼 줄어든다. 이런 평가 방식으로 구글은 개발을 좀더 면밀히 추적하고, 그 과정에서 가망이 없다고 판단되면 프로젝트를 곧 취소하기도 한다.

분명 이 모델은 품질을 개선하고, 엔지니어 사이에서 활발한 의견을 교환할 수 있게 해줄 뿐만 아니라 제품관리를 위해서도 많은 이점을 가지고 있다. 하지만 완벽한 것은 아니다. 우선 두 가지 문제점을 들 수 있다. 첫째, 상당한 시간과 에너지가 소요된다는 점이고, 둘째로는 정치적 측면이 있다는 점이다. 학계에서는 익명으로 동료평가를 실시하지만 구글에서는 익명으로 할 수 없다. 프로젝트의 평가자, 심사위원, 전문가가 모두 서로 잘 아는 사람이고, 또 자주 함께 일을 하는 사이이기 때문이다. 정치적인 측면이 있다고 말한 이유는 이들 간에 음모가 일어날 수도 있기 때문이다. 참가자들이 동료평가 회의에 초대받지 못하면 해고통지서를 받게 된다는 소문이 돌기도 한다.

모든 회사는 자기들만의 독특한 기업문화를 가지고 있다. 다른 회사와 마찬가지로 구글도 기업문화로 인해 발생할 수 있는 잠재적인 문제와 그 안에서 벌어지는 다양한 형태의 은밀한 관계에서 자유로울 수는 없다. 데이터와 정보를 거래하는 곳이지만 구글 역시 사람이 모여서 함께 일하는 곳이기 때문이다. 사람이 있는 곳에는 정치가 있기 마련이다.

회사 성장시키기

Part 2

헨리 포드는 일당 5달러짜리 노동과 이동식 조립라인을 발명했고, 도요타는 재고관리와 품질관리, 생산현장에서 지속적으로 개선노력을 기울인 결과 세계 최고의 제조업체가 되었다. 구글의 세르게이 브린과 래리 페이지, 에릭 슈미트는 인적자원 관리, 제품의 개념, 조직구성, 경영 측정도구와 모니터링 분야에서 혁신에 방해가 될만한 모든 장벽들을 해체해왔다. 그들은 직원들에게 동기를 불어넣어주고, 혁신을 지속해갈 수 있도록 조직의 자원을 극대화하고, 제품의 출시를 가로막는 문제들을 해결해왔다.

<h1 style="text-align:center">11</h1>

지속적으로
아이디어를 헌팅한다

새로운 아이디어는 엔지니어나 학자, 심지어 경쟁사까지 포함하여 누구에게서나 나올 수 있다는 사실을 너무도 잘 알기 때문에 구글은 항상 그들이 하는 말을 적극적으로 경청한다.

구글을 한 마디로 표현하라고 하면 '혁신기계'라고 할 수 있다. 한 달, 아니 한 주도 구글에 대한 새로운 기사가 없이 지나기 어려울 정도이다. 기술 산업에서 혁신은 필수이기 때문에 구글이 혁신한다는 것은 전혀 새삼스러운 일이 아니다. 하지만 구글의 혁신이 다른 회사와 다른 점은 조직을 위한 혁신이 회사를 경쟁에서 보호하는 것에 그치지 않는다는 점이다.

앞에서 소프트웨어는 지적재산권을 보호받기 어렵고 캘리포니아의 자유로운 법률 환경은 고용계약에 있어 비경쟁 조항을 허락하지 않는다고 언급한 바 있다. 그렇기 때문에 새로운 아이디어는 생명력이 그다지 길지 않다. 사실 신제품을 출시한 후 경쟁사의 추격을 받을 때까지 걸리는 시간은 급격하게 줄어들고 있다. 2001년, 경제학자 라즈시리 아가왈(Rajshree Agarwal)과 마이클 고트(Michael Gort)는 1886년에서 1986년에 이르는 100년 사이에 신제품을 출시하고 난 뒤 직접적인 경쟁상황이 벌어질 때까지 걸리는 기간을 계산한 적이 있다. 아래 그림에서 보는 것처럼 그 간격은 20세기 초반에는 25년이었다가 1947년과 1986년 사이에는 채 5년도 걸리지 않았다.

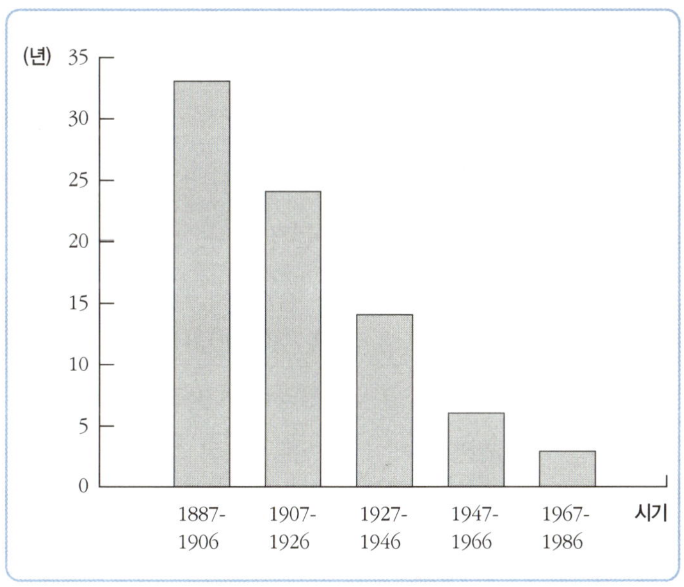

경쟁제품 등장에 걸리는 시간

　신제품을 출시하고 나서 새로운 경쟁제품이 등장할 때까지 걸리는 시간차는 급격히 감소한 반면 연구개발을 포함하여 기업이 혁신에 쏟는 비용은 조금밖에 증가하지 않았다. 사실 1958년과 1988년 사이 30년 동안 미국에서 혁신에 사용된 비용은 7배 증가하는데 그쳤다. 이 이야기가 우리에게 주는 교훈은 오늘날 어떤 회사도 단 하나의 혁신적인 기술에 의존해서 미래를 안전하게 보장받을 수는 없다는 것이다. 과거에는 코닥(Kodak), 제록스(Xerox), 폴라로이드(Polaroid) 같은 회사들이 특허권을 가지고 수십 년 간 시장을 지배할 수 있었다. 하지만 오늘날 경쟁에서 이기고 시장에서 지배적인 지위를 구축하려고 하는 회사들은 과거와 다른 방법을 찾아야 한다.

　그렇다면 어떻게 해야 하는가? 이 도전에 대응할 수 있는 한 가지 방법은 경쟁사보다 신제품 출시속도를 빠르게 하는 것이다. 구글이 쏟아내는 신제품과 새로운 특징들을 보면 구글이 제품 출시속도를 얼마나 중요하게 생각하는지 알 수 있다. 구글의 지도자들은 자사 검색엔진이 경쟁사보다 훌륭하다고 해도 그것에 만족하고 더 이상 아무것도 하지 않는 것이 얼마나 위험한 선택인지 충분히 알고 있었다. 구글의 알고리즘을 신속하게 진화시키지 않으면 경쟁자를 만날 수밖에 없다는 사실은 의심할 여지가 없다. 검색제품 / 고객서비스 담당 부사장인 마리사 메이어는 "구글은 지속적으로 새로운 아이디어를 찾고 있다"고 강조한다.

　구글은 연구개발 절차에 제약을 받지 않기 때문에 아이디어를 제품으로 만드는 속도가 굉장히 빠르다. 새로운 돌파구를 만들어 낼 수 있는 아이디어는 엔지니어나 학자, 심지어 경쟁사까지 포함하여 누구에게서나 나올 수 있다는 사실을 잘 알기 때문에 구글은 항상 그들이 하는 말을 적극적으로 경청한다. 훌륭한 아이디어에 대해서는 상사는 물론 회사의 최고경영자라도 특별히 유리한 위치에 있지 않다는 사실을 구글은 아주 잘 알고 있는 것이다.

대부분의 기업들은 공식적이고 복잡하게 규정된 일상 속에서 새로운 프로젝트를 탄생시킨다. 약간 과장해서 설명하면 이렇다. 연구자들은 자기 혼자서는 작은 결정조차 내리지 못하고 위원회에 제출할 연구 작업 초안을 작성하기 위해 엄청나게 많은 시간을 쏟아 붓는다. 또 위원회는 투자금액에서 건질 수 있는 수익을 꼼꼼히 따진다. 제안한 프로젝트가 수익기준을 통과하면 연구자들은 제품사양을 결정하기 위해 마케팅부서와 조율하는 과정을 거치게 된다. 이 단계에서 회사의 전략에 맞지 않는 제안서는 쓰레기통에 던져지고 나머지는 세부사항과 상세한 설명을 달아달라는 코멘트와 함께 연구자에게 되돌아온다. 대개 이런 식이다.

물론 이 방법에도 이점은 있다. 신제품 개발이 초래할 위험을 줄이고 회사가 팔 수조차 없는 제품을 개발하는데 돈을 낭비하지 않게 한다는 그럴듯한 명분이 있다. 기술의 역사에 친숙한 사람이라면 팔로 알토(Palo Alto)에 있는 제록스 팍(PARC) 연구소의 불행에 대해 들어본 적이 있을 것이다. 이 유명한 싱크탱크는 애플의 매킨토시에 영감을 준 그래픽 사용자 인터페이스(GUI: graphical user interface)와 이더넷(Ethernet) 과 같은 중요한 신기술을 개발하였다. 하지만 복사기를 만드는 회사가 최신식 컴퓨터 제품을 제조하고 판매할 수 있겠는가? 결국 제록스 엔지니어가 발명했던 것은 캐비닛에 보관되어 있다가 판매할 수 있는 준비를 갖춘 경쟁사에게 선점당하고 말았다.

제품 출시속도를 늦추겠다고 결정하는 이면에는 중요한 문제점이 숨어있다. 엄청난 시간과 돈을 쓰고도 관료주의라는 큰 장애물을 만나게 된다는 점이 그것이다. 일반적으로 경영진은 위험을 무릅쓰려고 하지 않는다. 생산부서는 제조, 광고, 판매에 쏟아부은 투자 자금이 아까워서 기존 제품을 없애려고 하지 않는다. 재무부서는 부채를 우려한다. 그들의 우려가 논리적으로 틀린 것은 아니지만 결국은 비용과 손익분기점을 높이는 결과를 낳게 되고, 기업 안에서 혁신을 가로막게 된다.

구글은 이런 점을 어떻게 처리하고 있을까? 구글의 창립자들은 제품개발 절차를 간소화하기로 했다. 앞에서 설명했듯이 동료평가를 통해 많은 결정이 이루어지므로 서류작업이 크게 줄어든다. 다른 무엇보다 두 가지 기준이 구글에서는 강조되고 있다. 기술적인 실현가능성과 사용자의 관심을 얼마나 끌 수 있느냐 하는 점이다. 실현가능하고 사용자의 필요를 충족시키는 것이면 성공할 가능성이 크기 때문에 굳이 기다릴 이유가 없다. 물론 이렇게 접근할 경우 부딪치게 되는 역효과도 있다. 누구나 쉽게 알 수 있는 논리에 따라 제품을 출시하는 것이 아니므로 한 번에 여러 토끼를 잡으면서 회사가 방향 없이 나간다는 인상을 줄 수가 있는 것이다. 하지만 적어도 정해진 틀에 맞지 않는다는 이유로 아이디어를 사장시키는 일은 막을 수가 있다. 이렇게 채택된 아이디어는 지체없이 개발될 수 있다. 엔지니어가 개인적으로 자유롭게 연구할 수 있는 20%의 시간을 통해 나온 프로젝트는 경영진이 자기경험의 틀 안에서 함부로 통제할 수 없게 되어 있다. 이런 프로젝트를 통해 나온 제품은 투입시간으로 보나 시장에 출시되는 시간으로 보나 구글에 즉각적인 혜택을 가져다 줄 수 있다. 엔지니어들은 추가적인 개발에 시간을 투자하라는 압력을 받지 않을 뿐만 아니라 서류 작업에 귀한 시간을 쓸 필요도 없기 때문이다.

전문가들에게 제품개발을 맡길 때 대체로 경영진은 그들을 통제하려고 한다. 그들은 보다 잘 통제하기 위해 개발 프로세스까지 만든다. 마리사 메이어에 따르면 구글은 가장 간단한 방법을 사용하여 이런 함정에 빠지지 않을 수 있었다고 한다. 혁신을 모든 사람의 업무로 만든 것이다. 구글의 문화는 창조적인 아이디어를 존중하는 엔지니어라면 누구나 20%의 자유 시간을 활용하여 중요한 제품을 신속하게 개발할 수 있도록 허용하고 있다. 구글 뉴스(Google News)가 하나의 예다. 그것은 인도 출신 엔지니어인 크리슈나 바라트(Krishna Bharat)가 그의 할아버지가 인도에서 방영되는 영국방송과 비교하기 위해 직접 BBC를 청취하는 것을 보고 아이디어를 얻어서 만든 것이다. 구글의 네트워킹 커뮤니티 오컷(Orkut)과 최근 검색한 결과를 추적하는 구글 툴바(Google Toolbar)도 비슷하다.

그 유명한 1970년대 일본의 품질분임조(quality circles)는 직원 개개인이 생산방식을 개선하는 데 기여할 수 있다는 것을 증명하였다. 하지만 품질분임조가 주목을 받기 전에도 이미 많은 회사들은 직원들에게서 개선에 필요한 새로운 제안을 얻어냈었다. 타당성이 있고, 창조적이고 수익성 있는 제안서에는 상을 주기도 했다. 그 계보를 추적해 보면 아담 스미스에까지 이르게 된다. 《국부론(The Wealth of Nations)》에는 증기기관을 개선할 수 있게 했던 발명에 대해 언급한 부분이 있다.

최초의 증기기관에는 피스톤이 오르내릴 때 밸브를 여닫는 일을 하는 소년이 필요했다. 한 소년이 밸브 손잡이를 기계 다른 편에 실로 묶어두면 저절로 밸브가 여닫히고 그 시간에 친구들과 놀 수 있다는 사실을 발견했다. 그러므로 가장 위대한 발견 가운데 하나는 자신의 노동력을 줄이려고 했던 이 소년의 발견이었다….

이 개념은 간단하고 명백해 보이지만 실제로 실행하려면 많은 한계에 부딪쳤다. 품질분임조가 사용할 수 있는 수단은 거의 없고, 그들은 세부사항만을 개선할 수 있을 뿐이었다. 구글의 지도자들은 다른 사람들이 놓치고 있던 이런 점을 개선했다. 그들은 혁신하기 좋은 환경을 조성하여 새로운 아이디어들을 만들어낼 수 있는 장치들을 마련했다. 새로 설립된 기업에서 제품개발에 가장 밀접하게 관계하는 것은 주로 회사를 만들었던 초창기 구성원들이다. 창립자들은 일반적으로 혁신과 새로운 아이디어를 갈망한다. 그런 갈망이 없다면 굳이 새 회사를 만들 필요도 없고, 아마도 다니던 회사에서 그냥 계속 근무할 것이다. 그들은 새로운 아이디어를 활발하게 교환할 뿐만 아니라 결정권을 가지고 있는 회사의 임원들과 직접 그에 대해 대화를 나누기도 한다.

하지만 회사가 성장하고 점점 관료화되면 이런 상황이 바뀌게 된다. 위험을 기피하고 조직은 정치적으로 흐르게 되며 그 결과 아이디어는 조직의 위계적인 구조 속에서 점차 사라지게 된다. 구글 지도자들은 조직이 관료화되는 함정을 피할 수 있는 방법을 찾아냈다. 그들이 발견한 공식은 이렇다.

- **일류대학에서 가장 똑똑하고 자격을 갖춘 엔지니어들만 채용한다**: 이렇게 하면 경영진은 학문적 자격을 갖추지 않은 직원보다는 교육을 많이 받은 개발자의 아이디어를 더 쉽게 수용할 수 있게 된다.
- **인터넷에 열광하는 사람들을 끌어들인다**: 그들의 의견과 아이디어는 아주 유용하다.
- **실리콘밸리에서 필요한 네트워크를 구축한다**: 외부와 연결되어

있어야 한다. 기존 경쟁사와 창업 기업들이 무엇을 하고 있는지 항상 살펴봐야 한다.

• **모든 사람이 웹 발명가의 '명예의 전당'에 들어갈 수 있도록 독려해야 한다**: 존경 받는 수필가 폴 그레이엄(Paul Graham)은 "실리콘밸리에서 중요한 것은 당신이 세계에 미치는 영향력이다. 그곳 사람들이 래리와 세르게이를 주목하는 이유는 그들의 부(富)가 아니라 그들이 많은 사람에게 영향을 미치고 있는 구글을 다스리고 있기 때문이다"라고 했다.

• **회사 내 아이디어를 신속하게 순환시킨다**: 구글은 네트워킹 툴을 이용하여 서로 다른 프로젝트를 추진하는 팀 사이의 의사소통을 지원하고 있다. 인트라넷, 블로그, 심지어 사무실 디자인까지 동원한다. 브라질산 목재로 만들어진 본사 로비의 거대한 계단에는 플러그를 꽂을 수 있는 콘센트가 설치되어 있어서 직원들이 계단에 앉아서 업무를 교환할 수 있게 되어 있다. 건축가가 이런 생각을 해냈을까? 아니다. 래리 페이지가 사무실 설계와 공사에 직접 관여했기 때문에 가능한 일이었다. 그는 업무환경이 경험과 아이디어를 교환하는데 얼마나 중요한지를 잘 알고 있었다.

기업 인수의 목표도 혁신에 둔다

여러분은 지금까지 구글이 어떻게 엔지니어에게 동기부여하고 새로운 아이디어를 발굴하고 공유하고 있는지 보았다. 하지만 구글의 리더들은 여기에서 멈추지 않았다. 그들은 아이디어를 찾기 위해서라면 때와 장소를 가리지 않았다. 대학은 물론이고 프로그램 사용자 커뮤니티, 심지어 다른 회사에 접근하는 것도 서슴치 않았다.

앞에서 언급했던 조지아공대생으로 키워드 경매 알고리즘 개발에 참여했던 아민 사베리를 생각해보자. 면접도중에 그에게 제기되었던 문제는 그를 비롯한 친구들과 논문 지도교수에게 15년 전에 해결되었던 문제를 떠올려주었다. 그들은 알고리즘에 그 지식을 적용했고 몇 주 후 구글 직원들이 참석한 스탠포드 컨퍼런스에서 그 결과를 발표했다. 그들은 자신들이 개발한 알고리즘을 발표하도록 초대되어 구글을 방문할 수 있는 기회를 갖게 되었다.

대학과의 협력은 새로 배출되는 졸업생을 많이 채용해야 하는 회사에게는 자연스럽고 필수적인 일이다. 구글 직원들 중 상당수는 모교뿐만 아니라 다른 창의적인 회사에서 일하는 친구들과 긴밀한 관계를 유지하고 있다. 이런 연줄 덕분에 구글은 다른 곳에서 어떤 새로운 개발이 일어나고 있는지 놓치지 않고 있다.

예컨대 구글의 데스크탑 검색은 리눅스 컴퓨터에서 로컬 파일

(local files)을 찾는 검색엔진을 개발한 호주 출신 엔지니어가 친구들과 대화하다가 만들어진 것이다. 대화 도중에 얻은 정보를 사용하여 구글 데스크탑(Google Desktop)을 개발했는데 마이크로소프트의 유사한 툴보다 두 달 먼저 출시하는 행운을 갖게 해주었다. 신제품 출시와 경쟁제품 등장의 시간간격이 줄어들고 있다는 점을 기억하기 바란다. 시간이 경쟁의 핵심이다.

2002년부터 매년 여름 개최하는 '코드대회'와 같은 컨테스트를 통해 구글은 프로그래머들로부터 더 많은 아이디어를 정기적으로 얻어내고 있다.(대회 정보는 http://www.google.com/programming-contest/winner.html에 있다) 1등은 현금 10,000달러를 받고 마운틴뷰에 위치한 구글플렉스를 VIP 자격으로 방문하게 되며, 구글이 수십억 개의 문서를 보관하고 있는 저장소에서 자신이 개발한 코드를 사용할 수 있는 영광도 얻는다. 2006년 3,000명이 넘는 프로그래머들이 이 컨테스트에 지원하였다. 그 중 630명은 456개 대학에서 공부하고 있는 대학생들이었고 모두 90개 나라의 대학생들이 참가하여 열띤 관심을 보였다.

프로그래밍 대회의 첫 우승자인 대니얼 에그노르(Daniel Egnor)는 특정지역을 지정하여 웹 페이지를 검색할 수 있는 프로그램을 개발했다. 예를 들어 샌프란시스코에 있는 정비공을 찾고 있다면 검색엔진은 샌프란시스코에 있는 기계공만 페이지에 나타낸다. 이것이 현재 지역·업종별 전화번호부와 다른 지역 검색 서비스와 경쟁하고 있는 구글 로컬(Google Local)의 기원이 되었다.

　구글은 사용자들도 훌륭한 아이디어를 갖고 있다는 점을 잘 알고 있다. 응용프로그램 인터페이스(APIs: application programming interfaces)를 이용하여 어느 교수가 개발한 프로페서-베리피어(Professor-Verifier)가 그 예다. 이 프로그램은 학력(경력)을 확인하게 해주는 프로그램이다. 검색 창에 이름을 입력하면 모든 대학 사이트를 자동으로 검색한다. 이름이 어느 사이트에 나타나면 그 사람이 찾는 사람이 맞는지 확인하게 해주는 도구이다. 이름이 나타나지 않으면 그런 사람이 없다는 것을 의미한다. 구글이 이 프로그램을 확장하여 회사에 지원한 사람들의 학력을 확인한다는 것은 쉽게 추측할 수 있다.

2001년부터 2008년까지 구글의 기업인수 현황

년도	인수기업 수	분야
2001	2	데이터 마이닝(data mining), 검색엔진
2003	6	검색엔진, 온라인 광고, 블로깅
2004	6	교통 · 지도 분석, 이미지 편집(image organizer), HTML편집, 검색엔진
2005	10	브로드밴드 인터넷 접속, 그래픽 소프트웨어, 검색엔진, 모바일 및 그래픽 소프트웨어, 사무자동화 소프트웨어
2006	11	광고, 블로깅 소프트웨어, 비디오 공유(YouTube), 컴퓨터 비전(computer vision), 사무자동화 소프트웨어
2007	16	사무자동화 소프트웨어, 광고, 통계 소프트웨어, 사진, 인맥 네트워킹
2008	3	온라인 광고, 온라인 비디오, 웹로그 소프트웨어

출처: *The Net Journal*(2005년 8월 24일), *CNET*, 위키피디아(*Wikipedia*)

구글은 아이디어를 구매하는 일에도 아주 열성적이다.(앞의 표 참고) 다른 경쟁사들(특히 애플은 사내에서만 배타적으로 제품을 개발하는 것으로 알려져 있다)과 달리 구글은 흥미로운 제품을 가진 회사들을 인수하는 데도 적극적이다. 2001년부터 구글은 50개가 넘는 회사를 인수했다. 대부분은 아이디어와 개발능력을 가진 두세 명이 만든 창업 기업이다. 수천 혹은 수만 명의 방문자를 끌어들이는 데 성공한 새로운 웹 어플리케이션을 개발한 회사들이 주요 인수대상이다.

이런 활발한 기업 인수는 외형적인 성장을 보여주는 것이지만 경쟁사의 인수를 통한 덩치 부풀리기와는 많은 차이가 있다. 1990년대 후반 야후가 (알타비스타와 오버추어 같은) 자신과 경쟁 상황에 있던 검색엔진을 인수했던 까닭은 업계에서의 지위 강화에 있었다. 오라클(Oracle)이 피플소프트(PeopleSoft)라는 인사 소프트웨어 회사를 인수한 것도 이와 같은 목적 때문이었다. 하지만 구글의 인수전략은 합병이 아닌 혁신에 목적을 두고 이루어진다. 구글은 이미 존재하는 것을 다시 보여주기 보다는 될 수 있는 한 새로운 툴을 쇼핑하는 데 주력한다. 이 전략은 다른 회사가 발명한 것을 모방하는 패러다임에 갇혀 비용만 소진하는 '딴 곳에서 베껴오기' 증후군과는 다르다.

구글의 인수 목적은 시장점유율, 전문지식, 인수하는 회사의 기술을 넘어서는 곳에 있다. 구글은 이런 제품을 모방하고 재발명할 수 있는 수단과 엔지니어를 내부에 이미 충분히 확보하고 있다. 그보다 구글은 사용자를 구매하고, 때로는 창립자들을 '구매' 하는 데 더 큰 관심을 갖는다.

2003년 구글은 파이라랩스(PyraLabs)를 인수했다. 파이라랩스는 블로그 분야를 개척한 회사이다. 구글은 자체적인 블로깅 소프트웨어를 쉽게 개발할 수도 있었지만 사용자 기반이 부족했다. 파이라랩스를 인수함으로써 구글은 블로깅 툴 뿐 아니라 블로깅에 헌신적인 사용자까지 얻을 수 있었던 것이다.

구글의 유튜브(YouTube)는 또 다른 예이다. 구글은 2006년 10월, 16억 5천만 달러를 들여 신출내기 회사를 인수하여 비디오 업로드 서비스를 이미 개발해두었었다. 하지만 유튜브는 업계 개척자였고 이미 아주 충성스럽고 거대한, 뿐만 아니라 급속하게 증가하고 있는 사용자 기반을 확보하고 있었다. 이런 유튜브에 구글이 관심을 갖는 것은 당연한 일이었다. 결국 구글은 유튜브가 가지고 있는 기술을 회사 내에 이미 확보하고 있음에도 불구하고 유튜브 인수를 결정했다.

두 경우 모두 구글이 자신들에게 중요한 자산을 얻기 위해 기업을 인수한다는 것을 잘 보여주고 있다. 가입자와 가입자의 행동에 대한 정보가 바로 그것이었다. 이 정보가 있으면 굳이 시장조사를 거치지 않고도 사용자가 원하는 것을 얼마든지 알 수 있다. 물론 인수대상 기업들이 이런 인수에 합의해주는 이유가 궁금할 것이다. 돈은 하나의 이유가 될 뿐 전부는 아니다. 구글은 회사를 인수할 때 벤처캐피탈 회사가 제공할 수 없는 기회를 이

들 기업에게 준다. 그들은 구글의 플랫폼과 통계 능력, 그들이 보
유한 전문지식뿐만 아니라 구글이 가지고 있는 엄청난 기세를 이
용할 수 있다는 점을 높이 사는 것이다.

12

신제품 평가에
소비자를 참여시킨다

·
·

제품을 조기에 출시하는 것은 경쟁이 일어날 수 있는 상황을 미리 막고 신규진출자가 시장에 진입하는데 필요한 비용을 높이는 역할을 한다.

구글은 완벽한 제품을 출시하는 것이 아니라 베타 버전을 먼저 출시한다. 이때는 신중한 사용자들이 흔들리는 것을 막기 위해 업그레이드에 대해서는 일체 아무 말도 하지 않는다. 그들이 업그레이드 버전을 필요로 하면 비로소 그때 제공해주는 형식을 취한다. 사용자에게 새로운 툴을 전하는 주된 커뮤니케이션 수단은 블로거들이다. 구글은 사용자를 얼리어댑터(early adopter)와 메인스트림 사용자(mainstream users)로 구분하는데 얼리어댑터는 모험을 즐기는 개척자들이다. 이들이야말로 구글이 가장 흥미롭게 여기고 관심을 두는 대상이다. 얼리어댑터는 베타 버전에 오류가 있을 수 있다는 점을 이해하기 때문에 제품에 결점이 있어도 비교적 관대하다. 그들은 제품을 업그레이드하고 평가하고 개선하는 일을 도와주려고 한다. 반면 메인스트림 사용자들은 업그레이드에 익숙해지는 시간을 필요로 하는 신중한 사용자들이다.

이 전략은 많은 불만을 야기하지 않고도 새로운 제품의 출시효과를 높여준다. 구글은 얼리어댑터들을 통해 제품의 문제점을 확인하고 소리 소문 없이 조용히 문제점을 개선해나간다. 예컨대 2006년 2월 구글 북스(Google Books)의 초기 사용자들이 책 페이지를 보여주는 소프트웨어에 오류가 있다는 사실을 알아챘다. 그러나 일반 사용자가 서비스를 사용하기 시작할 때는 이미 그 오류가 완벽하게 수정되어 있었다.

구글의 출시전략은 비즈니스 세계에 자율향상(bootstrapping)이라는 새로운 개념을 불러일으켰다. 자율향상은 스탠포드대학 ARC(Augmentation Research Center: 이 연구실은 인터넷의 아버지 중 하나로 꼽히는 더글라스 엔젤바트(Douglas Engelbart)가 창립했다. 그는 오늘날 모든 PC에서 표준으로 채택하고 있는 마우스를 발명했다. 또 최초로 브라운관을 사용하여 텍스트와 그래프를 나타내는 모니터를 발명하기도 했다) 연구자들이 발전시킨 개념이다. 바론 뮌히하우젠(Baron von Münchhausen)이 스스로 자기 머리채(bootstrap)를 잡고 늪에서 빠져 나왔다는 이야기에서 유래된 표현이다.

구글은 연구자들에게 제품을 조기에 소개하고 그들로부터 받은 피드백을 통해 제품의 특성을 개선함으로써 스스로를 구하는 전략을 쓰고 있다. 자기가 원해서, 또는 친구나 친지의 소개를 통해 사용자들이 테스트 프로그램에 많이 초청되는데, 그것은 결국 개발팀을 확장시키는 효과를 가져온다. 테스트 프로그램(Trusted Tester Program)은 구글 직원들의 친구들을 위한 일종의 사적인 모임과 같다. 초청된 사람들이 초기 개발단계에 있는 제품을 비밀리에 테스트하는 프로그램이라고 할 수 있다.

이러한 조기 출시와 테스트 전략은 개발시간을 단축시켜줄 뿐 아니라 시장에 정식으로 소개되기 전에 먼저 사용해볼 수 있는 특권을 준다. '봉사하는' 것을 즐기는 사용자들은 개발한 제품의 성능을 평가하고 결함을 파악하며, 문제를 개선하는 책임까지 스스로 떠맡는다.

이 방법은 오픈소스 운동의 창립 원리를 결합하고 있는 것처럼 보인다. 구글은 리눅스의 창립자 리누스 토발스(Linus Torvalds)가 처음으로 시도했던 '조기에 출시하고, 자주 출시하는' 정책과 똑같은 방법을 사용하고 있는 것이다.

제품개발 과정에 사용자를 참여시키는 것에는 위험이 따르기도 한다. 언론과 블로거들은 이런 베타 버전 제품을 멸시하거나 회의적으로 대한다. 예컨대, 영향력 있는 블로거인 데이브 펠(Dave Pell)은 2006년 1월 구글 비디오 서비스에 대해 "구글이 처음으로 실망스러운 서비스를 선보인 것 같은데 단지 나만의 상상일까?" 라고 밝힌 바 있다. 그의 비판은 〈씨넷(CNET)〉을 통해 인터넷 상에서 파문을 불러일으켰다.

그러나 이런 부정적인 비판이 큰 문제로까지 확대되지는 않았다. 이런 반응은 궁극적으로 구글이 제품을 개선하는 방법에 도움이 될만한 다양한 정보를 제공해주기 때문이다. 사용자는 제품 성능을 이모저모로 판단해볼 수 있는 시간을 갖게 되는데, 이때 접하게 되는 작고 사소한 실수는 대수롭지 않게 그냥 넘겨버린다. 문제를 수정할 때쯤에는 훨씬 더 관대해진다.

구글을 무료로 이용해도 된다는 점도 그들의 행동에 영향을 미친다. 사용자는 값을 지불해야 한다면 사지도 않았을 응용프로그램을 시도해 보고 부정적이거나 건설적인 코멘트나 조언으로 '공짜' 프로그램에 대해 화답하는 것이다.

구글은 준비여하를 막론하고 제품을 시장에 신속하게 내놓음으로써 제품개발에 기울인 노력에 대한 효과를 극대화하고 잠재적인 경쟁을 줄이기 위해 최선을 다하고 있다. 혁신만으로 수익을 낼 수 있는 것은 아니기 때문이다. 제품을 조기에 출시하는 것은 뛰어난 마케팅 전략이기도 하다. 경쟁이 일어날 수 있는 상황을 미리 막고 신규진출자가 시장에 진입하는데 필요한 비용을 높이면서 사용자를 구글의 영향력 아래 묶어 둘 수 있기 때문이다.

사실 사람들의 기대와는 달리 혁신이 언제나 수익에 직결되는 것은 아니다. 수많은 연구자들이 가장 혁신적인 회사가 반드시 가장 수익성 있는 회사가 아니라는 점을 이미 증명했다. 유명한 경영학의 대부인 피터 드러커는 1996년 인터뷰에서 "컴퓨터 산업은 돈이 되지 않는다…. 인텔과 마이크로소프트는 돈을 벌었지만 전 세계에서 돈을 잃고 있는 사람들 또한 많다. 이 산업이 손익분기점에 도달했는지는 의문이다."라면서 이 점을 자세히 설명했다. 가장 혁신적인 비즈니스가 가장 돈을 많이 버는 것은 아니라는 드러커의 비관적인 관점은 이후 많은 연구에 의해 증명되었다.

두 가지 현상이 이런 역설을 설명해준다. 하나는 제품 출시 초기에 경쟁사가 혁신적인 아이디어를 아주 신속하게 모방하는 경우이다. 회사가 신기술의 경쟁우위를 통해 수익을 창출할 수 있는 시간이 줄어든다는 점은 이미 앞에서 언급한 바 있다. 연구개발에 쏟아 부은 투자 자금을 만회하려면 회사는 제품을 출시한 후 몇 달 내에 경쟁우위가 줄 수 있는 이점을 완벽하게 활용할 수 있어야 한다. 전통적으로 이것은 거대한 마케팅 투자, 브랜드 창출, 판매 네트워크 준비 등을 말한다. 이 모든 것을 준비하는 데는 상당한 비용이 든다. 하지만 구글이 채택한 출시전략은 앞에서 언급한 전통적인 준비를 필요로 하지 않는다. 그들은 사용자로 하여금 베타 버전을 사용해보고, 그것을 테스트해서 그들 스스로 홍보하도록 내버려둔다.

두 번째 현상은 신제품에서 나오는 혜택을 '우회(diversion)' 시켜주는 물결효과(the ripple effect)라고 할 수 있다. 이 문제를 연구한 경제학자들은 혜택의 80% 이상이 제품을 개발한 사람 이외의 사람들에게 돌아간다는 것을 증명했다. 역사적인 예를 하나만 들면, 전력생산에 직접 관여했던 회사보다 다른 회사와 일반대중들이 전기가 주는 혜택을 훨씬 더 많이 보고 있다는 점이 그것이다. 전력을 활용한 가정용 전자제품을 비롯하여 모든 형태의 전자기구를 만드는 새로운 산업이 무수히 등장하였다. 정작 초기에 전력을 개발하고 분배하는 과정을 주도하면서 투자 자금을 쏟아 부었던 사람들은 그다지 재미를 보지 못했던 것이다.

하지만 구글은 신제품의 혜택을 좀 더 많이 누릴 수 있는 두 가지 메커니즘을 찾아냈다. 그 두 가지 요소는 다음과 같다.

- **검색엔진과 애드워즈(애드센스) 링크를 통해 방문하는 사이트에서의 광고 판매:** 구글은 내부 R&D로부터 수익을 낼 뿐 아니라 사이트 소유주가 더 많은 방문객을 유인할 수 있게 해줌으로써 이익을 본다.
- **다른 혁신가의 지원:** 구글은 다른 회사를 인수하면 그 회사가 보유하고 있던 플랫폼, 기술, 명성뿐만 아니라 사용자까지 확보함으로써 구글의 엔지니어들에게 이전보다 훨씬 나은 환경을 제공한다.

구글은 검색엔진 이외의 다른 상황에서도 얼마든지 개발할 수 있는 능력을 갖추고 있는 창의적인 사람과 그들이 가지고 있는 새로운 아이디어를 마치 자석이 철 조각을 당기듯 강력한 힘으로 끌어당기고 있다. 구글은 자사의 혁신을 통해 나올 수 있는 이익이 다른 곳으로 옮겨가는 것을 미연에 방지하고 있다. 이렇듯 구글은 혁신을 통해 경쟁으로부터 스스로를 보호하고 개발속도를 높이며 새로운 경쟁자의 진입비용을 매일 조금씩 올려감으로써 자신들의 경쟁력을 점점 더 강화해가고 있다.

13

기능이 많으면서도 심플한 제품을 만든다

·

구글은 맥가이버 칼로 할 수 있는 모든 것을 일일이 보여주기 보다는 칼을 사용하는 방법에 대한 정보를 알려준다. 모든 링크를 턱 앞에 갖다주는 게 아니라 검색 창에 질문을 입력하게 하는 것이다.

저는 구글이 마치 맥가이버 칼(Swiss Army Knife)과 같다고 생각합니다. 깔끔하고 심플해서 어디에든 가져가고 싶은 그런 도구죠. 만약 당신이 어떤 도구를 필요로 한다면 이 사랑스러운 녀석을 꺼내보세요. 당신이 원하는 도구가 거기에 있을 겁니다. 구글은 맥가이버 칼로 할 수 있는 모든 것을 일일이 보여주기보다는 칼을 사용하는 방법에 대한 정보를 알려주려고 합니다. 모든 링크를 턱 앞에 갖다 주는 게 아니라 검색 창에 질문을 입력하게 하는 것입니다. 이 방법은 아주 효과적입니다. 기능이 681개나 되는 칼의 기능을 다 보여주면 당신은 놀랄 것입니다. 다른 사이트들은 이런 식으로 당신을 놀라게 만듭니다. 안을 들여다보면 구글도 사실은 그렇게 복잡하게 구성되어 있습니다. 그러나 맥가이버 칼이 닫혀 있는 것처럼 우리는 간단하고 실용적인 인터페이스만을 제공합니다.

– 마리사 메이어(구글 검색제품/고객서비스 담당 부사장)의
2002년 인터뷰 중

구글을 맥가이버 칼에 비교한 마리사 메이어의 말은 구글을 성공으로 이끈 핵심동력 가운데 하나를 완벽하게 설명해주는 말인 것 같다. 기존의 것을 망치지 않고 계속해서 새로운 것을 소개하는 능력이 바로 그것이다. 지금부터 이 역량이 중요한 이유에 대해 살펴보기로 하자.

구글의 제품개발 전략에 대한 이야기를 시작하기 전에 헨리 포드가 포드 모델 T(Model T)를 개발했던 당시로 돌아가보자. 자동차 조립라인을 만들어 차를 소유하지 못했던 많은 사람들에게 비교적 저렴한 가격에 자동차를 판매했던 모델 T는 거대한 자동차 시장을 창출했다. 하지만 동시에 이 차는 그때까지 자동차 구매에 영향을 미쳤던 개성의 표현을 상쇄시켜버리는 결과를 초래하기도 했다. 모델 T는 지나치게 표준화되어 거리나 코너만 돌면 언제든지 흔하게 볼 수 있는 차를 대량으로 만들어냈다.

자동차 산업이 발전하면서 소비자들이 대량생산된 차량을 자

기만의 독특한 자동차로 만들 수 있는 옵션과 액세서리가 생겨났
다. 제조업체들은 개인별 선호에 따라 다양한 색상, 차량 인테리
어, 동력전달 장치(power train), 스테레오 등을 별도로 주문하여
장착할 수 있는 차량을 제공하기 시작했다.

이런 제품 차별화 방식은 자동차뿐만 아니라 가정용 전자제품
에서부터 핫도그와 햄버거 토핑에까지 적용되었다. 서구화된 국
가의 소비자들은 개인의 니즈를 충족시켜줄 수 있는 맞춤형 상품
구매에 점점 익숙해졌다.

하지만 주문제작은 물류과정을 복잡하게 할 뿐만 아니라 판매
점에게도 부담을 주었다. 독특한 제품을 기대하지 않았던 소비자
에게까지 독특한 제품을 안겨주는 바람에 소비자로부터 반품되
는 제품 수는 점점 많아졌다. 결국 주문제작은 제품판매와 개발
비용을 동시에 증가시키는 결과를 초래했다.

마이크로소프트는 제품개발의 다음 단계를 보여주는 좋은 사
례다. 유명한 '무어의 법칙'(인텔 창립자 중 하나인 고든 무어
(Gordon Moor)는 반도체 집적회로의 성능이 18개월마다 2배로 증가하
여 그에 따라 기술 가격이 낮아진다고 말했다)에서 지적된 것처럼 지
속적인 가격하락을 고려하여 빌 게이츠는 키보드만 있으면 무엇
이나 할 수 있는 제품을 제공했다. 마이크로소프트 오피스
(Microsoft Office)는 종종 블로트웨어(bloatware: 메모리를 너무 많이
잡아먹는 프로그램)로 불린다. 주문하지 않은 액세서리까지 잔뜩
채워 넣은 MS오피스는 사무용의 '모델 T'라고 할 수 있다. 워드

프로세싱과 스프레드시트뿐 아니라 어느 누구도 완벽하게 활용할 수 없는 여러 기능들이 그 안에 포함되어 있다. 굳이 찾으려고 노력하면 찾을 수 있겠지만 대부분은 존재하는지 조차 알 수 없는 것들이다.

그 동안 마이크로소프트는 제품개발 방법에 대해 많은 비판을 받아 왔다. 메뉴나 가로 막고 메모리를 차지하며 사용자를 당황하게 만드는 불가사의한 단추들은 왜 그렇게 많은지… 경쟁사 소프트웨어는 훨씬 기능이 적은데 왜 같은 가격에 추가기능을 선택하지 '않을' 권리는 허용해주지 않을까? 그것은 기능이 많으면 더 좋아 보이기 때문이다. 블로트웨어를 개발한 것은 분명 마이크로소프트의 경쟁우위 전략이라고 할 수 있다.

이 전략은 마이크로소프트가 초기에 사무용 소프트웨어를 거의 독점하다시피 하면서 아주 멋지게 성공했다. 하지만 그 많은 기능이 추가되고 소프트웨어가 복잡해지면서 그로 인한 단점도 많이 생겨났다. 마이크로소프트가 소프트웨어를 업그레이드하려고 할 때마다 엔지니어들은 하위호환성(backward compatibility)을 유지하기 위해 새로 추가된 기능이 기존에 출시된 것과 호환이 되는지, 이제 막 추가하려는 200개의 기능과 함께 제품이 작동하는지 일일이 확인해야만 한다. 제품의 기능이 풍부할수록 기존 버전과의 비호환성(incompatibility) 또는 새로운 오류가 생길 가능성이 높아지기 때문이다. 문제는 새로운 버전이 나올 때마다 점점 복잡해지고 통제하기 어려운 상황을 만들게 된다는 점이다.

그 결과 마이크로소프트는 그들이 예측하지 못했던 아주 귀찮은 상황에 처하게 되었다. 블로트웨어를 간소화해서 출시할 경우 그 때마다 적은 기능으로 고객을 실망시키느니 차라리 테스트 기간을 늘리고 신제품 출시를 연기해야만 했던 것이다. 어쩌면 이것이 오피스 세트 출시가 예정보다 늦어지는 주요한 이유일 것이다.

구글의 맥가이버 칼 전략은 다른 제품전략들이 가질 수밖에 없는 골치 아픈 문제들을 해결해준다. 모든 구글 툴(또는 응용프로그램)은 다른 구글 응용제품과 분리되어 자율적으로 운영된다. 예컨대 구글 맵(Google Maps)을 정말 좋아하지만 구글 도큐먼트(Google Documents)를 좋아하지 않을 경우 구글 맵만 사용할 수 있다. 구글 툴을 하나씩 밖에 사용할 수 없다는 것이 아니라 필요하지 않은 툴을 굳이 함께 사용해야 할 필요가 없다는 뜻이다.

마이크로소프트 오피스 세트와 달리 구글 툴은 개발 사이클을 분리하여 새로운 기능이 준비될 때마다 점진적으로 출시된다. 예를 들어 새로운 버전의 지메일(Gmail)이 출시되면 이미 사용하던 지메일을 대체하는 것이 아니라 질을 높이는 것이다. 또한 구글은 한 가지 툴을 수정하고자 할 때 그 수정사항이 다른 툴에 영향을 미치지 않게 배려해주고 있다. 구글 제품을 사용하기 위해 학습하고 있는 고객은 투자시간을 낭비하지 않아도 된다. 응용프로그램은 점진적으로 변할 뿐이다.

구글의 제품개발과 출시를 마이크로소프트와 비교해보면 이 두 회사간의 차이를 좀 더 분명하게 알 수 있다. 구글의 성공은 응용프로그램 대부분을 웹브라우저나 전화상에서 실시간으로 전달한 덕분이다. 상점에 가서 구글의 응용프로그램을 사는 것이 아니라 웹브라우저를 클릭하거나 다운로드만 하면 된다.

이와 달리 마이크로소프트의 제품 라인은 소매유통채널에 의해 판매되거나 컴퓨터 제조업체에 의해 제품을 출고할 때 미리 설치되어 나온다. 전통적인 소프트웨어시장을 선점하고 있는 마이크로소프트는 소프트웨어의 새로운 버전에 상당한 투자를 해야 한다. 투자규모가 막대하고 새로운 제품출시에 대한 압력이 크기 때문에 마이크로소프트는 출시 간격을 늘리고 업그레이드 비용을 정당화할만한 새로운 기능을 추가하여 투자비용을 충당하고 있다.

반면 구글은 종래의 소프트웨어 개발회사에 비해 제품개발 시간을 비교적 수월하게 보낸다. 구글 소프트웨어가 바뀌는 정도는 응용프로그램에 비교적 작은 기능을 추가하는 정도이다. 이렇기 때문에 MS오피스 같은 블로트웨어에 비해 개발과 테스트에 소요되는 비용이 훨씬 저렴하다. 구글 응용프로그램은 복잡하지 않기 때문에 제품수명주기 동안 드는 비용의 평균 40% 정도를 차지하는 유지 비용도 상당히 줄일 수 있다. (이 비용은 제품의 수명에 영향을 미치는 비용이며 오류를 수정하고 신제품을 준비하고 테스트하는 데 소요되는 비용을 포함한다)

구글의 응용프로그램 개발에는 또 다른 흥미로운 측면이 있다. 종래의 패키지 형태로 판매되는 소프트웨어를 구매한 고객들은 마이크로소프트 같은 회사가 베타 버전 소프트웨어를 판매하려고 하면 대부분 크게 불평을 한다. 그러나 구글의 경우는 다르다. 구글은 베타 제품을 출시하면서 베타 버전이라고 이름을 붙이는 데 주저하지 않는다. 베타 버전임에도 불구하고 사용자들은 대부분 베타 목록에 있는 지메일과 같은 응용프로그램을 계속 사용할 수 있다. 오히려 베타라는 이름은 사용자의 기대 정도를 낮추면서도 기대 이상(때론 공짜)의 가치를 제공해준다.

구글의 맥가이버 칼 전략은 원하는 툴을 선택하는 입장에 있는 사용자들과의 관계에도 변화를 가져왔다. 구글은 고객들에게 그 어떤 것도 부과하지 않는다. 모든 것은 사용자의 니즈와 개성에 따라 얼마든지 맞춤식으로 구성할 수 있다. 사용자는 검색포털인 아이구글(iGoogle)을 마음대로 디자인할 수 있다. 자신만의 마이맵스(My Maps)를 만드는 것도 가능하며 구글 뉴스(Google News)에 나타나는 신문기사를 자신에게 맞게 설정할 수도 있다. 구글이라는 한도 안에서 사용자가 마음대로 사용할 수 있는 소프트웨어를 각자에게 제공한다고 할 수 있다.

제품개발에 대한 구글의 모듈식 접근방법은 때론 오해의 소지를 낳기도 했다. 다양한 새로운 툴을 제공하기 때문에 어떤 면에서는 회사가 명확한 방향을 잡지 못하고 있고 경영자들에게 뚜렷한 전략이 없는 것 같은 인상을 주기도 한다. 그 동안 구글 제품들은 검색 툴과 문서작업 툴이라는 병렬적인 트랙으로 진화해왔다. 두 가지 트랙은 상호 보완하여 구글을 인터넷 운영체제로 만든다는 공통의 목표를 가지고 있었다.

구글은 검색의 제왕으로만 남을 생각이 없다. 구글은 판매(쇼핑), 정보(뉴스), 학문적인 검색(학술), 영화와 음악(비디오와 음악), 문학(도서검색), 지역 정보(지역) 등과 같은 특정한 필요를 위해 설계된 검색 툴을 제공할 뿐만 아니라 개인화된 검색 툴을 제공할 수 있는 응용프로그램도 계속해서 출시하고 있다.

드러나지 않는 또 다른 트랙은 마이크로소프트의 윈도우 운영체제와 사용자의 데스크탑 전반을 겨냥하여 문서작업과 관련된 툴을 출시하는 것이다. 커뮤니케이션 툴(Gmail, Groups, Orkurt, Blogger), 문서작성과 유통 또는 오피스 툴(Calendar, Desktop Search) 등 구글을 통해 컴퓨터 상에서 모든 것을 가능하게 하는 툴을 제공함으로써 구글을 인터넷 워크스테이션의 기반으로 만들어 검색뿐 아니라 궁극적으로는 사용자의 데스크탑까지도 점령하는 것을 겨냥하고 있다.

맥가이버 칼은 구글이 제품을 개발하고 배치하는 방식을 잘 드러내주는 표현이다. 그것은 업무환경에서 문서작업(Documents), 회의와 약속관리(Calendar), 채팅(Gmail), 이미지와 블로깅 소프트웨어(Blogger), 자동으로 알려주는 뉴스(News), 번역(Translate) 등 사용자에게 도움을 주는 무료 툴이 늘어나는 것을 적절하게 표현하는 말이기도 한다.

전체적으로 보면 구글이 웹브라우저를 통해 어떤 플랫폼에서도 운영될 수 있는 인터넷 운영체제를 개발하려고 한다는 것을 알 수 있다. 구글 응용프로그램은 윈도우, 맥 OS(Mac OS), 리눅스, 휴대전화 상에서 모두 동일한 스타일과 분위기를 유지해주고 있다. 구글 툴은 대부분 웹브라우저에서 운영되기 때문에 플랫폼과 브라우저 간을 교차하는 응용프로그램이다. 전화를 포함한 여러 모바일 장치와 어떤 컴퓨터에서든지 구글 응용프로그램을 거의 제한 없이 대부분 사용할 수 있다.

구글 응용프로그램은 두 사람 이상이 같은 문서, 지도, 비디오 등을 공유할 수 있게 해주는 협력적인 기능도 가지고 있다. 구글은 사용자가 지메일(처음에는 초대로만 가능했다)과 같은 툴을 통해 다른 사람을 초대하거나 달력을 공유하게 함으로써 사용자간에 이런 협력을 장려해왔다.(그리고 사용자 기반을 구축한다)

궁극적으로, 웹 응용프로그램은 사용자가 지정된 워크스테이션이나 디스크, USB키에서 벗어나 진정한 의미에서의 모바일 사회로 이동할 수 있게 해준다. 심지어 이 모든 것을 어떤 인터넷카페에서도 사용이 가능할 수 있도록 말이다.

웹에 기반한 새로운 응용프로그램 군(family)이 눈 앞에 있는 것을 상상해보라. 많은 프로그램들이 구글 개발팀에서 나오겠지만 상당부분은 다른 개발자와 사용자에게서도 나올 것이다. 구글 맵만 해도 그렇다. 사용자들은 기름 값, 지진, 이베이(eBay) 목록, 유튜브 포스팅을 추적하는 기능 등과 같이 구글 맵에 기반한 새로운 응용프로그램들을 개발해왔다. 그들이 개발한 목록을 열거하자면 끝이 없다. 마이크로소프트는 DOS나 윈도우에 기반한 응용프로그램을 개발하기 위해 개발자들과 협력을 해야 했을 때, 비용을 지불할 의사가 있는 경우에만 자신들의 OS를 사용하도록 허용하면서 윈도우 운영체제를 운영해왔다. 구글은 툴을 이용하는 비용을 부과하지 않았지만 두 회사가 거둔 효과는 거의 비슷해지고 있다. 구글이 검색분야를 지배하고 인터넷 운영체제(Internet Operating System)를 지속적으로 발전시켜나갈 수 있다면 말이다.

마이크로소프트가 이룬 성공은 검색엔진 시장에서 지배적인 위치를 강화하기만 한다면 구글에게도 얼마든지 가능한 일이다. 구글은 거대한 정보를 보다 효과적으로 사용할 수 있게 설계된 응용프로그램 환경의 기반을 만들 수 있을 것이다.

구글이라는 맥가이버 칼은 PC의 운영체제처럼 인터넷의 운영체제가 될 수 있다. 인터넷에서 피해갈 수 없는 초석이 될 수만 있다면 그것을 다루는 구글은 인터넷의 제왕으로 등극할 수 있을 것이다.

14

수학적인 팩트를
절대적으로 신뢰한다

수학을 중요하게 생각하고 수학에 의존하는 것은 구글의
특징 중 하나라고 할 수 있다. 고객과의 관계를 규정하는 용어
에 구글처럼 수학을 많이 사용하는 회사는 드물다.

"우리는 매우 분석적입니다. 우리는 모든 것을 측정하며 회사
에서 일어나는 모든 일을 체계화하려고 합니다. 예를 들겠습
니다. 이번 주에 우리는 스프레드시트 제품을 도입했습니다.
나는 그 스프레트시트를 사용하려고 신청한 사람 수, 실제 사
용하고 있는 사람 수, 스프레드시트의 규모에 대해 매시간 업
데이트된 정보를 받고 있습니다."

– 에릭 슈미트

세르게이 브린을 만나면 누구나 그의 수학자적인 태도에 주목하게 된다. 그는 숫자를 절대적으로 신뢰한다. 수학은 구글 어디에나 존재하고 있다. 가격정책, 엔지니어 사이에 벌어지는 토론, 신제품 개발 여부에 대한 결정, 채용, 직원성과에 대한 평가 등 구글은 모든 것을 측정하고 분석한다.

수학과 경영 사이의 이러한 관계는 전혀 새로운 것이 아니다. 산업혁명 초기에 수학자인 바론 드 프로니(Baron de Prony)는 2절판으로 된 책 19권 분량의 로그표를 만들었다. 그의 작업은 프랑스와 영국의 경영이론가들에게 큰 영감을 주었으며, 19세기에는 고용주들이 수학적인 훈련은 되어있지 않아도 주판을 사용할 수 있는 직원들을 채용해 합리적인 가격을 산출하는데 이 표가 큰 도움이 되었다.

줄스 뒤피(Jules Dupuit)와 끌레망 꼬송(Clement Colson)이 소개한 합리적 가격이론은 1950년대에 모리스 알레(Maurice Allais)와 같은 경제학자 및 수학자에 의해 더욱 발전되었다. 특히 이 이론은 전기(electricity) 가격을 결정하는데 큰 역할을 했다. 이 이론들은 구매자가 누리는 유용성에 상응하는 적절한 가격을 설정하여 '상품수익의 극대화'(이 표현은 19세기 말 경제학자 끌레망 꼬송이 철도화물 운임을 설명하기 위해 사용했다. 꼬송은 프랑스 공학-경제학의 원조인 줄스 뒤피(1801~1866)의 학생이었다. 뒤피는 사용자에게 작용하는 서비스의 중요도에 따라 가격을 설정하면 독점이 공공의 이익에 위배되지 않는다는 것을 증명했다. 이 개념은 철도운임 등과 공공시설

이용가격을 설정하는데 기초가 되었다)를 꾀하려고 했다. 1960년대에는 운송이나 생산일정처럼 관리가 복잡한 문제를 해결하는데 수학적인 접근법이 적용되었다.

구글이 인터넷 광고요금을 부과하는 방식도 수학적 계산에 기초를 두고 있다. 하지만 훌륭한 엔지니어인 구글의 리더들은 여기서 멈추지 않았다. 그들은 수학적인 계산을 여러 가지 방법을 써서 일상적인 서비스에도 적용하였다.

구글이 숫자로 된 데이터를 풍부하게 이용하는 것은 누가 봐도 인상적이다. 구글의 인트라넷 모마(Moma)는 다양한 숫자 지표와 통계추적에 사용된다. 직원들은 애드워즈 클릭 수와 트래픽 통계, 가장 많이 이용된 검색어, 동시에 검색된 단어의 수 등을 추적할 수 있다. (모마에는 개발중인 제품의 진행상태와 현재 직원 수에 대한 정보까지 들어있다) 데이터가 모아지면 다양한 통계 툴 중 하나를 사용하여 그 데이터를 분석하게 된다. 수학 분야에서 훈련 받은 컴퓨터 과학자들이 만든 회사인 만큼 구글은 통계 측정, 즉 메트릭스(metrics)를 매우 중요하게 생각한다. 사용자들의 행동은 지속적으로 조사되고 분석되는 과정을 거쳐 새롭게 적용된다.

구글 서버에서 실시간으로 모아진 데이터는 기존 리서치와 시장조사 결과보다 신뢰성이 훨씬 높다. 구글이 행동모델을 추출하는 방법은 가설 수립과 조사 프로토콜, 설문조사, 결과분석으로 진행되던 기존의 조사 사이클을 완전히 대체해버렸다. 실시간 시장조사는 사용자들의 행동을 더 정확하게 측정할 뿐 아니라 측정 결과를 즉시 사용할 수 있기 때문에 종래의 조사방법에 비해 훨씬 비용이 적게 든다. 실시간 데이터를 도표로 그려 사용자의 행동을 예측할 수 있다면 그 만큼 직관에 의존할 필요가 없어지는 것이다.

뿐만 아니라 구글은 아주 많은 데이터를 확보하고 있기 때문에 사용자의 인구통계 정보를 좁게 세분화하여 표본이 작을 경우에는 보이지 않았던 틈새시장까지 발견할 수 있게 되었다. (수천 명을 표본으로 할 경우 작거나 보이지 않았던 상관관계가 수십 만 명을 표본으로 할 경우에는 유의미한 상관관계를 보여줄 수 있다)

정량적(quantitative)인 정보를 거의 강박적으로 갈구하는 구글은 의류회사인 자라(ZARA)와 H&M, 철강 재벌인 미탈(Mittal), 소매유통업계의 대기업인 P&G(Procter&Gamble)와 같이 데이터를 중시하는 회사들의 선봉에 서 있다. 이 회사들은 고객 데이터를 실시간으로 신속하게 처리하고 그에 따라 즉각적인 행동을 취함으로써 생산일정과 마케팅 활동을 신속하게 조정하고 있다.

하지만 구글에는 이런 회사들과 다른 점이 있다. 첫째, 구글의 거대한 데이터는 중앙집중화되어 있지 않다. 공장 관리자가 회사 대표에게 전체 기술보고서(연료 소비량, 분 단위로 측정된 작업 진행과정 등) 66건을 보고하는 미탈같은 회사와는 다르다. 집중화는 최고경영진으로 하여금 현재의 진행상황을 가만히 앉아서 바라볼 수 있게 하는 장점이 있다. 구글의 탈집중화 방식은 회사 전체에 정보를 유통시킴으로써 인트라넷에 기반한 많은 분석 툴을 사용하여 누구나 데이터를 분석하고 해석할 수 있게 해준다.

둘째, 구글이 사용하고 있는 정량적 분석은 다른 회사와 달리 기술관련 전문지식의 부족으로 인한 어떤 방해도 받지 않는다. 〈하버드비즈니스리뷰(Harvard Business Review)〉에 기고한 토마스 데이븐포트(Thomas Davenport)에 따르면, "2000년대 초반인 현재 기업가들의 분석기술은 1990년대 후반의 컴퓨터 프로그래밍 기술과 비슷한 수준에 머물러 있다. 불행히도 미국과 유럽에는 세부적인 분석능력을 가진 사람들이 많지 않다. 그래서 일부 기업들은 통계 전문가의 고장인 인도 같은 나라와 업무계약을 맺는 식으로 이에 대처하고 있다."

수학을 중요하게 생각하고 수학에 의존하는 것은 구글의 특징 중 하나다. 고객과의 관계를 규정하는 용어에 구글처럼 수학을 많이 사용하는 회사는 드물다. 애드워즈나 애드센스에 광고를 올리는 것은 통계자료를 어떻게 수학적으로 해석해야 하는지를 배우는 과정이 된다. 창조적으로 광고를 하려는 사람들은 수학에 초점을 맞추게 되면 완전히 새로운 세상이 열린다는 것을 알게 될 것이다.

하지만 수학에 대한 구글의 취향이 정량적인 데이터 수집과 분석에만 국한되는 것은 아니다. 다른 사람들이 일회적인 해결책을 찾으려고 애를 쓰고 있을 때 구글 엔지니어들은 문제의 속도와 윤곽을 관찰하기 위해 수학적인 공식을 사용한다. 이들이 가지고 있는 수학적인 문화는 사용자 개인의 행동 이면에 있는 일반적인 원칙까지도 연구하게 만든다. 이러한 문화로 인해 엔지니어는 해결책을 직접 찾을 뿐만 아니라 과학 커뮤니티에 속한 사람들과도 소통하고, 외부인들을 끌어들이기도 한다. 스팸과 부정 클릭(24장에서 더 자세히 이야기할 것이다)이 좋은 예이다. 다른 회사에서는 품질 혹은 안전상의 기술적인 문제로 보고 내부에서 해결하려 하지만, 구글에서는 전문지식을 가진 외부연구자들이 기여할 수 있는 프로젝트로 만들어서 더 전문적으로 문제를 해결한다.

인재채용에 사용되는 수학

심리학자들은 사람들의 인지능력과 태도, 성격을 평가하기 위해 오랫동안 수학을 사용해왔다. 그들은 이상하거나 따분해 보일 수도 있는 질문들을 사용하여 사람들을 테스트한다. 하지만 이런 질문 뒤에는 요인 분석(변수간 변동성을 설명), 다차원 척도법(데이터의 유사성 분서), 구조방정식(인과관계 검증)과 같은 수학과 통계에서 가져온 정교한 기법들이 숨어 있다.

이런 기법은 구글에서도 사용되고 있다. 예컨대 2006년에 5개월 이상 근무한 직원들을 대상으로 인사부서에서 300가지 항목의 설문조사를 실시한 적이 있는데, 수집된 데이터를 바탕으로 직원성과를 25가지 척도로 비교했었다(성과를 매우 꼼꼼히 검토한다는 것을 보여준다). 독특한 기업문화에 대한 직원들의 적응력과 업무성과에 영향을 미치는 예측변수를 찾기 위해서였다.

수학은 구글의 경영방식에도 직접적인 영향을 미치고 있다. 수학이 가진 추론적인 성격은 경영의 정확도를 높인다. 수학자들은 일상에서 부딪치는 문제들도 수학에서의 근사치 문제로 접근하는 것이다.

'근사치에 대해 엄밀하게 말하는 것'이 구글 경영에 적용되는 수학의 정의이다. 데이터에 근거하지 않거나 입증할 수 없으면 일을 진행하지 않는다. 이 때문에 회의에서 명확성을 요구하는(의견은 증명하는 것이 좋다. 그렇게 하지 않으면 논란이나 공격의 대상이 된다) 경우가 발생하여 회의를 지연시킬 때도 있지만, 양과 기간 사이의 혼란과 같은 논리의 오류(아주 오래된 질문으로 예를 들면, 교도소 수감자가 증가한 것은 범죄율의 증가 때문인가, 장기징역 형벌이 많아졌기 때문인가?)를 사전에 방지해주기도 한다. 이처럼 설득력 있는 과학적인 추론은 구글의 전반적인 분위기에 영향을 미치고 직원들에게 동기를 부여해준다. 오랫동안 풀리지 않는 문제의 해결책을 찾으려는 욕구보다 더 좋은 동기부여는 없다.

하지만 이런 엄격함이 때로는 오만함을 낳을 수도 있다. 저명한 현대 수학자인 로랑 라포르그(Laurent Lafforgue)의 말처럼 말이다. 그는 "수학자는 일상에서 참과 거짓에 대해 말하기를 그치지 않는다. 그에게 중요한 것은 진리를 찾는 것이다. 수학에서 이론은 한 번 나타나면 영원히 존재한다"고 했다.

언어문제를 해결하기 위해 수학이 사용될 때

구글은 수학을 상업적으로만 사용하지 않는다. 인터넷 성능을 개선할 때도 수학을 적용한다. 여기에는 가장 앞선 연구분야 중 하나인 데이터 마이닝(세르게이 브린이 전공한 분야다*)이 포함된다. 1995년 세르게이는 수학이 방정식 뿐만 아니라 문헌정보 분석에도 기여할 수 있다는 사실을 밝힌 논문을 냈다. 그는 스탠포드대학 교수 두 명과 함께 쓴 이 논문에서 표절에 관한 문제를 제기했다. 아이디어는 아주 간단하다. 저자가 책을 출간할 때 '복사감지 서버' 에 본문을 올리면 수많은 조각을 내어 문장에 태그를 달고 거대한 디지털 라이브러리에 분류한다. 새로운 책이 출간될 때마다 데이터베이스에 이미 저장되어 있는 저작과 비교한다. 두 문서 간의 유사성이 비교적 높은 비율로(얼마인지는 구체적으로 제시하지 않았다) 나타나면 표절일 가능성이 있음을 의미한다. 구글이 저작권에 소홀하다는 항간의 비판을 생각하면 세르게이의 이 논문은 다소 의아하게 보인다.(**)

유사한 메커니즘은 철자와 문법검사, 특히 번역기에도 사용된다. 언어의 차이는 향후 인터넷 발전에 있어 극히 어렵고도 중대한 문제가 될 것이다. 언어의 장벽은 끝없는 회색지대를 만들어내고 사용할 수 없는 수천 페이지를 만들어낼 것이다. 현재 번역기에 제공되고 있는 솔루션은 매우 원시적인 수준에 머물러 있다. 당신이

외국어로 된 어떤 문서를 번역하려면 번역기로 번역한 다음 원문과 다시 대조해 봐야 할 정도로 엉성한 수준이다. 구글의 웹페이지 번역은 유사한 언어의 경우에는 비록 거슬리긴 해도 읽을 수는 있는 수준이지만 그렇지 않은 언어일 경우에는 거의 횡설수설에 가깝다.

이 문제에 대해 세르게이를 비롯한 공동저자들은 이 문제가, 기존의 구조화된 데이터베이스로는 처리할 수 없는 것으로 보고 있다. 왜냐하면 기존 방식은 이름, 생일, 전체 판매량 처럼 이미 특정하게 고정된 정보를 취급하지만, 보통 문서의 텍스트는 이와 다르기 때문이다. 자동분석기는 다음과 같은 문제를 해결할 수 있어야 한다.

• 문서에서 관련 있는 단위를 어떻게 자동으로 분리할 것인가? 이러한 구분은 구두점과 띄어쓰기 같은 중요한 요소를 인지할 수 있을 때 가능해진다. 하지만 텍스트 덩어리를 문장으로 구분하는 것은 간단하지 않다. 문장을 마치는 표시로 보이는 점(.)이 'U.S'에서와 같이 약자의 철자를 분리할 때도 사용되기 때문이다.

• 해당 텍스트에서 관련 있는 단위(다양한 길이를 가진 특정어휘로 된 용어)가 무엇인가? 이것은 자동분석기의 목적이 표절을 감지하는 것인지, 언어를 번역하는 것인지, 같은 언어 안에서 유사어나 유사구문을 제안하는 것인지에 따라 얼마든지 달라질 수 있다.

- 번역기의 능력과 속도의 제한을 고려할 때 가장 효율적인 단위
  는 무엇이 될 수 있는가?

간단해 보이는 이 질문에 답하려면 복잡하고 강력한 알고리즘을 써야 한다. 앞서 설명한 표절감지 엔진을 이용한 테스트의 경우 전혀 관계없는 주제를 다룬 논문에서 우연한 축어 반복(논문 당 두세 문장이 같을 경우, 0.6%)이 상당한 수준으로 나타난 것을 볼 수 있었다. 따라서 아직은 정교한 분석수준까지 왔다고 보기는 어렵다.

---

* 구글의 또 다른 데이터 마이닝 전문가는 파일분석 프로그램인 씨프(Sif)를 만든 우디 만버(Udi Manber)이다. 만버는 야후와 아마존닷컴에서 일했지만 나중에 구글로 와서 엔지니어링 부서의 관리자가 되었다. 그는 자바 프로그램을 써서 결과간의 유사성을 파악하여 불필요하게 복잡한 코드의 중복을 제거해줄 수 있는 새로운 프로그램을 만들었다. 이 프로그램은 표절감지와 다른 데이터 마이닝 응용프로그램의 기반이 되었다.

** 구글은 저작권 위반으로 몇 차례 기소 당한 적이 있다. 출판사의 저작권 위반혐의(Google Book Search)와 유튜브에 저작권 있는 비디오와 노래를 게시한 것 등이다.

15

소규모로 된 팀을
다수 운영한다

구글에서는 수천 명의 엔지니어가 수백 개의 팀으로 나뉘어 프로젝트를 수행하기 때문에 짧은 시간 안에 신제품을 출시해낼 수 있다.

헨리 페이욜(Henri Fayol: 프랑스 경영이론가, 1841~1925. 세기가 바뀔 당시 경영이론 고전학파의 핵심인물이다. 현대 생산관리이론의 아버지로 간주되고 있다) 이래 가장 일반적인 경영이론은 조직에서 관리자 1명당 직원이 최대 7명일 때 가장 효율적일 수 있다는 것이다.(이 이론은 최근 통제범위(span of control)라는 용어로 다시 전개되었다. 이것은 제1차 세계대전 이전에 페이욜이 내린 결론과 일치한다) 그 수를 넘으면 관리자가 통제할 수 있는 상황을 벗어나게 되고 결국 품질과 생산성이 떨어질 수밖에 없다는 것이 그의 주장이다. 1922년 이안 해밀튼 경(Sir Ian Hamilton)이 밝힌 통제범위 이론(span of control theory)을 찬성하는 사람들의 말처럼 관리자가 업무에 투자할 수 있는 시간과 에너지, 관심은 제한적일 수밖에 없다. 해밀튼의 말을 인용하면, "전체 조직에서 최고위치에 가까울수록 세 명이 함께 일하고 아래에 가까울수록 여섯 명이 함께 일해야 한다"고 한다.

7명당 관리자 1명이라는 비율은 어디에나 적용될 수 있다. 미국기업에 대한 주요 통계(Statistical Abstract of the United States, 2004~2005)에 따르면 직원 10명 당 관리자가 1명이며, 이 비율은 다른 나라와 별반 다르지 않다. 프랑스의 경우 직원 7.5명당 관리자 1명으로 추정된다. 이 원칙은 구글을 제외한 거의 어디에나 적용되는 듯하다. 2005년 말 구글에는 직원 20명당 관리자가 1명이었다. 2004년에는 40명이 넘는 사람을 관리자 1명이 감독하였다.

구글이 미숙하고 경험이 부족해서 실수를 하고 있는 것일까? 아니면 효과적인 경영에 대해 아무것도 모르는 이상주의자들의 망상일까? 그도 아니면 급속한 성장으로 인해 관리자가 부족하기 때문인가? 모두 틀렸다. 이렇게 관리자가 부족한 구조는 혁신적이고 민첩하고 반응이 쉽고 발 빠른 회사를 만들겠다는 욕심이 만들어낸 결과이다.

래리 페이지, 세르게이 브린, 마리사 메이어는 경영자들 사이에 "인원감축이 해결책"이라는 말이 유행처럼 돌고 있을 때 비즈니스 세계에 입문한 인물들이다. 그들은 대기업 내부에 만연한 관료주의에 대한 비판을 수도 없이 들어왔고 실리콘밸리에서 있었던 재앙을 직접 목격한 적도 있다. 그들은 한 때 강력했던 회사가 케네스 갤브레이스(Kenneth Galbraith)가 《신산업국가(The New Industrial State)》라는 책에서 말한 테크노스트럭처(technostructure)—대기업 내부의 영향력 있는 경영파벌—로 인해 질식한 것도 잘 알고 있었다.

구글 초기의 핵심 멤버들은 경영학 교과서를 가지고 공부하지는 않았지만 회사의 인프라를 가볍게 가져가는 것이 비용을 줄이고 급여를 더 균등하게 배분할 수 있으며 조직의 관료화를 방지하고 관리자들이 지나치게 많은 직원을 고용하려는 것을 억제할 수 있다는 사실을 알았을 것이다. 하지만 가벼운 경영구조를 가진 조직이 더 좋다는 것을 아는 것과 실제로 그렇게 하는 것은 아주 다른 이야기이다.

테크노스트럭처를 비판하기는 쉽지만 그 역시 조직에 꼭 필요한 기능을 수행하고 있음을 간과할 수도 없다. 테크노스트럭처는 조직 내에서 조정할 수 있는 환경을 만들어주고, 업무의 흐름을 조직하고 통제하게 해주며, 조직 내의 지침과 목표, 정보를 커뮤니케이션하는 수단을 제공해준다. 테크노스트럭처를 줄이려면 그것을 대체해줄 수 있는 무언가가 필요하다. 구글은 테크노스트럭처를 기술과 소규모 팀 운영을 통해 성공적으로 대체할 수 있었다.

세르게이와 래리가 선택했던 수익모델은 조직 내 업무를 상당히 간소화시켜 주었다. 자동입찰을 통해 광고 판매비용을 줄이자 고객과의 대화나 계약에 필요한 간접비뿐 아니라 판매에 관계된 모든 비용이 감소했다. 홍보, 마케팅, 영업 강화, 사내 가격 논의, 고객과의 가격협상은 모두 시간을 필요로 하는 일이면서 동시에 관료주의를 만들어내는 일들이다. 구글은 여기에 소요되는 비용을 많이 감소시켰지만 이것이 전부는 아니다.

구글은 민첩한 조직을 만들고자 했다. 세르게이와 래리는 엔지니어들이 혁신에 사용할 수 있는 시간을 뺏는 불필요한 조정과, 그에 소요되는 관리비용을 줄이고 싶어했다. 제안서를 읽고 작성하는 시간, 협상하는 시간, 선택한 것을 설명하는 시간, 회사의 지침을 제대로 이해하고 따라오고 있는지 확인하는 시간, 정책을 강화하는 시간은 모두 혁신에 써야 할 시간을 빼앗게 된다.

구글은 몇 가지 요소를 동시에 사용하여 민첩한 조직을 만들 수 있었다. 혁신에 대해서는 개인적인 프로젝트를 위한 20% 규칙을 이미 언급한 바 있다. 하지만 또 다른 중요한 혁신은 작고 자율적인 팀을 활용하는 것이다.

구글이 소규모 팀 개념을 처음으로 발명한 것은 아니다. 처음 애플의 매킨토시를 개발했던 팀은 5명도 되지 않았다. 빌 게이츠도 종종 작은 팀을 예찬한다(마이크로소프트가 그렇게 해서 성공했다는 말은 아니다). 이들 이전에도 이미 몇 사람들은 대규모 팀에 대해 경고한 바 있다. 하지만 소규모 팀의 장점을 알고는 있어도 그것을 이용하는 방법과 팀이 커지는 것을 막을 수 있는 방법을 아는 사람은 별로 없다.

구글이 사용하고 있는 독특한 방법은 제한된 목표와 6주를 넘기지 않는 짧은 마감기한을 가지고 프로젝트를 할당하는 것이다. 구글 경영진은 성과와 시간에 제한을 두는 조직모델이 더 많은 프로젝트를 동시에 개발할 수 있게 해주고 그로 인해 더 많은 혁신을 끌어낼 수 있다고 말한다. 구글에서는 수천 명의 엔지니어가 수백 개의 프로젝트를 수행하기 때문에 짧은 시간 안에 신제품을 출시해낼 수 있다.

하지만 이 모델에는 또 다른 장점도 있다. 일례로 작은 팀이 생산성과 효율성을 높여준다는 점이다. 팀원 수를 여섯 명으로 제한하려면 작은 팀이 완성할 수 있는 단위로 프로젝트를 세분화해야 한다. 목적을 명확하게 설정하고 마감기한을 제대로 맞추기 위해서는 목표에 따른 프로젝트 관리가 필요하다. 목표를 먼저 설정하고 직원들이 그 목표에 도달할 수 있게 하는 것이다. 아이디어는 매우 간단하다. 팀원들이 달성해야 할 것이 무엇인가를 먼저 정의해주면 팀은 분명 그 결과를 얻게 된다.

프로젝트 기간이 짧기 때문에 마감기한을 관리하기 쉽고 잠재되어 있는 문제는 빨리 드러나기 마련이다. 그렇기 때문에 문제를 해결하기도 쉽다. 작은 팀 단위로 운영하면 프로젝트를 보다 빨리 추진할 수 있다. 이 모든 것들은 핵심적인 성공요인으로 작용한다. 단기목표를 달성하기 위해 일상적인 압력이 강해지고, 당장의 업무에 집중할 것을 요구하는 동료들의 압력도 세진다.

아마존닷컴의 창립자인 제프 베조스(Jeff Bezos)의 말을 들어보자. 〈월스트리트저널〉이 베조스에게 성공비결을 물었을 때 그는 "신속하게 일을 처리하고 그 때 나타나는 작은 실수는 나중에 바로잡는 것이다. 웹에서의 치명적 실수는 너무 느린 것뿐이다."고 말했다.

작은 팀은 추가로 필요로 하는 자원을 확보하기 위한 정치적인 싸움에 잘 대처하는 것이 쉽지 않기 때문에 복도 정치(hallway politics)를 삼가는 대신 기술적인 해결책을 추구하는 경향이 있다. 프로젝트를 진행시키기 위해 팀원들은 이용 가능한 모듈을 사용하고 보다 효율적인 방법으로 일을 해야 한다.

구글처럼 자원이 풍부한 회사에서도 작은 팀이 이용할 수 있는 자원은 제한일 수밖에 없다. 그들은 신속하고 용이하게 조달할 수 있는 범위 안에서 일을 추진하게 된다. 굳이 도구를 다시 만들어내기 보다는 있는 도구를 잘 활용하고 그 노력을 다른 데 사용하게 된다. 구글은 오픈소스 데이터베이스나 리눅스 운영체제와 같은 기존 수단이 필요하다고 판단하면 그것을 사용하는 데 아무런 거리낌도 느끼지 않는다. 적합한 프로그램이 있다면 구글은 그것들을 끌어와서 사내 기준에 맞게 고쳐서 사용한다.

작은 팀은 팀원들의 무임승차를 예방하게 해주고 그로 인한 갈등도 줄여준다. 동료들의 압력과 자신의 성과가 다른 사람에 의해 쉽게 관찰된다는 점을 잘 알기 때문에 자신이 맡은 역할을 위해 최선을 다하지 않을 수 없다. 마감기한이 다가오면 업무를 줄이기 위해 잔꾀를 부리는 직원들은 쉽게 발각되고 징계를 피해갈 수 없게 된다. 정치적으로 허튼 짓을 할 시간이 아예 주어지지 않는 것이다.

작은 팀에는 구체적인 지침을 주는 상사가 없기 때문에 모든 팀원들을 창의적으로 만들어준다. 작은 팀에서는 어느 정도의 융통성 발휘가 허용된다. 반면에 큰 프로젝트를 맡고 있는 사람들은 업무를 나누고 부하 직원들에게 업무를 위임해야 한다. 이들은 위원회를 만들고 조직도도 만들어야 한다. 뿐만 아니라 인사와 커뮤니케이션, 재무부서의 일부 기능을 포함하는 관료주의를 만들어내게 된다.

정확한 목표와 마감기한을 가진 작은 팀은 통제를 줄이고 직원들에게 자율성을 더해줌으로써 수평적인 조직구조를 촉진한다. 하지만 이것이 전부가 아니다. 보통 구글은 3명 내지 6명으로 한 팀을 구성한다. "피자 두 판으로 먹이기에 충분할 정도로 팀을 구성하면 훨씬 생산성이 높아진다. 얼마나 배가 고픈가에 따라 다르지만 여섯 명 정도가 좋다"고 한 제프 베조스의 말에 따르면 이 숫자는 적당한 것 같다.

독일 쾰른 근처에서 다양한 회사들의 성과를 조사한 독일 연구원 세 사람의 말에 따르면, 업무 팀의 최적 규모는 세 사람이다. 다음 그림에서 보는 것처럼 팀이 네 사람을 넘어가자마자 효과(각 팀원이 일한 주당 근무시간으로 측정)가 떨어지기 시작한다.

분명 크기가 중요하긴 하지만 작은 팀을 구성하는 것만으로는

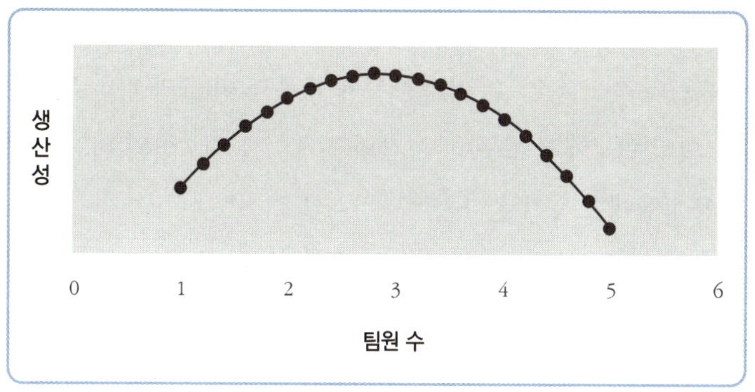

업무 팀의 최적 규모 그래프

충분하지 않다. 구글 방식을 통해 알려진 사실은 모든 것이 완벽하게 기능할 수 있도록 경영자가 중심에서 핵심적인 역할을 수행해야 한다는 것이다.

팀의 구성원은 성공의 열쇠 가운데 하나이다. 팀 구성원이 훌륭한 자격을 갖출수록 팀의 기능은 높아진다. 기존의 조직구조에서 팀을 기반으로 한 구조로 전환한 회사를 보면 능력 있는 사람일수록 개인적인 책임감을 요구하는 팀 방식에 훨씬 자발적으로 끌리고 있다는 사실을 알 수 있다.

함께 일하는 사람들이 서로 관찰하고 학습하면서 보완해주기 때문에 각자가 가지고 있는 다양한 전문지식은 팀의 성과를 높이는 역할을 한다. 이동속도도 중요하다. 관료주의가 생기는 것을 막기 위해서는 작은 팀이라고 해도 단기적으로 운영되어야 한다.

마지막으로 지적하고 싶은 점은 작은 팀을 업무환경과 회사조직을 고려하면서 운영해야 한다는 점이다. 구글에서는 충분한 내부 커뮤니케이션을 통해 모든 사람이 개별단위에서 진행하는 프로젝트의 속도를 알 수 있기 때문에 작은 팀이 효과적일 수 있었다. 몇몇 연구에서 보듯이 팀 간의 경쟁이나 최소한의 비교가 생산성 향상에 도움이 된다.

작은 팀이라는 아이디어는 결코 새로운 것이 아니다. 다만 구글에서 작은 팀이 더 효과적으로 운용될 수 있었던 것은 작은 팀을 지원하고 그들의 발전을 격려해줄 수 있는 독특한 문화적인 환경이 있었기에 가능한 일이었다.

사내 정보를 널리 공유한다

정보를 널리 알리면 경영자의 개입 없이도 직원들이 회사의 필요에 맞게 행동을 조정하고 동료들의 역량을 최대한 활용할 수 있게 된다.

작은 팀이 효과를 발휘하기 위해서는 특별한 생태환경이 필요하다. 구글은 모든 비즈니스에서 나타나는 가장 큰 문제를 기술을 통해 해결함으로써 그런 생태환경을 만들 수 있었다. 구글은 직원들에게 응용 프로그램으로 무장한 막강한 컴퓨터 시스템을 제공하는 것에서 그치지 않았다. 구글은 직원들이 아이디어를 공유하고 프로젝트를 신속하게 구체화할 수 있는 조직을 만드는 일에 역점을 두었다.

함께 일하고 싶어 하는 사람들을 조정하는 방법에는 여러 가지가 있다. 기업 내에서는 일반적으로 경영진이 조정방법을 결정한다. 관리자들이 직원들의 업무를 감독하고 일을 차례로 분배하면서 조정에 개입한다. 제품개발의 각 단계는 찰리 채플린의 '모던 타임즈(Modern Times)'에 나오는 일괄조립라인의 톱니바퀴와 같다.

하지만 다른 형태의 조정도 있다. 코넬대학에서 발행하는 〈Administrative Science Quarterly〉의 초대 편집자이자 저명한 사회학자인 제임스 D. 톰슨(Thompson)은 《활동하는 조직(Organization in Action)》에서 조정을 순차적 방식, 상호적 방식, 커뮤니티의 세 가지로 분류했다.

- **순차적 방식(sequential mode)**은 전통적인 기업구조에 기반하고 있다. 직원들은 특정 업무를 맡고 위로부터 받은 지침을 제대로 수행하는지를 감독당한다.
- **상호적 방식(reciprocal mode)**은 참여자 사이의 지속적인 상호작용에 기반을 두고 있다. 톰슨은 의사와 간호사의 관계를 예로 들었다. 간호사는 의사를 위해 환자를 준비시킨다. 의사는 자신이 할 바를 한 다음 간호사에게 다시 환자를 맡긴다.
- **커뮤니티 방식(community mode)**은 공동의 자원을 공유하는 자율적인 참여자를 기반으로 한다. 톰슨은 학교 교사들을 예로 들었다. 교사들은 담당 학급에서 개별적으로 일하지만 교실과 도서관, 행정 서비스는 다른 교사들과 공유한다.

구글은 이 중 마지막 방식인 커뮤니티 방식(또는 협력적인 방식)을 산업공학 분야에 접목시켜 조직의 조정모델로 사용하고 있다. 그들이 톰슨의 저서를 읽고 그런 결정을 내렸는지는 알 수 없다. 하지만 분명한 것은 그들이 최선의 조직이라고 알려져 있는 대학의 조직모델을 선택했다는 것이다.

얼핏 보기에 교육계에서 사용하는 모델을 효율과 역동성을 중시하는 비즈니스 모델로 옮겨온 것이 이상하게 여겨질 수도 있지만 이 모델에는 흥미로운 특징이 숨어 있다. 첫째, 위계구조가 약하다는 점이 그것이다. 큰 학교의 경우 총장 1인과 소규모의 평의회(a board of regents)가 학생 수천 명과 교수 수백 명을 담당한다.

둘째, 교육기관은 직원(교수)들에게 고도의 자율성을 허락한다는 점이다. 교수들은 커리큘럼을 따르기만 하면 되기 때문에 (보스턴, LA, 런던, 뉴델리에 있는 대학들이 같은 교과서를 사용하는 경우도 많다) 일상적인 감독을 받을 필요가 거의 없다. 만약 커리큘럼과 무관하게 수업을 진행하는 교수가 있다면 학생들과 부모들이 비판을 가하게 된다. 협력적인 모델(그 이름이 무엇이든지 간에)을 따름으로써 구글은 조정에 필요한 간접비를 줄일 수 있었고 데이터베이스, 데이터 처리 언어와 같은 공동자원을 표준화시킬 수 있었다.

대학 모델을 좋아하지 않을 사람들을 위해 래리, 세르게이, 슈미트가 이 모델을 수정하지 않고 그대로 복사한 것은 아니라는 점을 부연해야겠다. 그들은 정교하게 조정하기 위해 직원들을 기술로 무장시키면서 이 모델을 구글에 적용하였다.

구글은 처음에는 기존의 그룹웨어(groupware) 혹은 컴퓨터지원 협동작업(CSCW: Computer Supported Cooperative Work)을 사용하였다. 이 용어는 1984년 이렌 그리프(Irene Greif)와 폴 M. 캐쉬맨(Paul M. Cashman)이 컴퓨터 시스템이 보완해줄 수 있는 협력적인 업무환경을 설명하기 위해 처음으로 고안한 용어이다. CSCW 소프트웨어 혹은 그룹웨어에는 네 가지 형태의 툴이 포함되어 있다. 그 툴은 커뮤니케이션(이메일과 비디오 컨퍼런싱), 응용프로그램·파일·문서 공유시스템(협력적인 편집시스템과 포럼), 정보를 신속하게 찾을 수 있게 해주는 검색엔진, 업무프로세스 자동화를 말한다. 예컨대 대부분의 회사에서 휴가신청은 상사와 인사부서의 승인을 거치게 되어 있다. 업무프로세스 관리 소프트웨어는 휴가요청을 자동적으로 처리하고 직원이 사용한 누적 휴가일수를 확인해준다. 승인이 나면 직원에게 알려주며, 문제가 생길 경우에만 사람이 개입하게 되어 있다.

진정한 의미에서 협력적인 업무환경은 PC의 등장에 의해 시작되었다. 이 분야의 개척자인 테리 위노그라드(Terry Winograd)는 스탠포드에서 래리 페이지의 교수였다가 나중에 구글의 컨설턴트가 된 사람이다. 1980년대 위노그라드는 더글라스 엔젤바트(Douglas Engelbart), 하베이 레만(Harvey Lethman) 등과 함께 업무자동화를 연구했다. 현재 많은 회사들은 위노그라드, 엔젤바트, 레만의 연구결과를 토대로 개발된 소프트웨어를 사용하고 있다.

구글이 다른 회사와 구분되는 점은 이런 툴이 갖는 가치를 경영
진이 전혀 의심하지 않았다는 것이다. 그들은 소프트웨어가 업무
환경에서 사용가능한지 판단하기 위해 시범운영 조차도 하지 않
고 처음부터 바로 채택했다. 그만큼 그 소프트웨어에 대한 가치
를 신뢰하고 있었다는 것을 의미한다.

구글이 주식시장에 상장하고 기밀유지를 요구하기 이전까지
는 직원들이 모마(Moma)라는 인트라넷에서 구글에 대한 모든 것
을 찾을 수 있었다. 모마라는 애칭이 어떻게 만들어지게 되었는
지 그 유래는 모르지만 대규모 명작 컬렉션과 독창적인 전시로
유명한 뉴욕시 현대미술관(New York City's Museum of Modern Art:
MoMA)이라는 설이 있다.

인트라넷에 접속한 직원들은 실시간 광고 판매정보(회사의 경
영상태를 알아보는 좋은 방법), 다양한 프로젝트의 진행보고서(뒤처
진 프로젝트를 자극한다) 등과 같은 회사 경영 전반에 대한 다양한
정보를 쉽게 찾아 볼 수 있었다.

모마의 정보는 회사 경영개선에 도움이 되는 방식으로 쓰였다.
구글 직원들의 디렉토리가 그 좋은 사례이다. 인트라넷에서 볼
수 있는 디렉토리는 대부분 이름, 이메일 주소, 전화번호가 들어
있어서 전화번호부처럼 지루하기 그지없다. 하지만 모마에는 직
원들의 전문분야와 그들이 참여한 프로젝트, 채용정보까지 제공
해준다.

구글은 이런 정보를 기밀로 다루기보다 모든 사람이 활용할 수

있도록 공개하고 있다. 구글의 이런 개방적인 결정은 직원들의 행동을 변화시켰다. 동료가 가지고 있는 목표나 한계, 전문지식, 특정 프로젝트를 알면 쓸데없이 서로를 방해하지 않아도 되기 때문이다. 응답할 시간이 없거나 어쩌면 응답할 수 없는 질문으로 동료를 괴롭히지 않아도 된다. 뿐만 아니라 전문분야를 공개하면서 직원들은 개인의 명성을 유지하고 높이는 일에 관심을 갖게 되었다.

이런 방식으로 정보를 널리 알리면 경영자의 개입 없이도 직원들이 회사의 필요에 맞게 행동을 조정하고 동료들의 역량을 최대한 활용할 수 있게 된다. 이렇게 정보를 개방하면 프리드리히 하이에크(Friedrich Hayek)와 마이클 폴라니(Michael Polany)가 무질서해 보이는 순간에도 자연발생적인 질서가 나타나는 것을 두고 이름을 붙여주었던 '자생적 질서(spontaneous order)'가 형성되는 것을 도울 수 있다.

정보가 넘치면 역효과가 날 수도 있다. 모두가 모든 사람에 대해 (거의)모든 것을 알면 민주적인 사회보다는 종교적인 집단이 갖는 상호통제 형태를 만들 수도 있기 때문이다. 개인정보를 보다 체계적으로 사용하기 위해서는 얼마간의 대가를 지불해야 한다는 주장에도 일리는 있다. 하지만 구글이 이런 툴을 조직 전체에 공개함으로써 부정적인 문제가 야기되었는다는 이야기는 아직까지 없다. 어쩌면 구글이 혁신에 기반한 젊은 회사이고 동료들이 다른 사람의 개인적인 특성보다는 자신의 업적에 더 관심을 두기 때문일지도 모른다.

구글방식은 회사 내 정보가 분산되어 있는 전통적이고 관료적인 기업의 방식과 얼마나 다른가? 전통적인 기업에서처럼 동기부여를 위한 세미나를 실시하고 가족과 회사에서 벗어나 한시도 쉴 틈이 없을 정도의 강력한 그룹 활동을 하는 것도 직원들의 행동을 조정하는 하나의 방법이 될 수는 있다. 그러나 구글은 그런 방법을 선택하지 않았다. 그 결과 전통기업과는 구별되는 구글만의 문화를 만들어갈 수 있었다.

17

블로그를 인트라넷으로
활용한다

구글러들은 '세계에서 가장 스릴 있고 스마트한 가상 놀
이터'라고 불리는 '구글 블로거'에서 동료들과 함께 스스로 활
동을 자유롭게 조정한다.

1999년에 처음 시작된 블로거(Blogger)는 2003년 9월에 구글에
인수되어 즉시 사내 인트라넷에 설치되었다. 지금은 대중화되어
많은 사람들이 사용하고 있지만 당시 블로거는 'Blogger in
Google'이라는 의미에서 B.I.G로 불렸다. 블로거의 창립 멤버이
자, 이후 오데오(Odeo)와 트위터(Twitter)를 공동으로 창립한 비즈
스톤(Biz Stone)은 《누가 블로그를 탄생시켰나(Who Let the Blogs
Out)》라는 저서에서 구글 인트라넷을 '세계에서 가장 놀라울 정
도로 스릴 있고 스마트한 가상 놀이터 중 하나'로 표현했다.

구글러들은 프로젝트와 아이디어, 시장에 관한 전문적인 블로그는 물론 많은 개인 블로그들을 만들어냈다. 구글 블로그를 이용하는 사람이라면 누구나 새로운 프로젝트, 아이디어뿐 아니라 업계 동향과 트렌드, 잠재적인 파트너의 동향까지도 쉽게 파악할 수 있었다.

블로그는 온라인 뉴스레터 이상의 기능을 갖고 있다. 다양한 계층의 사람들과 유대감을 형성하면서 관리자의 개입 없이도 정보를 주고받을 수 있으며 저술 및 출판활동도 할 수 있다.

블로그는 1세대 지식경영 툴이었던 '사내 메모' 처럼 정보를 위에서 만들고 조정하여 유포하지는 않는다. 블로그의 정보는 더 낮은 레벨에서 동료들로부터 나오는 것이며 정보를 필요로 하는 사람들에 의해서만 조정된다. 블로그를 읽고 코멘트를 달면서 사람들은 다른 사람들과 협력할 것인지 말 것인지 결정하기도 한다.

블로그가 주는 혜택은 즉각적이면서도 엄청나다. 블로그는 다음과 같은 장점이 있다.

- **시간 절약**: 관심이 없거나 실제로 별로 중요하지 않은 내용에 대한 설명을 듣느라 길고도 지루한 회의에 참석하는 대신 직원들은 블로그에서 필요할 때 필요한 정보를 찾는다.
- **정보 집중**: 블로그의 정보는 품질과 깊이가 있다. 블로그 정보는 시간 날 때 블로그를 참고하고 의견을 제시해주는 제한된 사용자들의 필요에 초점을 맞추고 있다.

• **개인적 자율성**: 프로젝트관리용 소프트웨어와 달리 블로그에서는 개인이 스스로 규칙을 세우고 커뮤니티를 개설할 수 있다.

블로그는 기존의 툴들이 제공해주지 못했던 '자율성'을 제공함으로써 성공적으로 정착했다. 블로그를 통해 팀 간 갈등을 성공적으로 조정할 수 있으면 관리자가 굳이 감시자 역할을 하지 않아도 된다. 구글러들은 서로서로 실수를 지적하는 것을 전혀 민망해하지 않는다. 그들은 오히려 동료들과 서로 통제해주고 교정해주는 메커니즘 속에서 아주 자연스럽게 일하고 있다.

업무 프로세스에 의해 기계적으로 돌아가는 다른 기업들과 달리 구글은 직원들 사이에서 자발적으로 형성되는 신뢰 네트워크에 의해 운영되고 있다. 이런 메커니즘에 의해 운영되는 방식이 그 동안 경영진이 사용해오던 방식보다 더 엄격할 수도 있다. 자신이 더 이상 회사의 기대를 충족시키지 못한다는 느낌이 들었을 때 스스로 회사를 떠났다고 말한 전 구글 직원도 있었다.

대부분의 회사에서는 나이와 서열, 직무경험, 교육 정도와 적성 등 다양한 기준에 따라 커뮤니티가 만들어진다. 어떤 경영자는 이런 커뮤니티가 자신들의 권한을 위협한다고 여겨서 불편한 눈으로 바라보기도 한다. 그러나 구글은 오히려 이런 커뮤니티를 장려한다.

구글의 이러한 자율적이고 자발적인 커뮤니티로 인해 경영진의 역할 또한 상당부분 수정되었다. 동료들이 스스로 활동을 자유롭게 조정할 수 있는 회사와 관리자들이 모든 것을 통제하려는 회사는 많은 부분에서 다르기 마련이다. 7~10명을 이끌어가는 관리자와 20~30명을 이끌어가는 관리자의 역할도 많이 다를 것이다. 관리자는 직원의 일상을 감시할 여유가 없다. 관리자는 직원을 신뢰하면서 자신의 일을 해야 하며, 사실에 기초한 수치 데이터를 중요하게 여겨야 한다. 카리스마보다 합리적인 경영 스타일이 더 요구되는 것이다.

전통적으로는 조직에서 지위가 높은 사람일수록 더 많이 알고 그가 하는 말이 진실일 가능성이 크다. 적어도 그렇게 받아들여져 왔다. 물론 이전에도 사실에 기초해서 결정해야 한다는 말들은 많았지만 구글의 경영자들이 갖고 있는 분석적인 추론경향과 그들이 사용하는 데이터의 형태는 상당히 독창적이다. 그들은 가능한 한 실제 데이터와 확실한 숫자, 의미 있는 표본을 통해 일을 하려고 한다. 또 기술을 이용하여 사실을 발견해내고, 직관이 아닌 분석을 통해 일을 하려고 한다.

커뮤니케이션 툴 덕분에 전통적인 회사에서 필요했던 일련의 통제로부터 자유롭게 된 구글은 관료주의와 테크노스트럭처 없이도 성장할 수 있었다. 관리자는 직원 개인과의 일대일 관계뿐만 아니라 직원들 사이의 관계도 관찰하고 통제해야 하기 때문에 전통적인 조직에서는 예닐곱 명 이상 통솔할 수 없었다. 새로운 팀원이 추가될 때마다 감독해야 할 관계의 수는 기하급수적으로 늘어나기 때문이다.

최초로 이 문제를 체계적으로 분석한 그레이쿠나스(V.A Graicu-nas)라는 컨설팅 엔지니어는 팀원을 4명에서 5명으로 늘려 업무 역량을 20% 높이면 팀장이 감독해야 할 관계의 수는 127%나 증가한다는 것을 증명했다. 이런 추세는 직원을 추가할 때마다 가속화되어 업무의 양은 가장 총명하다고 할 수 있는 관리자의 두뇌용량마저 초과하게 된다. 예컨대 12명을 감독할 경우 관리자는 24,708개의 관계를 '추적(track)' 해야 한다. 이 수치는 직접적인 관계(상사-부하직원), 교차 관계(부하직원-부하직원), 집단 관계(상사-부하직원의 조합)를 모두 포함한 것이다. 그 동안 이런 문제를 해결하기 위해 선택했던 유일한 해결책은 테크노스트럭처를 통해 더 많은 관리직을 만드는 것이었다. 하지만 이렇게 중복된 관리계층은 결국 조직 내에 관료주의를 양산해왔다.

구글은 커뮤니케이션 툴로 직원들을 교육시켜 그들 스스로의 상호작용을 통해 조정하게 함으로써 전통적인 업무 프로세스가 아닌 장미꽃장식 혹은 별 모양처럼 생긴 독특한 조직모델을 발전시킬 수 있었다. 팀원 개개인이 모든 사람과의 관계를 유지하는 게 가능해진 이 모델에서는 팀원 한 명이 추가되면 각자가 관리해야 하는 관계의 수가 하나씩 증가한다. 따라서 관리자의 제한적인 인지능력이 조직의 성장을 방해하지 않는다. 회사는 육중한 테크노스트럭처를 만들지 않고도 팀원을 신속하게 증가시킬 수 있는 것이다.

물론, 이 모델은 하나의 가능성일 뿐이지만 구글의 급속한 성

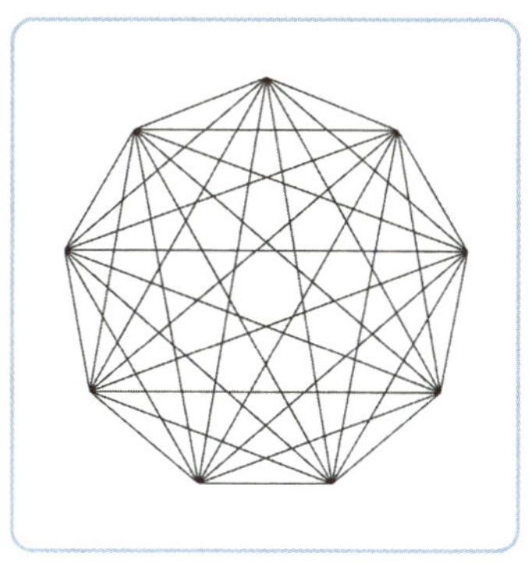

별 다각형

장을 설명해주기에 충분하다. 이 모델을 발명한 사람은 래리와 세르게이지만 1992년 더글라스 엔젤바트가 '사내 조정을 용이하게 하는 기술의 사용'에 대해 쓴 논문에서 이들이 어떤 영감을 받았을 수도 있다.

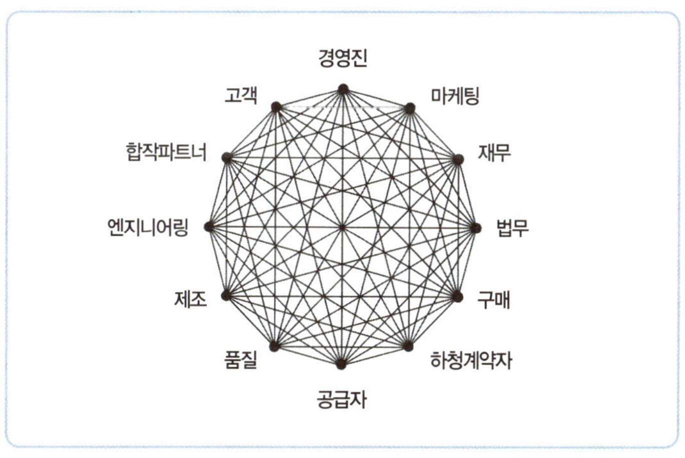

더글라스 엔젤바트가 정의한 제조회사의 지식 영역

이 모든 것들은 기존에 우리가 알고 있던 경영자의 역할을 상당부분 바꾸게 해주었다. 구글러들은 자유롭게 조정할 수 있는 수단을 가지고 있다. 부하직원의 일상을 추적할 수 없는 관리자가 프로젝트를 신속하게 완수하라는 상부의 요청을 완수하기 위해서는 직원들을 신뢰해야만 한다. 직원수가 아주 많다고 해도 관리자는 기본에 충실할 수밖에 없다. 위로는 목표를, 아래로는 결과를 추구하면서 회의의 횟수와 시간을 줄여야 한다.

18

기술의 이종교배를
두려워하지 않는다

'분산형 데이터처리'를 위해 래리와 세르게이는 기존 기법에 익숙한 네트워킹 전문가를 찾아가지 않고, 의료정보학 분야에서 유명한 신경외과의사인 짐 리즈를 찾아갔다.

신제품이 인기를 끌면 곧바로 경쟁사에 의해 복제되는 경제 환경에서는 기업의 성공여부가 제품의 '혁신'에 달려 있다고 해도 과언이 아니다. 《리엔지니어링 기업혁명(Reengineering the Corporation)》의 공동저자인 마이클 해머는 이를 '업무혁신(operational innovation)'으로 표현했다.

이에 관련된 사례는 얼마든지 들 수 있다. 도요타의 적시생산방식(JIT: Just In Time system)은 탁월한 생산기법이었으며, 델 컴퓨터는 소비자가 주문하는 컴퓨터를 제공하면서 기록적으로 짧은 시간 안에 시장을 선점했다. 월마트는 재고비용을 줄임으로써 소매유통업계에서 세계의 선두주자가 될 수 있었다.

이들 기업과는 완전히 다른 산업군에 속하기는 하지만 구글의 성공 역시 경쟁자가 쉽게 복제할 수 없는 강력한 생산시스템을 개발할 수 있고 실행할 수 있는 역량에서 출발했다.

창업 과정에서와 마찬가지로 독자적인 생산시스템을 고안한 것 역시 구글에게는 대단한 행운이었고, 그 덕분에 많은 사업기회를 만들어낼 수 있었다.

래리와 세르게이는 검색 알고리즘을 개발하면서 모든 웹사이트를 컴퓨터에 다운로드받고 싶어했다. 무리한 욕심이기는 했지만 그들에게는 '해낼 수 있다'는 자신감이 있었다. 사용자가 인터넷에서 이용 가능한 모든 (적어도 가능한 많은) 문서에 접근할 수 없다면 검색엔진이 결코 사용자들을 만족시킬 수 없기 때문이다.

웹 상에 존재하는 애매모호한 부분을 생각하면 래리와 세르게이의 야망이 현실적으로 불가능한 것으로 여겨질 수도 있었지만 그들에게는 결코 넘을 수 없는 장벽은 아니었다. 그들은 오히려 불가능을 가능한 것으로 바꾸기 위해 처음부터 거대한 용량을 가진 컴퓨터 시스템을 구축할 방법을 생각했다.

아마 래리와 세르게이에게 자금이 풍부했다면 그들은 몇 개 업체로부터 강력한 서버 시스템을 사들였을 것이다. 하지만 1998년 당시 수중에 돈이 부족했던 두 명의 대학생은 가능한 어떤 장비라도 찾아내야만 했다. 그들은 먼저 스탠포드대학 연구실을 두드렸다. 그 다음에는 작업장을 구하고, 추가로 더 필요한 컴퓨터들은 부품을 구해 조립하여 사용했으며 필요한 소프트웨어는 직접 개발하여 시스템을 마련했다. 한계와 장애물들은 오히려 그들에게 긍정적으로 작용했다. 그들이 사용한 중고 컴퓨터는 상태가 좋지 않아 여기저기서 문제가 발생했다. 그로 인한 위험을 줄이기 위해 그들은 다른 부분에 데이터를 미리 복사해두어야 했는데, 이렇게 탄생한 '중복(redundancy)' 기능은 래리와 세르게이가 세운 팩토리의 주요 특징이 되었다. (이런 중복효과는 몇 개 지역에 서버를 분산 배치하여 만약의 재난상황에 대비한 안전장치를 마련할 수 있게 해준다. 지진이나 홍수로 서버가 다운되면 다른 지역의 서버를 가동함으로써 문제를 방지할 수 있다)

하지만 데이터를 복사해두는 방식은 또 다른 문제를 낳았다. 당장 그 장비를 어디에 둘 지가 문제였다. 래리와 세르게이는 작은 공간에 그 모든 컴퓨터를 둘 수 있는 방법을 찾아내야 했다. 가장 단순한 해결책은 이리 저리 옮겨가기 위해 바퀴가 달린 선반 캐비닛을 사용하는 것이었다. 이 방법을 쓰기 위해서는 네트워크의 연결이 안전한 상태를 유지해야 했다.

초기에 겪었던 이런 어려움 때문에 그들은 컴퓨터의 네트워크 관리에 각별한 주의를 기울이게 되었다. '분산형 데이터처리(distributed data processing)'는 매우 복잡하면서도 고도의 기술을 요하는 어려운 작업이다. 하나로 설계된 시스템이 아니라 PC 네트워크를 임시로 접속시키고 있을 때는 더 어렵다.

여기서 래리와 세르게이는 새로운 방식을 찾아낸다. 전통적인 기법에 익숙한 네트워킹 전문가를 찾아가지 않고, 의료정보학 분야에서 유명한 신경외과의사 짐 리즈(Jim Reese)를 찾아간 것이었다. 짐은 자신의 독창적인 경험을 바탕으로 컴퓨터과학에 신경해부학의 아이디어와 개념을 융합시키는 데 성공했다. 그는 컴퓨터가 최선으로 이용될 수 있는 반복적인 업무, 그리고 네트워크가 신속하게 재구축될 수 있는 부분에 시스템을 구축하기로 했다.

자금과 공간의 부족은 래리와 세르게이로 하여금 최신식 분산형 데이터처리 수단을 이용하여 독특하면서도 고도로 자동화된 팩토리를 만들게 했다. 구글 네트워크는 맵 리듀스와 구글 파일시스템을 이용하여 거대한 양의 데이터를 처리하고 거대한 클러스터를 교차하면서 업무처리를 신속하게 해주는 모델이다.

맵 리듀스(Map Reduce)는 거대한 클러스터 사이에서 프로그램을 병렬로 운영하여 업무를 분산시켜주는데, 이 시스템은 프로그램을 실행할 때 균형을 잡아줌으로써 구글의 프로그래머들이 분산된 시스템의 자원을 쉽게 활용할 수 있게 해준다. 구글은 "맵 리듀스를 사용하면 수천 대의 기계를 통해 테라바이트(1조 바이트에 해당하는 정보량)의 자료도 처리할 수 있다"고 자랑한다.

초기에 빅파일즈(BigFiles)로 알려졌던 구글 파일시스템(GFS: Google File System)은 급속히 늘어나는 구글의 파일(데이터 처리량)을 저장하기 위해 설계된 분산형 고성능 파일시스템이다. GFS는 비용이 많이 들지 않는 일상적인 하드웨어에서도 돌아가는 폴트

톨러런트 시스템(무정지형(無停止型)시스템: 고장이 없는 컴퓨터 시스템. 컴퓨터 가동 중 일부에 고장이 발생해도 그것을 자동적으로 보완, 수정하여 시스템의 기능정지를 피할 수 있는 시스템 – 역자 주)이다.

맵 리듀스와 GFS가 구글에서 담당하고 있는 역할은 다음과 같다.

- **데이터 완전성 유지**: 데이터가 여러 기계에 복사되고 다시 또 복사되기 때문에 데이터가 사라질 염려가 없다. 특정 기계에 오류가 발생하면 그 기계는 정지되고 자동으로 재부팅된다. 기계가 재부팅되지 않으면 사본 데이터를 가진 기계가 다른 곳에 또 다른 사본을 만들어준다. 이렇게 하기 때문에 데이터베이스에서 어떤 정보가 소멸될 가능성은 거의 없다.

- **네트워크 보전**: 네트워크 일부가 (예컨대 천재지변으로) 다운되거나 네트워크 유지를 위해 오프라인 상태가 되면 사용자는 다른 서버로 가서 방해받지 않고 서비스를 계속 이용할 수 있다.

- **유지 및 업그레이드**: 몇몇 서버에 복사해둔 페이지 덕분에 어떤 기계든 쉽게 오프라인 시키고 업그레이드 할 수 있다. 이때 사용자들이 작업하고 있던 업무는 활동중인 기계로 자동 전송된다.

- **생산 최적화**: 여러 개의 서버로 업무가 분산되기 때문에 규모와 페이지의 인기 정도에 따라 업무를 분배할 수 있다. 거대

한 규모로 병렬 운행되기 때문에 데이터를 기다리는 동안에도 프로세서가 정지하지 않는다. 모든 사람이 기본적인 업무를 수행할 줄 알기 때문에 서로의 자리를 쉽게 채워줄 수 있는 판매 매장의 원리와 유사하게 운영된다.

• 비용 감소: 활용하지 않는 데이터처리 자원을 줄여 현재 상황에 적합한 상태로 자원을 계속 조정해주기 때문에 비용은 줄고 각 기계의 생산성은 높아진다. 작은 기계가 많이 모여 있는 구글시스템은 거대한 통합시스템을 사용하고 있는 회사들이 경험하게 되는 아코디언 효과(accordion effect: 트래픽이 늘었다 줄었다 하는 현상)를 겪지 않아도 된다. 업그레이드는 비용이 많이 들고 시스템을 분산시킨다. 이 때문에 회사는 최대한 업그레이드를 미루려고 한다. 시스템의 속도가 너무 느려 더 이상 두고볼 수 없을 때가 되면 필요 이상의 용량을 추가하게 되는데(아코디언이라는 이름이 나온 이유) 이렇게 추가된 용량은 그만큼의 용량을 필요로 할 때까지는 낭비될 수밖에 없다. 구글은 30~60개 사이의 서버지대(Server farms)를 가지고 있다. 정확한 수는 비밀이어서 정기적으로 바뀔 수도 있다. 중요한 것은 구글이 데이터 이동 시간을 최소화하기 위해 데이터 센터를 지역적으로 배치(혹은 재배치)시키는 능력을 갖추고 있다는 점이다. 장시간에 걸친 데이터 전송은 텍스트일 경우에는 괜찮지만 용량이 큰 비디오 파일일 경우에는 문제가 될 수 있다.

물론 지리적으로 멀리 떨어진 곳에 분산형 서버를 배치하는 데는 정치적인 의도도 포함되어 있다. 예컨대 미국정부가 국내에서 감시수준을 높이기 위해 구글 서버에 저장된 사용자의 개인 데이터를 샅샅이 뒤지려고 하면 구글은 개인의 프라이버시를 배려해주는 국가로 해당 서버를 옮길 수도 있는 것이다.

구글의 데이터 팩토리는 컴퓨터 수십만 대(45만 대라는 얘기도 있음)를 활용한 강력한 소프트웨어 플랫폼 위에 세워져 있다. 이 플랫폼은 구글의 주요 강점이면서 동시에 경쟁으로부터 구글을 지켜주는 최고의 보호막 역할을 해준다. 마이크로컴퓨터 군단을 동원하려면 돈도 많이 들지만, 자금이 아무리 많다고 해도 그 모든 기계를 관리할 수 있는 시스템을 신속하게 개발하는 것은 어려운 일이다. 구글은 그 일을 해낼 수 있는 능력을 가지고 있기 때문에 높은 성과를 내고 있고, 경쟁우위 또한 확보하고 있다. 거대한 병렬구조 속에 처리되는 데이터가 많을수록 효율성도 높아진다.

물론 데이터처리 산업이 성숙하지 않았다면 구글이 이 모든 인프라를 세울 수 없었을 것이다. 이 견고한 데이터 팩토리의 제일 밑바닥에 있는 마이크로컴퓨터는 한 대 당 1,000달러 미만인 사무실 컴퓨터와 같은 일상적인 제품들이다.

구글 엔지니어들이 개발한 시스템은 기술적인 이종교배(cross-breeding)로 표현할 수 있다. 문제가 발생하면 이전의 해결책을 종종 빌려와 신속하게 움직일 수 있었다. 엔지니어들은 특히 시스템관리 업무에 있어 대형시스템용으로 개발된 일괄처리 (batch processing)기법을 사용하는 등 전통적인 수퍼컴퓨팅 기법에 상당히 의존했다. 다른 해결책들은 마이크로컴퓨터를 다루는 기법에서 나왔다. 마이크로컴퓨터는 제한된 처리능력 때문에 속도가 느린 편이다.

예를 들어 문서를 신속하게 검색하는 필터(filter)는 PC의 하드 드라이브를 최적화하는 기술에서 직접 가져왔다. 웹페이지의 데이터는 샤드(shard)라고 불리는 독립적인 단위로 나누어진 다음 여러 대의 청크 서버(chunk servers)에 중복 저장된다.

구글 엔지니어들은 기존 기술에서 아이디어와 해결책을 빌려와서 현재 당면하고 있는 익숙치 않은 문제와 새로운 문제를 해결하는 데 시간을 쏟았다. 어떻게 하면 측정이 가능한 분산형 파일 시스템을 만들 수 있을까? 어떻게 하면 컴퓨터 파일을 비교하고 복사할 수 있을까? 어떻게 하면 이 모든 운영을 자동화하여 비용을 최소화할 수 있을까? 그들은 늘 스스로에게 질문을 던진다.

1990년대에는 기술회사들이 네트워크의 현대화를 위해 치열하게 경쟁하면서 엄청난 시설과잉을 초래했다. 인프라구축 비용이 케이블 비용보다 높기 때문에 이들 기술회사들은 미래의 수요를 기대하고 시설에 과잉 투자했던 것이다. 하지만 그들이 기대했던 수요가 일어날 때까지는 시간이 필요했고, 그동안 기술회사들은 구글과 저렴한 가격에 많은 용량을 사용할 수 있도록 장기계약을 맺게 되었다. 이 계약 덕택에 구글은 데이터센터를 연결하는 장거리 수송서비스를 구매할 필요가 없어지면서 상당한 비용을 절감할 수 있었다. 이로 인해 앞으로 구글은 차세대 IT 프론티어가 되게 해줄 새로운 인터넷 표준을 지원할 수 있게 될 것이다.

19

판매와 영업을
최대한 자동화한다

구글은 판매절차를 완전히 자동화시킴으로써 영업부와 마
케팅부 사이에 흔히 일어나는 갈등을 줄였으며, 사용자 행동에
대한 풍부한 정보도 직접 얻게 되었다.

구글의 초창기 직원 40명 중 한 사람인 오미드 코데스타니(Omi-d Kordestani)는 구글의 사업개발 및 영업활동을 지휘하고 있다. 그는 AOL, 월마트 등 대기업을 상대로 큰 계약을 협상해왔다. 이와 같이 구글에도 영업부가 있지만 구글에서 판매의 대부분은 영업사원 없이 자동으로 이루어진다. 구글에서의 '자동화'란 '가상화(virtualized)'와 같은 의미로 사용되며, 여기에는 생산성과 효율성 개념도 포함된다.

몇 년 동안 많은 분야의 프로그래머들이 고객관계관리(CRM:

Customer Relationship Management)와 영업자동화(SFA: Sales Force Automation)를 통해 판매절차를 자동화하기 위해 노력해왔다. 두 프로그램 모두 고객관계를 행정적으로 처리하는 절차를 자동화하고 있는데 자동화의 정도는 아주 다양하다. 하지만 구글 시스템은 CRM이나 SFA와는 근본적으로 다르다. 구글은 영업거래를 자동화한 '후'에 수주하기 때문이다. 구글의 광고주는 구글의 직원과 직접 접촉하지 않는다. 구글은 가격을 비롯해 어떤 것도 설득하지 않으며 광고주를 접촉하는 영업 사원이 아예 있지도 않다. 모든 것은 구매자와 컴퓨터 (정확히 말하면 구글 응용프로그램) 사이에서 일어난다. 구글의 자동판매 모델은, 거래비용을 줄여주고 다른 광고매체들이 회피하는 작은 광고주들도 쉽게 접근할 수 있게 해준다. 이것은 조직과 경영에도 많은 영향을 미쳤다.

모든 회사에는 영업부와 마케팅부 사이에 갈등이 존재한다. 영업자는 고객을 만나고 제품을 설명하고 가격을 협상하여 거래를 성사시킨다. 이런 실제 업무와 더불어 그들은 보고서를 작성하고 고객기록부를 작성하는 등 문서작업도 해야 한다.(생산자와 마케터는 이 정보를 사용하여 생산일정을 세우고 마케팅전략을 수립하며 광고 계획을 짜게 된다) 영업자들의 이 두 가지 업무는 전혀 다른 기술을 요구하기 때문에 서로간에 충돌이 일어날 수밖에 없다. 대개의 영업사원은 '관료적 형식주의(red tape)'와 문서작업에 대해 불평을 쏟아놓는다. 형식적인 서류작성에 업무시간의 절반이나 써야 한다며 힘들어하는 영업자들도 많다. 중요한 시간을 부수적인 행정업무에 써버리는 영업자들은 자신에게 할당된 영업목표를 달성하지 못한다는 비난을 받게 된다.

한편, 할당받은 영업목표와 월간목표를 달성하지 못한 영업자들은 실적 채우기에 바빠 서류작업을 미뤄두기 일쑤다. 이런 모순은 대부분의 회사 영업부에서 나타나는 만성적인 문제점이다.

구글은 판매절차를 완전히 자동화시킴으로써 다른 기업에서 일어나는 이런 갈등을 사전에 제거하고 있다. 정보는 고객에게서 나와서 마케팅부를 포함한 경영자, 엔지니어, 제품기획자 등 정보를 필요로 하는 사람들에게 직접 전달된다.(예컨대 에릭 슈미트는 구글 스프레드시트에 대한 정보를 매시간 보고받는다. 전통적인 회사에서라면 마케팅부로부터 공식적인 보고서가 올라올 때까지 몇 주를 기다려야 한다. 이런 정보를 기다렸다가 볼 여유로운 CEO가 몇 명이나 되겠는가?)

판매자동화는 영업부와 마케팅부 사이에 흔히 일어나는 가격과 제품의 특징을 둘러싼 갈등도 없애준다. 경영진은 수익성이 높은 제품을 판매하고 싶어하지만 영업사원들은 팔기 쉬우면서도 자신에게 돌아올 인센티브가 높은 제품을 판매하고 싶어한다. 하지만 구글의 자동경매 시스템은 구글의 직접적인 개입 없이 소비자가 직접 가격을 책정하기 때문에 가격을 둘러싼 내부갈등을 방지해준다.

또한 혁신에 간접적인 장애가 될 수도 있는 신제품 개발에 대한 불필요한 논쟁 역시 사라지게 만들었다. 구글 마케팅부는 신제품을 발표하기 전에 영업사원들이 기존제품을 소홀히 다루지 않고도 신제품에 집중할 수 있도록 내부 '영업'을 한다. 신제품과 관련해서 영업사원은 교육도 받아야 하고 필요한 지식과 정보도 얻어야 한다. 뿐만 아니라 새로운 영업수단도 필요하다. 영업부가 신제품에 대해 회의적인 태도를 갖지 않도록 필요한 모든 조치를 취해야 한다. 물론 이런 모든 노력에는 시간과 돈이 필요하다. 어떤 경우에는 내부에서 필요로 하는 이런저런 준비 때문에 신제품 출시시기를 불가피하게 지연해야 할 때도 있다.

완벽한 판매자동화는 영업사원 교육 시간을 줄여주고, 성장에 방해가 되는 장애물도 제거해준다. 연구결과에 따르면, 성장률이 높은 회사가 제품수명주기 초기 단계에서 판매량을 놓치지 않기 위해서는 성장곡선에 오르기 전부터 필요한 영업사원 수를 예상하여 채용해야 한다. 핵심적인 신제품을 출시하기 전에 신규 영업사원 개발에 투자해야 한다는 것이다. 그러기 위해서 회사는 성장에 대한 자신감뿐 아니라 사람들을 채용하고 준비시키는데 재정적인 지원을 아끼지 않게 된다. 하지만 영업사원까지 교육시키면서 노력을 쏟아 부었던 제품이 만약 실패할 경우, 회사는 상당한 손해를 보게 된다. 그렇다고 제품을 시장에 내놓기 전에 영업력을 충분히 확보해두지 않는다면 마지막 순간에 급하게 채용할 수밖에 없어진다. 그렇게 되면 선발기준이 낮아지고 결국 능력이 부족한 영업사원이라도 뽑아야 하는 상황에 내몰리게 되는 것이다.

한편, 판매자동화는 경영자의 전략수립에도 영향을 미친다. 자동화는 일반적으로 널리 알려진 두 가지 그릇된 관행을 근절시켜준다. 첫째, 가격이 내려갈 때를 기다리면서 구매를 연기하고 있는 고객들에게 그런 노력이 헛수고라는 것을 알려준다. 소프트웨어 부문을 포함한 일부 산업에서는 많은 고객들이 분기 말이나 연말까지 기다렸다가 제품을 구매한다. 그들은 영업목표를 달성해야 하는 영업사원들이 영업실적을 올리기 위해 분기 말이나 연말을 특가판매 방식으로 마감하는 관행을 잘 알고 있다. 이처럼 고객들이 구매를 연기하면 영업사원의 업무량에 불균형이 발생하고 결국 마케팅부는 예측했던 것보다 낮은 가격을 책정하게 된다. 둘째, 어렵사리 신기술을 개발한 회사가 부정적인 영업 인센티브 관행으로 인해 한 순간에 날아가버리는 엄청난 상황도 막을 수 있다. 이것을 좀 더 설명하자면 이렇다. 영업사원이 자신의 실적을 극대화하기 위해 마음대로 판매계약을 늦추거나 앞당길 수 있다. 자신이나 회사의 미래가 불투명하다는 생각이 들면 짧은 시간 안에 많은 보너스를 타내기 위해 실적을 최대한 높여놓고는 영업을 마감해버리는 것이다. 그 반대의 경우도 얼마든지 가능하다. 영업사원이 자신이나 회사에 대한 자신감이 너무 지나칠 경우 세금을 이유로 자기 임의대로 계약을 연기시켜버릴 수도 있다.

영업사원들에 의해 벌어지는 이런 잘못된 관행들은 판매예측을 통해 중요한 결정을 내리는 경영자들의 판단을 인위적으로 왜

곡시키게 된다. 이런 속임수가 자주 일어나지 않는다면 별 문제가 안 되겠지만 모든 영원 사업이 동시에 이런 행동을 한다면 경영자의 예측은 빗나가게 되고, 기만당했다고 생각하는 투자자들과의 관계는 악화일로를 걷게 된다. (영업사원들이 보고한 엉터리 영업실적을 토대로 인위적으로 부풀려진 예측을 내놓는 바람에 금융시장에서 제재를 받은 기업도 있다) 어느 경우든 판매자동화는 영업활동의 주기를 안정시켜주고 경영정보의 정확도를 높여준다.

뿐만 아니라 판매자동화는 설문이나 여론조사, 영업보고서에 영향을 미칠 수 있는 왜곡현상을 미연에 방지해주기도 한다. (이 문제를 깊이 연구한 사회학자, 인종학자, 마케팅 전문가들은 고객들의 실제 행동을 관찰하면 진술조사와는 상당히 다른 결과를 볼 수 있다는 점을 강조한다(마케팅 분야의 서적들은 거의 대부분이 고객행동에 대한 관찰을 토대로 쓴 것이다. 이런 연구 방법은 정보의 질 측면에서는 아주 효율적이지만 많은 비용이 소요된다. 고객관계를 자동화하면 이런 비용은 얼마든지 줄일 수 있다)) 판매자동화로 인해 회사는 이런 고객들이 어떤 선택을 하는지 자세히 지켜볼 수 있고 경청할 수 있게 된다. 영업절차를 '비(非)인간화─사람의 개입이 없다는 뜻에서─' 함으로써 관리자들은 실제 고객들이 보여주는 행동을 따라가며 관찰할 수 있게 된다. 이렇게 하면 일반적으로 마케팅부에서 사용하는 직업, 소득, 나이 등을 통해 고객을 인구 통계적으로 구분할 때보다 훨씬 더 풍부한 정보를 얻을 수 있는 것이다.

마지막으로, 판매자동화는 잘못된 자의식과 합리화가 야기하는 잠재적인 오류를 제거해준다. 자동화를 통해 고객들의 행동을 측정하게 되면 그 정확도가 상당히 개선된다. 사용자가 자신이 수용할 수 있는 수준에서 응답하거나 예상기준에 맞도록 응답을 조작할 수 없기 때문이다. 볼스테이트대학(Ball State University)의 연구결과에 따르면, 사람들의 인터넷 사용시간은 설문지에 응답한 것보다 실제로는 두 배나 많다고 한다. 설문조사에 응할 때는 자신도 모르게 선입견에 끌리거나, 설문의도를 고려하여 응답하게 된다는 것이다.

판매자동화가 많은 이점을 가지고 있는 것은 분명하지만 기존에 제기되었던 단점들이나 실수, 문제들을 모두 없애주지는 못한다. 구글에도 여느 서비스회사와 마찬가지로 사람의 개입을 필요로 하는 일들이 있다. 검색엔진을 이용하는 사용자들은 서비스 품질에 대해 거의 불평하지 않지만 포럼(토론란)이나 블로그를 이용하는 사용자들은 좀 다르다. 구글이 내린 결정이나 알고리즘의 오류 때문에 홈페이지가 갑자기 사라진다면 그들은 어떻게 할까? 또 비용청구가 잘못되었다고 불평하는 광고주도 있을 것이다. 구글로부터 어떤 대답도 받지 못해 불만에 가득 차 있던 한 광고주는 급기야 "애드워즈 프로그램에 30만 달러 이상을 지불하고 있는 회사의 대표로서, 내가 제기한 문제에 대해 누군가 회신해줄 것을 기대한다"는 메일을 보냈다. 그는 "왜 구글은 나를 맥도날드에서 커피 한잔 사먹는 뜨내기처럼 대우하느냐?"고 항

변했다. 이것은 자동화로 인해 발생하는 문제점인 '소비자 파워의 확대'를 말해주는 단적인 상황이다.(물론 고객의 입장에서는 장점이 될 수 있다)

전통적인 비즈니스에서는 일이 잘못되면 전화나 이메일, 편지, 회의 등 거의 사람과의 접촉을 통해 문제가 처리되었다. 사람간의 접촉이나 회신을 할 수 없는 새로운 가상시장에서는 불만족 고객이 인터넷으로 접속하여 블로그 등에 메시지를 남기기 때문에 한 고객의 문제가 많은 고객들에게로 확산된다. 불만이 개인적인 차원에서 공중의 영역으로 옮겨지면서 회사는 새로운 문제에 봉착하게 되는 것이다.

이처럼 고객이 공개적으로 불만을 표현하는 방식은 개인적으로 불만을 표시하는 방식보다 훨씬 강력한 압력을 행사한다. 그들의 불만이 회사의 명성에 심각한 타격을 줄 수도 있기 때문이다.

온라인 커뮤니티를
성장의 도구로 활용한다

구글 사용자들이 만들어가는 온라인 커뮤니티는 구글의 성장에 엄청나게 크게 기여했다. 구글은 이런 추종자들의 대화에서 나오는 아이디어에 귀를 기울인다.

열광적인 소비자 군단에 둘러싸여 명성을 얻는 기업(애플사 처럼)이 있는가 하면, 적대적인 언론들과 늘 마주하고 있는 정유, 화학, 농업 분야의 기업들도 있다. 하지만 구글처럼 전 세계 사람들이 끊임없이 관찰하고 있는 기업은 아주 드물다고 할 수 있다.

많은 블로그들이 구글의 프로젝트와 제품에 대한 뉴스에 촉각을 곤두세우고 있다. 필립 렌슨(Phillip Lenssen)의 '구글 블로고스콥드(Google Blogoscoped, http://blogoscoped.com/)' 처럼 구글을 모니터링하는데 초점을 맞춘 블로그도 있다. '오글 어스(Ogle

Earth, http://ogleearth.com/)’는 구글의 지도 서비스인 구글 어스(Google Earth)같은 구글의 특정 툴만을 다룬다.

구글과 관련된 커뮤니티 규모는 어마어마하다. 하루에도 ‘구글’ 태그를 단 코멘트가 수천 개씩 블로그에 게시되고 있다. 다음 그림을 살펴보면, 최근 6개월 간 ‘구글’ 태그를 단 블로그 포스트가 하루 평균 4,000~6,000개 정도 된다는 것을 알 수 있다. 오바마, 인생, 애플, 혹은 검색이라는 태그와 비교해 봐도 구글이라는 태그가 확실히 돋보인다.

포럼(토론란)과 뉴스그룹에서 이야기하는 것을 좋아하는 수만 명의 인터넷 서퍼가 블로그 코멘트를 읽는다는 것을 감안하면

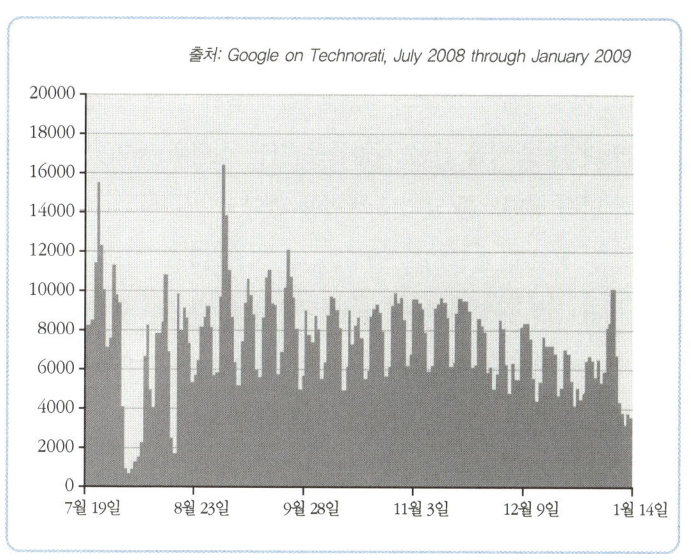

지난 6개월간 ‘구글’에 대한 일일 포스트 수

구글을 모니터링하고 있는 저변이 얼마나 넓은지 상상해볼 수 있다.

구글에 대해 정기적으로 의견을 제시하는 블로거들은 다양한 배경을 가지고 있다. 저널리스트, 개발자, 광고주, 웹디자이너 및 최적화 서비스 판매자, 전·현직 구글러들도 있다. 그 중에는 중국의 검열제도를 규탄하는 블로그(http://sagegoogle-freechina.org/)를 만든 인권변호사도 있고 개인의 자유 보호에 관심을 가지고 있는 사람들도 있다. 그들의 블로그 방문자 역시 다양한 계층의 사람들인데 정기적으로 찾는 구독자도 있고 어쩌다가 방문하는 '나그네'도 있다.

블로그 관리자와 정기구독자, 비(非)정기 독자는 여러 집단 사이를 순환하며 지속적으로 이동한다. 벌이 꽃에서 꽃으로 꽃가루를 옮기듯이 그들은 정보를 유통한다. 구글에 대해 무언가 언급될 때마다 그 소식을 들은 사람들은 다른 집단과 재미있는 소식을 나누면서 코멘트를 남기고 비판을 한다.

이렇듯 정보를 보급하는 절차는 매우 신속하고 효과적이어서 금세 커뮤니티 전체에 최신 뉴스가 퍼진다. 구글이 인터넷 기반 워드 프로세서인 라이틀리(Writely)를 인수했다는 것을 처음 알게 된 사람들은 구글의 도움 없이도 수만 여 곳에 그 소식을 알렸다.

이러한 새로운 정보 유포방식은 그 동안에는 구분되어 있던 주제들을 서로 연결시켜주는 기능을 하게 되었다. 또 이처럼 영역들이 교차되면서 서로 다른 지적(intellectual) 세계에 살고 있는 사람들끼리도 얼마든지 관계를 형성할 수 있게 되었다. 이들은 우연히 발견한 정보나 자신의 개인적인 관심사, 충격적인 소식들을 공유한다. 컴퓨터 화면 앞에 앉아 있는 고립된 인터넷 사용자의 이미지와는 달리 인터넷을 통해 사회적인 유대관계를 지속적으로 만들고, 컴퓨터를 통해 집단지성(computer-assisted collective intelligence)을 만들어낼 수 있게 되었다.(집단 지성에는 여러 가지 형태가 있다. 아마존닷컴은 고객이 책을 고를 때 그 책을 구입한 다른 독자들의 구입 도서목록을 제공한다. 이 목록은 도서에 대한 실제 코멘트보다 더 명확한 정보를 제공할 수 있다. '알렉사(www.alexa.com: 전 세계 웹사이트 페이지뷰 및 인기도 순위, 분야별 랭킹, 툴바 등을 제공한다)'도 마찬가지다. Delicious, Kaboodl, Furl 등은 사용자가 라이브러리를 구축하거나 페이지를 공개적으로 모아 놓을 수 있게 함으로써 위키피디아(Wikipedia)에 사용되는 위키스(wikis)와 유사하게 개인의 리서치 능력을 모아둘 수 있는 대안들을 제공해주고 있다)

온라인 커뮤니티에는 국경이 없다. 인구당 비율로 보면 독일인, 스웨덴인, 노르웨이인, 프랑스인도 미국인 못지않게 활동적이다. 하지만 영어를 모국어로 하지 않는 사람이 블로그 작업을 영어로 하면 더 활발한 것으로 간주해야 한다. 웹상에서 비록 정치적인 경계는 사라졌지만 블로그의 30% 정도가 영어이며, 여전히 언어의 경계는 그대로 남아 있다. 브라질 정부가 구글에게 오커(Orkut) 커뮤니티에서 불법 활동을 하는 웹 서퍼에 대한 정보를 요청했을 때 블로그 세계는 이상하리만치 잠잠했다. 이에 앞서 미국정부가 비슷한 요청을 했을 때는 거의 소요에 가까운 반응이 일어났는데도 말이다. 이런 상황은 블로그 상에서 영어보다는 포르투갈어를 쓰는 인구가 적기 때문에 일어난다고 추측할 수 있다.

기술과 관련된 많은 회사들이 온라인 커뮤니티의 힘을 마케팅 자원으로 활용해왔다. 하지만 이런 가상 커뮤니티의 중요성을 제대로 인지하고 이것을 자사의 사업성장을 위한 도구로 활용하기 위해 여러 가지 방법을 모색하기 시작한 회사는 구글이 처음이다.

마이크로소프트와 애플처럼 구글도 사용자가 구글 툴을 보완하는 미니 애플리케이션(mini-applications)을 개발할 수 있도록 응용프로그램 인터페이스(APIs: application programming interfaces)를 제공해주고 있다. 미니 애플리케이션은 대부분 홈페이지, 툴바, 데스크탑을 개성 있게 만드는 가젯(gadget)들이다. 하지만 실제적인 문제를 해결하는 새로운 응용프로그램을 만들기 위해 다양한 소스의 데이터를 결합해주는 매쉬업(mashup)을 사용하면 개발자는 APIs를 통해 구글 맵스(Google Maps) 같은 구글 가젯을 확장시킬 수 있다.

스케치업(SketchUp: 구글이 @LastSoftware라는 작은 기업을 인수하면서 획득한 툴)은 구글이 이런 노력을 어떻게 활용하는지를 보여주는 좋은 예이다. 이 3D 모델 툴은 사용자가 구글 어스(Google

Earth)를 재미있게 확장할 수 있는 응용프로그램을 만들도록 하기 위해 출시되었다.

구글은 사용자들의 이러한 자발적인 협조(cooperative volunteer)를 번역 툴, 신제품 소개, 이미지 색인 등 대부분의 회사들이 공개하지 않았던 영역으로 확장시켜갔다. 오늘날 130개 언어로 구글을 이용할 수 있게 된 것은 이런 취미를 가진 사람들이 문서를 번역하는 방법들을 자발적이고 정기적으로 교환해온 덕분이다. 구글에서 카테고리별 이미지를 검색할 수 있게 된 것도 이런 사람들의 노력 덕이다. (구글은 소프트웨어가 보여주는 그림을 보고 다른 사람이 설명을 입력할 때마다 점수를 얻는 이미지 레이블러(Image Labeler)라는 게임을 개발했다)

왜 사람들은 구글처럼 수익을 내는 회사에 자발적으로 공짜로 일해주는 걸까? 그들의 동기는 다양하다. 어떤 이는 단지 구글 프로젝트에 참가해서 다른 뛰어난 프로그래머들과 경쟁하고 싶어 한다. 또 어떤 이는 박애주의자적인 관점, 또는 실천주의적인 관심에서 기여하고 있다. 번역 업무를 무료로 지원하는 사람들은 자신들의 모국어가 인터넷에서 통용되는 것을 확인하고 싶어한다. "엄마가 구글을 덴마크어로 사용할 수 있다면 그것으로 만족해요"라고 말한 사람도 있었다. 이렇게 다양한 목적과 의도를 가지고 시작된 번역작업의 수준은 또 다른 자원 번역가들이 서로 수정해주고 검사하면서 더 높아지게 된다.

구글 사용자들은 구글이 제공하는 툴을 마음껏 사용할 수 있다는 이유 때문에 구글을 찾고, 자원해서 구글에 뭔가를 기여하기를 원한다. 어떤 사람들은 자신이 가진 기술을 증명해보고 싶어서, 전 세계에 자신의 업적을 증명하고 싶어서 구글로 몰려든다.

자원자들이 만들어가는 커뮤니티는 구글의 성장에 크게 기여했다. 구글이 급성장할 수 있었던 이유가 이들 덕분이라고 해도 과언이 아니다. 이들이 없었다면 구글은 지금처럼 시장의 선두주자가 되지 못했을 것이다. 이들은 구글에게 전문지식을 제공할 뿐만 아니라 시장조사의 훌륭한 대상이 되어주기도 했다. 새로운 아이디어가 등장하는 순간 커뮤니티에 속한 회원들은 가장 앞장서서 그 아이디어에 대해 의논하고 성공여부를 추측한다. 기존 회사들이 고객이 원하는 것을 알기 위해 전통적인 시장조사 방법에 의존했다면, 구글은 추종자들의 대화에서 나오는 아이디어에 귀를 기울인다. 마케팅 전문가의 흥미를 끄는 이러한 경향은 사용자가 신제품을 검토, 분석, 제안하게 하는 초기 단계부터 있어왔다. 사용자들의 대화는 신제품 홍보에도 결정적인 역할을 한다.

로저스 모델

신기술확산의 모습을 그래프로 나타내면 정규분포곡선을 따른다. 정규분포곡선은 1962년 에버렛 로저스(Everett Rogers)가 출

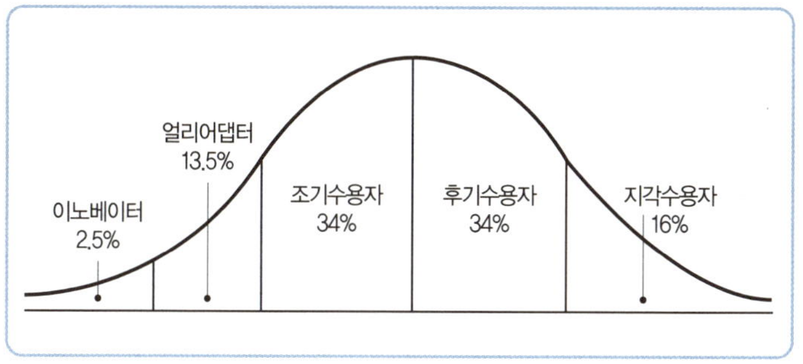

기술 수용의 다섯 가지 카테고리

간한 《혁신의 확산(Diffusion of Innovations)》을 통해 대중화되기 시작했는데, 로저스는 구매자를 이노베이터, 얼리어댑터, 조기수용자, 후기수용자, 지각수용자의 다섯 단계로 구분한다.

제품수용 속도와 구매행동은 사회심리학적인 요인과 관련이 있다. 이노베이터는 제품의 새로움에 초점을 두고 있어서 새로운 아이디어에 대한 정보를 적극적으로 추구한다. 반면 얼리어댑터는 아이디어나 제품이 어떤 혜택을 줄 수 있는지에 대해 관심을 갖는다. 조기수용자는 새로운 아이디어를 채택하기 전에 심사숙고하는 반면 후기수용자는 혁신적인 아이디어나 제품을 '회의적이고 호기심 섞인 눈'으로 바라보고 있어서 대다수 사람들이 선택할 때까지 기다린다. 신제품에 대한 생각을 정리하고 싶어하는 사람들은 얼리어댑터를 찾아가는데, 그런 태도 때문에 그들은 설사 의도하지 않았더라도 신제품에 대한 여론을 형성하는 위치에 서게 된다.

바스 모델

로저스 모델은 이해하기도 쉽고 신제품을 출시할 때 적용해보기도 쉬운 편이지만 좀 오래된 이론이다. 요즘 마케팅 전문가들은 과학적인 마케팅의 창시자로 알려진 프랭크 바스(Frank Bass)가 1969년에 고안한 모델을 더 선호하는 것 같다.

'바스 확산모델(the Bass diffusion model)'은 제품 수용과정을 사용자와 잠재적인 사용자 사이의 상호관계의 결과로 설명한다. 바스 모델은 시장규모와 혁신(innovation, 현재 시장상황에 영향을 받지 않고 구매하는 고객), 모방(imitation, 남들이 구매하는 것을 보고 구매를 결정하는 고객)이라는 세 가지 요소의 상호작용을 기준으로 삼는다.

바스 모델에서 혁신과 모방의 계수는 로저스 이론에서처럼 고

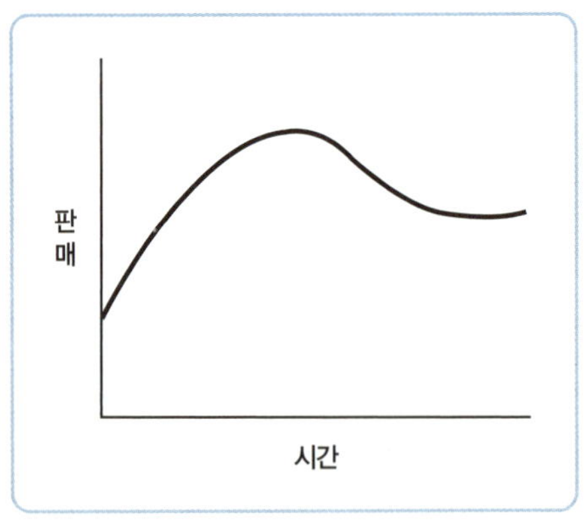

제품수용에 관한 바스의 확산모델

정되어 있지 않고 변동한다. 즉 구매행동은 심리적 요인과 관계가 없다. 모방자보다 개척자가 되기 쉬운 특정 부류의 사람들이 존재하지는 않는다는 것이다. 이는 연구결과로 뒷받침된 사실이다. 새로운 PC가 도입되자마자 구매하는 사람이 최신 휴대전화 구입은 미루고 디지털 카메라를 갖고 있지 않을 수도 있다. 그렇기 때문에 사람을 고정된 범주로 나누는 것은 불가능하다는 것이 그의 지론이다.

바스는 모방에 대해 "어떤 의미에서 모방자는 이미 구입한 사람들로부터 '배운다'"고 설명했다. 그래서 그는 '능력'과 '학습시간'의 개념을 도입하였다. 능력이란 옷을 선택할 때 조언을 구하는 대상과 차를 선택할 때 조언을 구하는 대상이 다른 것처럼, 사람마다 서로 다른 취향과 안목을 갖고 있다고 가정한다. 학습시간이란 이러한 능력이 태생적으로 정해지는 것이 아니라 후천적으로 배운다는 것을 의미한다.

바스 모델에서 혁신계수는 혁신자(이노베이터) 수와 사회적 네트워크의 깊이에 달려 있다. 혁신자는 자신의 기술적인 선택에 대해 이야기하고 여론주도자로 활동하는 사람을 말한다. 모방계수는 미래의 고객과 이 여론주도자 사이의 접촉빈도를 말한다. 혁신자가 미래의 구매자를 자주 만날수록 그동안 쌓아온 의견이 더 높은 영향력을 발휘하게 된다. 첫 번째 사람이 했던 말은 두 번째 사람에 의해 강화된다.

온라인 커뮤니티가 증가해도 바스 모델은 거의 변하지 않는다.

다만 바스 곡선이 왼쪽 상단으로 좀 더 끌어올려진다. 즉 전체 판매량이 더 늘게 된다. 그 이유는 다음과 같다.

- 마케팅 목표에 의해 구분되는 인구통계학적 세분화나 유통 채널에 따라 구분되는 판로에 더 이상 제약받지 않을만큼 시장이 확대된다.
- 혁신자 사이의 공개적인 의견교환이 증가하고 일반인을 여론 주도자로 변화시킨다.
- 다양한 관점과 의견이 제시되고, 그에 따라 모방자의 학습시간이 짧아지고 수용속도가 가속화된다.
- 캘리포니아에서 제품 테스트를 막 끝낸 블로거가 핀란드나 호주의 모방자 수천 명에게 그 사실을 즉시 공지할 수 있게 될 정도로 사회적 네트워크가 확산되고, 그에 따른 선도자의 영향력의 범위가 확대된다.

마지막으로 온라인 커뮤니티는 모방자와 혁신자 간의 접촉을 증대시키는 역할을 한다. 따라서 잠재적인 모방자는 자기 질문에 대답할 준비가 되어 있는 여론주도자(혹은 이미 저장된 응답)를 찾으려는 호기심만 가지고 있으면 된다.

제품수용모델 강화

바스 모델은 구글의 우위를 설명하는 데 도움이 되었던 메커니 즘을 추가하면서 이전보다 훨씬 강화되었다. 어떤 이는 학습시간 이라는 개념을 순응주의(conformism)로 대체하기도 했다. 이때 사용한 가설은, 전문적인 정보를 얻을 수 있는 시간이나 욕구가 없는 일반 소비자는 다수결을 신뢰하고 그 방법으로 가장 좋은 제품을 선택하는 것으로도 충분히 행복해한다는 것이다. 스몰우드 (D.E. Smallwood)와 콘리스크(J. Conlisk)가 더욱 발전시킨 이 주장은 반드시 가장 뛰어난 제품이 가장 많이 팔리지는 않는 이유를 설명해 준다. 이 주장은 구글의 새로운 사용자가 검색엔진을 선택하는 이유에 대해서도 설명해주고 있다. 이들은 전문가에게 물어볼 시간이 없기 때문에 결국 선도자를 찾게 된다.

프랑스 ESSEC 경영대학원의 앨버트 베마오(Albert Bemmaor) 마케팅학 교수는 예측의 정확성을 높이기 위해 로저스의 확산모델에 심리적 요인을 추가하였다. 베마오와 그 외 몇 명의 학자들은 사람에 따라 다른 구매성향을 측정해낼 수 있다고 본다. 새로운 제품을 초기에 구매하는 사람은 다른 사람을 뒤좇아 구매하는 사람에 비해 더 높은 위험을 감수한다. 위험으로부터 위협을 느끼지 않는 사람들만 도약할 수 있다. 위험을 줄이기 위해 개척자들은 미디어나 뉴스에서 얻은 정보를 서로 공유하기도 한다. 이들이 커뮤니티에서 서로 의견을 교환할 수 있기 때문에 커뮤니티는 위험감소에 도움이 된다. 커뮤니티에서 논의를 통해 서로의 의견을 좁혀서 최고의 제품이나 가장 신뢰할 만하다고 생각되는 제품과 수준뿐만 아니라 제품 공급자까지 띄워주게 된다.

커뮤니티와 입소문

온라인 커뮤니티의 영향력 증대는 마케팅 전문가들에게 입소문을 통한 정보전달 방식이 얼마나 파워가 있고 흥미로운 것인지 알게 해준다. 많은 회사들이 소셜미디어 마케팅(social media marketing)이라고 이름 붙인 온라인 커뮤니티를 활용해왔지만 신중하게 접근해야 할 필요가 있다. 커뮤니티와 입소문은 유사점이 있긴 해도 서로 다르기 때문이다.

전통적인 입소문은 초기에 비교적 가까운 사람들에게만 영향을 미친다. 유사한 관심사를 가지고 있는 소규모 집단에서 정보가 유통되기 때문이다. 입소문으로 아이디어가 퍼져 나가는 그림을 그리면 표범의 무늬와 같다. 그러나 온라인 커뮤니티는 경계가 없기 때문에 정보가 훨씬 멀리까지 퍼져나갈 수 있다. 온라인 커뮤니티는 선구자들이 서로 의견을 교환한 것을 토대로 최고 솔루션을 선택할 수 있도록 지원해주는 반면에 질 낮은 제품은 개발하지 못하게 한다. 이는 입소문으로는 도저히 할 수 없는 일이다.

위기에서 살아남기

분기 말에 올라오는 구글의 재무보고서를 보면 마치 거인이 탄생하는 것을 보는 듯하다. 이 회사의 발전속도를 늦추고 성장을 저해하는 요소가 무엇인지 가끔 추측해볼 때가 있다. 이 거인의 결정적인 약점은 무엇일까? 어디에서 문제점이 발생할 수 있을까? 이런 질문들은 구글 방식이 가지고 있는 잠재적인 한계점을 파악하는 데 도움이 된다. 3부에서는 구글의 시장이 비즈니스와 성장패턴에 어떤 영향을 미치는지 살펴보려고 한다. 핵심질문부터 먼저 던져보기로 하자: 다른 회사의 경영자들은 그 동안의 통념에 완전히 반대되는 구글의 전략을 얼마나 모방하고 수용할 수 있을까? 그리고 지금 이 책을 쓰는 동안에도 전 세계가 겪고 있는 경기후퇴와 금융위기상황을 구글 모델이 잘 견뎌낼 수 있을지에 대해서도 알아보려고 한다.

21

고객의 불만은 즉시 개선한다

구글 관리자와 엔지니어는 사용자들의 불평, 불만들을 매
일 체크한 후 빠른 시간 안에 개선책을 낸다. 그렇지 않으면
구글의 이미지가 금세 큰 타격을 받기 때문이다.

구글을 둘러싸고 있는 커뮤니티는 제레미 벤덤(Jeremy Ben-tham)의 원형감옥(모든 것이 노출되어 있어서 어떤 행동도 감출 수 없는 감옥형태)과 같은 감시 시스템을 형성하고 있다. 오픈 소스 소프트웨어를 개발했을 때처럼 새로운 기능이나 툴이 온라인에 등장할 때마다 커뮤니티에는 제품에 대한 질문과 평가에 대한 글이 올라온다. 사용자는 툴을 테스트하고 분석하고 또 자기가 경험한 것을 다른 사람과 공유한다. 테스트 결과 드러난 문제점에 대해서도 철저하게 토론한다.

구글의 전략 또한 커뮤니티에 의해 면밀히 감시당하고 있다. 구글의 모든 의사결정은 해부, 분석, 토론의 단계를 거치게 되어 있다. 예컨대 이런 질문들이 제기된다. 왜 이 방법인가? 왜 지금인가? 구글이 얻고자 기대하는 것은 무엇인가? 구글의 크롬 웹브라우저 출시는 MS 인터넷 익스플로러에 대한 전면적인 공격을 의미하는 것인가, 아니면 구글 애플리케이션을 전달하는 또 하나의 툴인가?

궁극적으로 이런 감시는 윤리적인 문제로까지 확대된다. 인터넷 블로거들은 배경과 출신에 상관없이 공통적인 확신을 가지고 있다. 검색엔진, 블로그와 인터넷 툴은 확장된 가상 커뮤니티에 사람들을 모아서 세계를 바꾸고 인간의 삶의 방식도 바꿀 것이라는 것이다. 따라서 이들이 웹 툴의 성과뿐만 아니라 정치적인 의미나 도덕적인 의미에 관심을 갖는 것은 지극히 당연한 일이다. 이런 논의에 언제나 등장하는 주제는 주로 다음 네 가지다.

- **개인 정보 보호**: 검색엔진은 개인의 신상에 관한 정보를 어디까지 노출할 수 있는가?
- **검열제도**: 구글은 정보를 검열할 권리를 가지고 있는가?
- **기술의 부정 사용**: 어떻게 하면 스팸과 부정 클릭을 멈추게 할 수 있을까?
- **지적재산권**: 누가 무엇을 '정당하게 사용' 할 수 있게 할 것인가?

이런 윤리적인 문제에 관한 대화는 늘 특정한 패턴을 따른다.

대화는 처음엔 조심스럽게 진행되다가 절정에 이르면 서로 다른 목소리들이 목청을 높이며 한동안 시끌벅적해지는 것이다. 그렇더라도 블로그 세계는 좀처럼 감시를 중단하지 않는다.

윤리적인 문제는 인터넷 산업에서 아주 핵심적인 주제이다. 그동안 인터넷 산업은 크게 규제받지 않고 지속적으로 변화해왔다. 법이 인터넷산업의 변화속도를 따라잡지 못했던 것이다. 법이 미치는 범위와 규제강화 방법은 둘째치고, 지금으로선 저작권과 정보사용료, 프라이버시 보호에 대한 규제를 강화하는 새로운 법안

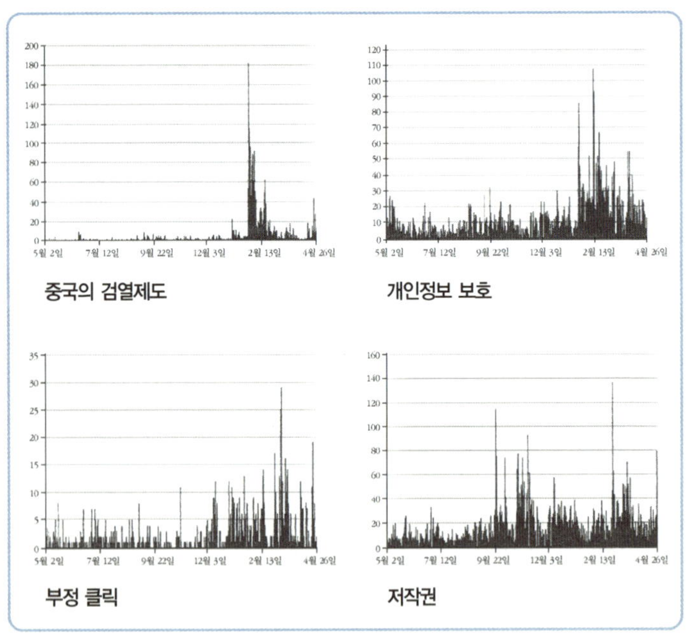

테크노라티가 발표한 블로그 세계의 주제별 언급 횟수

이 언제 발효될지 예측조차 할 수 없다. 그렇기 때문에 인터넷 사용자들은 구글의 행동에 더욱 주목하고 있다. 법이 규제력을 발휘하지 못하는 현재로서는 사용자들의 자발적인 윤리의식만이 구글의 잘못된 행동을 예방할 수 있다는 점을 잘 알고 있기 때문이다.

구글 관리자와 엔지니어는 온라인 커뮤니티가 회사와 제품에 대해 말하는 내용들을 세부적인 것까지 매일 체크하고 있다. 지극히 사소한 문제라도 발견되는 즉시 일반 대중에게까지 금세 퍼지기 때문이다. 〈이코노미스트(The Economist)〉 같은 영향력 있는 매체도 구글에 대한 블로그 코멘트와 온라인 기사를 정보로 다루고 있을 정도이다.

이러한 온라인 커뮤니티의 강점과 영향력 때문에 구글로서는 문제가 확인되는 즉시 신속하게 고칠 수밖에 없다. 사용자들의 불평 때문에 비디오 검색엔진 구글 비디오(Google Video)를 개편해야 했을 때가 그랬다.

이런 커뮤니티들은 구글을 행동하게 만든다. 경쟁사에 뒤처진다고 느껴지면 이들로부터 즉각적인 코멘트와 비판이 따라오기 때문이다. 구글이 몇 주 또는 몇 달 동안 제품을 개선하지 않고 내버려 둔다면 구글의 '창의성의 붕괴(creative breakdowns)' 에 관한 말들이 짧은 시간 안에 널리 확산될 것이다. 애널리스트와 저널리스트들도 이런 블로그들을 보기 때문에 구글의 이미지는 곧 타격을 받게 되고, 결국 주가에까지 영향을 미칠 것이다.

구글의 경영전략은 과연 무엇인가라는 의문이 반복적으로 제기되자 경영진은 그들의 목표를 명확하게 천명했다. 물론 수학적인 언어를 써서 말이다. 구글의 전략에 관한 의문은 2005년 초 애널리스트 컨퍼런스에서 처음 제기되었는데, 그러자 경영진은 여러 차례의 인터뷰를 통해 입장을 밝혔다. 2006년 4월 〈슈피겔(Der Spiegel)〉지에 실린 인터뷰에서 마리사 메이어는 구글의 70/20/10 접근법에 대해 설명했다. 모든 노력의 70%는 핵심사업인 검색과 광고에, 20%는 주변 제품(Gmail, Google Print, Google Earth)에, 나머지 10%는 오컷(Orkut)과 같은 비교적 덜 중요한 비즈니스에 할당한다는 것이다. 구글이 회사의 핵심 비즈니스에 많은 투여를 하고 있다는 그녀의 설명은 금융 커뮤니티를 안심시켰을 뿐 아니라, 새로운 제품을 개발하는데도 소홀하지 않다는 점을 천명함으로써 구글의 혁신에 관심이 많은 블로그 세계를 만족시키는 데도 성공했다.

구글이 중국정부와 맺은 협정은 래리와 세르게이가 커뮤니티의 의견을 얼마나 심각하게 받아들이고 있는지를 여실히 보여준다. 비슷한 상황에 처한 많은 경영간부들처럼 그들도 이런 위기에 대해 모호한 보도자료를 내고 폭풍이 지나갈 때까지 기다리는 방법을 선택할 수 있었지만 그들은 그렇게 하지 않았다. 주요 신문매체와 위원회가 이 문제를 충분히 거론할 때까지 기다렸다가 반응을 보일 수도 있었지만, 그들은 그렇게 하지 않았다. 대신 그들은 공식적인 구글 블로그에서 자신들만의 언어로 커뮤니티에게 먼저 메시지를 전했다.

정당화하기 위해 애쓰거나 변명을 쏟아내는 대신 그들은 어떤 비용을 치르고서라도 일을 진행시키고자 하는 사람들과 도덕적인 면과 정치적인 이슈를 우려하는 사람들 사이에 있었던 논쟁을 자세히 알려주었다.

어떤 방식으로든 정보를 제한하는 도메인을 개시하기로 한 것은 결코 가벼운 결정이 아니었습니다. 지난 몇 년 동안 우리는 이 역사적인 순간에 중국시장에 들어가는 것이 우리의 사명과 가치에 부합되는 것인지를 두고 논의를 거듭해왔습니다. 우리는 최근 몇 달 동안 중국정부가 시장경제를 수용하기로 한 것을 칭찬하는 사람들부터… 중국정부의 정책에 동의하지는 않지만 중국과 중국인들이 잘 되기를 바라는 사람들과 이 문제를 논의하느라 많은 시간을 투자했습니다. 우리는 전 세계의 정보를 모아서 어디서나 쉽게 이용하고 접근할 수 있게 한다는 구글의 사명을 가장 효과적으로 발전시키는 것이 어떤 것인지 우리 스스로에게 자문해봄으로써 마침내 결론을 내리게 되었습니다. 간단히 말해, 가장 많은 사람들에게 가장 많은 정보를 접근하게 할 수 있는 서비스를 가능하게 하는 방법이 무엇이냐는 것입니다.

'최대 다수의 최대 행복'을 외친 제레미 벤덤의 공리주의를 근거로 구글은 다음과 같은 결정을 내렸다.

우리의 검색결과를 걸러내도록 내버려두는 것은 분명 우리의 사명을 위태롭게 하는 것입니다. 하지만 세계 인구의 20%에게 구글 서비스를 제공하지 못한다면 그 또한 우리의 사명을 위태롭게 하는 것입니다.

이후, 래리 페이지는 구글의 중국진입이 검열제도를 다시 한번 생각해볼 수 있게 한 점에서 긍정적인 효과가 있었다는 점을 시사했다. (구글은 중국의 검열제도에 항의해 2010년 3월 말부터 중국에서 검색서비스를 중단했다. - 역자 주)

온라인 커뮤니티는 구글에 영향을 미칠 뿐 아니라 회사의 주요 자산 중 하나인 '명성' 의 수호자이기도 하다. 회사의 명성이 중요하다는 것은 누구나 동의하지만, 그것이 어느 정도 효과를 갖는지를 정확히 측정하게 된 것은 경제학자와 마케팅 분석가들의 주목을 끌면서 부터였다. '이베이 명성의 가치: 통제된 실험(The Value of Reputation on eBay: A Controlled Experiment)' 이라는 연구에서 연구자들은 우편엽서, 전자기타, 만화책, 지메일 초대권(구글은 초기에 초대된 사용자에게만 메일 애플리케이션을 주었다)이 이베이에서 어떻게 판매되는지를 추적했다. 그들은 또한 이름이 널리 알려진 판매자와 신규 판매자의 성과도 비교했다. 그 결과 높은 명성은 판매량뿐만 아니라 판매 가격에도 영향을 미친다는 점을 발견하게 되었다. 그 정도는 상당히 높은데 지메일 초대권의 경우 전체 판매량은 5%, 평균 가격은 6% 높았다.

좋은 평판은 우리의 인식도 바꾼다. 예컨대 블라인드 테스트 (blind-taste-test) 방식을 사용한 연구결과, 구글은 확실한 우위를 가지고 있었다. 사용자 1,000명에게 검색결과를 보여주면서 구글 검색 결과라고 이름 붙인 페이지를 함께 보여주었더니 800명이 만족해했다. 반면 같은 결과를 아무런 이름 없이 보여주자 700명을 조금 넘는 수가 만족을 표시했다. 이러한 연구결과는 기업이 일단 좋은 평판을 얻었으면 그것을 유지하기 위해 노력해야 한다는 점을 시사한다. 물론 그런 평판을 받을 만한 가치를 먼저 확보하는 것이 중요하다. 또한 소비자의 마음에 트레이드마크를 지속적으로 각인시키면서 인지도를 구축할 필요가 있다.

1990년대 후반 구글 홈페이지를 담당했던 그래픽 아티스트, 더그 에드워즈(Doug Edwards)는 세르게이 브린이 구글 로고를 바꾸고 싶어했을 때를 이렇게 기억하고 있다.

구글에 대해 내가 가졌던 몇 가지 확신 중 하나는 브랜딩에 대해 읽었던 두 권의 책에서 나온 것인데 회사의 그래픽 서명(로고)을 지속적으로 드러내야 한다는 것이었다. 매번 같은 로고를 수천 번에 걸쳐 다양한 매체를 통해 반복해서 보여줌으로써 대중의 머리에 각인시키라는 것이다. 그래서 세르게이가 홈페이지에 로고를 넣고 싶다고 했을 때 나는 그 아이디어에 매우 놀랐다. 홈페이지는 구글의 로고를 두기에 최고의 위치일 뿐만 아니라 유일한 위치였기 때문이다. 우리는 브랜딩 교과서가 가르치는 것과는 반대로 TV나 길거리 광고판, 인쇄물 어디에도 광고하지 않았다. 흰색 바탕에 떠 있는 로고뿐이었다. 그럼에도 1999년 무렵 우리조차도 놀랄 정도로 사람들의 머릿속에는 구글의 브랜드마크가 이미 각인되기 시작했다.

세르게이는 자기 방식대로 했을 뿐이지만 결과적으로 그가 옳았다(에드워즈는 오늘날에서야 깨달았다). 구글의 명성을 만든 것은 알고리즘과 제품, 서비스의 품질이지 절대로 로고가 아니다.

도덕주의자들에게는 좋은 평판을 적극적으로 추구하는 것이 윤리적으로 당혹스럽게 보일 수 있다. 17세기 철학자 스피노자(Spinoza)는 "명예는 그것에 심취한 사람이 다른 사람들이 꺼리는 것을 꺼리고 추구하는 것을 추구함으로써 그들의 의견에 따라 인생을 배열하게 만드는 결점이 있다"고 했다. 개인은 물론 기업도 좋은 평판을 유지하기 위해 시장과 고객의 의견에 동의할 필요가 있다. 좋은 평판이 주요 자산인 시장에서 구글과 같은 회사들은 고객의 관심사를 가능한 밀접하게 따라가려고 한다. 커뮤니티는 회사의 지배구조 속에서 이해관계자처럼 행동한다. 이 개념을 만들어낸 에드워드 프리만(R. Edward Freeman)에 따르면 이해관계자는 '회사에 영향을 미칠 수 있거나 영향을 받는 사람들 혹은 집단'을 말한다.

이해관계자의 커뮤니티는 주주나 직원과 달리 구글 이사회에 참석시킬 만한 대표를 확보하고 있지 않지만, 대신 소비자들에게 자신들의 목소리를 전달함으로써 힘의 균형을 잡아준다. 온라인 커뮤니티는 다른 회사에서 주로 영업부나 마케팅부가 맡는 기능을 수행함으로써 경영진과 테크노스트럭처를 감독하는 역량을 점점 키워왔다. 뿐만 아니라 회사의 수익모델을 바꿀 수도 있는 사람들의 영향력에 대해 균형추 역할을 한다.(구글에 대한 언론 기사는 수익원천이 광고 하나뿐이어서 위험하다는 점을 늘 강조했다. 이것의 사실 여부는 문제가 되지 않는다. 단지 주식시장은 그런 수익모델이 위험하다고 믿고 있으며, 그런 믿음은 구글로 하여금 무료서비스 제공을 중단하도록 하는 압력이 되고 있다)

하지만 모든 논란 가운데 가장 중요한 것은 개인 정보와 관련된 것이다. 이것은 구글을 비롯한 모든 검색엔진의 성장을 결정지을 수 있는 요소이다. 이 경우 프라이버시를 옹호하는 세력의 목소리가 두드러지고 힘의 균형은 복잡하겠지만 여기서도 온라인 커뮤니티가 큰 역할을 할 것이다. 어떤 경우에도 구글은 커뮤니티 내에서 기술개발 욕구를 가지며, 사용자들의 두려움에 대해 공감할 줄 아는 전문가들을 발견할 수 있다.

로렌 웨인스타인(Lauren Weinstein)은 그런 전문가 중 한 사람이다. 데이터처리 개발자인 그는 군용 인터넷 사이트인 아파넷(ARPANet)의 초기 개발에 참여했었다. 프라이버시의 열렬한 수호자인 그는 개인 블로그(http://lauren.vortex.com/)를 통해 구글을 강도 높게 비판한 적이 있다. 구글 경영진이 그의 관점을 좀 더 자세히 설명해달라고 요청을 하자 그는 엔지니어들을 불러 모았다. 그는 구글 엔지니어들에게 자신의 비판에 대한 해결책을 찾을 수 있겠느냐고 물었다. 웨인스타인은 공개서한을 통해 구글이 개인 사용자 보호를 위해 헌신적으로 일할 수 있는 팀을 만들어 줄 것을 요청했다. 이 팀을 통해 구글의 모든 제품이 프라이버시를 보호할 수 있는 표준을 정하겠다는 것이었다. 몇 달 후 구글은 프라이버시 담당 고문을 내정했다.

다른 경우에서처럼 이 문제에서도 사용자들이 스스로 규칙을 정한 것이다. 사용자들이 구글의 명성에 미치는 강력한 영향력 때문에 구글 사용자는 구글에게는 일종의 파트너이면서, 동시에 그들의 의견은 거의 무시할 수 없을 정도의 파워를 가지고 있다.

일반적으로 '이해관계자' 라는 개념은 소유와 관련되어 사용되고 있다. 주주의 자본이든 직원의 기술과 전문지식이든 회사의 자산을 통제하는 관계자를 말한다. 온라인 커뮤니티는 명성과 브랜드 가치라는 회사의 또 다른 중요한 자산에 영향을 미치는 힘을 행사하고 있다. 〈비즈니스 위크(Business Week)〉지에서 '브랜드 민주화(brand democratization)'라고 했던 표현은 당분간 지속될 것 같다. 입소문과 온라인 커뮤니티를 통해 소비자는 진정한 브랜드 마케팅을 경험하고 있다. 브랜드는 더 이상 회사들이 소유하는 것이 아니라 고객들이 소유하는 것이다. 이것이 바로 사용자들이 가지고 있는 힘이다.

22

시장 변화에 위축되지 않는다

온라인광고가 직면하고 있는 도전과제들은 누가 봐도 납득이 되는 것이지만 구글이 거둔 성과를 보면 적어도 가까운 시일 내에는 성장에 큰 영향을 받지는 않을 것 같다.

래리와 세르게이가 에릭 슈미트를 영입할 때 그에게 주문했던 것은 간단했다. '급성장하고 있는 닷컴회사가 성인으로 잘 성장할 수 있도록 이끌어달라' 는 것이었다. 그때 이후 구글은 인터넷 검색이라는 핵심 사업을 세계적인 선두주자로 성장시켜왔다.

1998년까지만 해도 웹 기반 애플리케이션에서 중요한 것은 '이메일' 이었다. 검색엔진은 그보다 훨씬 뒤처져 있었다. 그러나 10년도 채 지나지 않아 (상당부분은 구글 덕분에) 검색엔진은 일상 생활에 없어서는 안 될 존재가 되었다.

2008년 퓨 인터넷 앤 아메리칸 라이프 프로젝트(Pew Internet&American Life Project) 보고서에 따르면, 미국인의 절반가량이 매일 검색엔진을 사용하며 그 수는 지금도 급격히 증가하고 있다고 한다.

매일 검색엔진을 사용하는 인터넷 사용자는 2002년 1월엔 전체 사용자의 3분의 1에 불과했으나 2008년 5월엔 절반가량(49%)으로 증가했다… 이것은 5년여 기간 동안에 성장률이 69%에 달했다는 것을 뜻한다. 같은 기간 동안 매일 이메일을 사용하는 비율은 52%에서 60%로 늘어 성장률이 15% 정도에 그친 것을 감안하면 검색엔진 사용자가 급증했다는 것을 알 수 있다. 검색엔진 사용자 비율은 뉴스 보기(39%), 날씨 확인(30%) 등 다른 인기 있는 인터넷 활동을 훨씬 앞선다.

초기에 검색엔진은 인터넷 건초더미에 묻혀 있는 바늘 같은 것을 찾아내기 위한 조사수단 정도로 여겨졌지만, 오늘날에는 웹의 주요 진입창구가 되었고 특정 웹사이트, 유명인의 나이, 친구 집에 가는 최단 경로, 날씨, 학술조사 등 거의 모든 것을 찾는 데 사용되고 있다.

필자는 구글이 광고의 방해를 받지 않으면서도 검색에서 광고 수입을 올릴 수 있는 방법을 찾아내고, 검색성능을 지속적으로 향상시켜 왔기 때문에 이러한 진화가 가능했다고 본다. 하지만 이런 성장세가 앞으로도 지속될 수 있을까? 구글이 현재의 조직 구조로 새로운 시장, 새로운 경쟁자, 새로운 문제가 등장해도 지금과 같은 속도로 계속 성장할 수 있을까?

구글은 다가올 경쟁에 맞서 이길 수 있는 엄청난 자산과 강력한 자원을 확보하고 있다. 하지만 기술과 법률, 경제 등 다양한 전선에서 전투가 일어날 수 있기 때문에 아마도 쉽지 않은 싸움이 될 것이다.

구글의 주영역인 온라인광고 시장부터 분석해보자. 〈파이낸셜타임즈(The Financial Times)〉 〈이코노미스트(The Economist)〉 〈월스트리트저널(The Wall Street Journal)〉 등은 인터넷광고 시장이 이미 성숙할 만큼 성숙했다고 보고 있다. 마케팅 전문가들의 설문조사를 근거로 조만간 두 자릿수 성장이 마감될 것으로 예상하고 있다. 그들은 광고에 대한 반응이 계절에 따라 달라진다고 말한다. 그 증거로 연말에 최고를 기록하는 클릭당 비용을 꼽는다. 예를 들면, ㄱ 비용은 2005년 8월 26달러에서 2005년 12월 56달러로 껑충 뛰었다. 연말연휴로 쇼핑이 절정에 달하는 4분기에 판매가 증가하기 때문에 계절요인에 따른 이런 증가는 당연한 것이다. 하지만 그들의 비판에 따르면 이 같은 증가현상은 시장이 이미 성숙기에 들어섰다는 것을 말해주는 신호라고 한다. 광고비용에 비례해서 클릭 가격이 증감하는 것은 시장 성장이 느려지고 있다는 것을 암시한다는 것이다. 이 사실을 뒷받침하기 위해 저널리스트들은 가장 오래된 인터넷 시장인 미국에서 검색엔진 수의 성장률이 감소하고 있다는 것을 예로 든다. 그러므로 그들은 이제 구글이 경쟁사가 가진 시장을 빼앗아 오는 한도 내에서만 성장할 수 있을 것이라고 보고 있다.

이러한 분석을 반박하기는 어렵지 않다. 온라인광고 시장이 미국 이외의 시장으로 확산되고 있다는 점에 우리는 주목해야 한다. 북미에서는 이미 시장 침투비율이 상당히 높은 편이지만(73%), 유럽(48%)과 아시아(15%)는 아직까지 시장이 확대추세에 있기 때문에 미국과는 다른 입장에 있다. 거의 매 분기마다 블로그나 이메일, 비디오, 소셜미디어를 통해 광고를 전달하는 새로운 방식이 나타나고 있다.

그러나 비판적인 이들은 기술적인 면도 거론하고 있다. 예컨대 구글의 전공분야인 검색이 전체 인터넷 활동에서 5%를 차지할 뿐이라는 것이다. 뿐만 아니라 방문자들이 구글의 홈페이지에 오래 머무르지 않는다는 것도 지적한다. 방문자들은 찾고 있던 것을 발견하면 나가버린다. 이는 인터넷을 사용하는 사람들이 구글 검색결과 페이지에 나타나는 광고를 제대로 보지 않는다는 뜻이다. 반면 잡지나 텔레비전, 영화관, 라디오를 통해 전달되는 광고는 그들이 마음대로 외면하기 힘들다는 것이다.

경제계에서는 사이트 방문자에게 자격을 부여하는 방식의 문제점도 지적하고 있다. 방문자가 검색 전에 구글이나 아이구글(iGoogle)에 계정을 가지고 들어오지 않으면 제품을 광고하는 페이지에 도달한다고 해도 광고주가 방문자의 재정상황, 구매 선호도, 연령대에 대해 아무것도 알 수 없다는 것이다. 구글이 개인화된 검색(이것은 사용자를 추적하기에 좋다)을 통해 이 문제를 풀기 위해 노력하고 있지만 과연 가능할까?

구글이 직면한 또 다른 도전은 인터넷광고로 끌어온 고객이 다른 광고의 고객에 비해 매우 변덕스럽다는 것이다. 그들은 클릭 한 번으로 자신이 원하는 저렴한 가격을 얼마든지 찾을 수 있기 때문에 다른 판매자로 옮겨가는 데 큰 비용이 발생하지 않는다.

온라인광고가 직면하고 있는 도전은 누가 봐도 납득이 되는 것이지만 구글이 거둔 성과를 보면 이런 과제가 가까운 시일 내에 온라인광고 시장의 성장에 급격한 영향을 미치지는 않을 것 같다. 광고 효과에 의존하는 검색엔진 수가 꾸준히 증가하고는 있지만 구글은 여전히 검색분야에서 지배적인 위치를 고수하고 있다. 구글은 지메일, 맵스, 유튜브와 같은 다른 툴에 광고를 접목하여 검색을 보완하는 형태로 광고수익을 창출할 수 있다.

정작 구글에게 닥친 더 큰 문제는 세계적인 경제위기다. 경제적으로 어려운 상황에 처하면 기업들은 광고예산을 삭감하게 된다. 물론 경기후퇴가 심할수록 삭감 정도도 심해진다. 광고수입에 의존하는 다른 회사들처럼 구글도 당연히 그 결과로 인해 어려움을 겪을 것이다. 하지만 아직까지는 크게 영향을 받지 않고 있다. 불경기가 들이닥치면 소비자는 최선의 거래를 위해 더 많은 시간을 검색에 투자한다. 경기후퇴가 극심한 곳 중 하나인 영국의 경우가 소비자 행동에 나타나는 이런 변화를 보여주는 좋은 사례인데, 2008년 12월 전체 소매유통판매가 전년대비 0.8% 감소한 반면 인터넷 소매유통판매는 19.6%나 증가했다.

그러면 구글은 지금 겪고 있는 세계적인 불경기를 잘 이겨낼 수 있을까? 장담하기는 어렵다. 구글도 주요 광고주가 2007년 후반과 2008년처럼 광고예산을 삭감하는 결정을 내리면 경제적으로 어려움에 빠질 것이다. 다만 그 정도가 다른 매체에 비해 덜할 뿐이다. 그러나 장기적으로 보면 더 많은 소비자가 웹을 통해 검색하고 쇼핑을 하게 되면 이런 경제위기 속에서 오히려 더 많은 수익을 창출할 수도 있을 것이다.

23

새로운 경쟁자를
끊임없이 따돌린다

데이터 마이닝에 뛰어난 구글은 광고의 목표 대상을 정확하게 공략한다. 하지만 온라인시장에서는 모든 매체들이 구글의 경쟁상대이며, 검색엔진 간의 경쟁은 계속될 것이다.

구글이 광고시장을 선점한 것은 검색시장을 지배하고 있기 때문이 아니다. 광고주들이 다른 검색엔진보다 구글에 더 많이 투자하는 것은 광고 효과(CTR: click-through rate: 최고의 클릭 비율, 전환율: conversion rate: 웹사이트의 방문자가 웹사이트에서 목표로 하는 액션을 완료한 비율, 클릭당 비용: cost-per-click, 클릭당 주문: cost per order 등)가 가장 좋기 때문이다.

그러나 이 모든 상황은 얼마든지 바뀔 수 있다. 검색시장을 지배한다고 해서 자동으로 광고시장을 지배하게 되는 것은 아니기 때문이다. 뿐만 아니라 검색엔진 업체들 사이에 성능을 개선하려는 경쟁 또한 계속될 것이기 때문이다. 광고주는 신문이나 잡지, 마이스페이스(Myspace)와 페이스북(Facebook) 같은 커뮤니티 사이트에 돈을 투자할 수도 있다. 이 모든 매체들이 구글의 경쟁 상대이다. 이들은 구글이 지배하고 있는 온라인광고 시장에서 실질적인 위협으로 존재하고 있다. 현재 구글이 누리고 있는 지배적인 위치가 방문자에 대한 데이터 마이닝 기술 덕분이라는 주장도 있다. 구글이 데이터 마이닝에 뛰어나서 광고가 목표로 하는 대상을 정확하게 공략했기 때문이라는 것이다. 하지만 그것은 구글만 쓰는 전략이 아니다. 일부 신문과 잡지는 온라인 기사도 읽을 수 있다면서 인쇄본 구독을 독려하지만 실제로는 회원등록을 해야 무료 온라인 컨텐츠를 볼 수 있다. 방문자가 회원가입을 하면 회사는 광고주가 필요로 하는 인구통계학적 정보를 얻게 되고 이 독자의 프로파일을 활용하여 정확하게 설정된 광고 캠페인을 제공할 수 있게 되는 것이다.(최고급호텔이 신문 여행란에 광고를 낼 때는 고소득 구독자들이 그 광고를 볼 것이라는 기대를 한다. 게다가 여행란을 정기적으로 보는 독자는 여행을 많이 다닐 확률이 높다고 가정한다. 항공사, 여행사, 호텔 체인망은 비즈니스 섹션의 신문 기사를 읽으러 온 독자를 겨냥해 여행상품을 광고한다. 그런 광고는 비즈니스 섹션의 기사와는 직접 관련이 없지만 꽤 효과적이다. 또 다이어트나 패션에 관심 있는 사람들은 다른 기사를 읽다가도 표적화된 광고를 클릭하기 쉽다고 한다. 그런 광고 주제는 어떤 지면에 실리더라도 관심있는 독

자의 흥미를 끄는 것이다)

마이스페이스와 페이스북 같은 커뮤니티 혹은 소셜미디어는 사용자의 나이, 성, 지역, 관심분야에 대해 포괄적이고 명확한 정보를 갖고 있기 때문에 광고주가 정확하게 표적광고를 할 수 있게 해준다. 광고주는 사용자의 프로파일이나 사용자가 사용했던 소셜미디어 툴을 별도로 분석할 필요가 없다.

크고 작은 규모의 광고주들은 이런 커뮤니티를 선호한다. 연구 결과를 팔고 광고를 만들어 생계를 유지하고 있는 이 분야의 전문가들이 구글 모델을 비판할 수 있는 절호의 찬스를 놓칠 리가 없다. 코카콜라와 질레트 홍보를 담당하고 있는 미디어 베스트(Media Vest)의 로라 데스몬드(Laura Desmond)는 구글과 야후가 대량 제품판매 시장에서 광고판매를 늘리고 싶으면 수익모델을 바꾸어야 할 것이라고 말한다. 이들 전문가들의 주장은 이렇다. 유명브랜드가 굳이 구글의 규칙을 따라갈 필요가 있을까? 마케팅부와 광고대행사의 재능을 썩히면서까지 미니멀리스트 광고를 수용할 필요가 있을까? 고객이 제품을 칭찬하거나 비판하는 블로그 세계에 왜 광고를 넣어야 하는가?

광고주와 마케팅 컨설턴트 사이에 어떤 대화가 오갈지 상상하는 것은 어려운 일이 아니다. 한쪽에서는 이 새로운 매체를 테스트 해봐야 한다고 하고 다른 쪽에서는 반대할 것이다. 행동 마케팅과 인터넷 리서치를 전문으로 하는 새로운 대행사가 전통적인 광고대행사와 경쟁할 때 둘 사이의 논쟁은 더욱 뜨거워질 것이다.

대기업 경영자가 광고예산을 줄이기 위해 고민할 때 이 논쟁은
더 심해진다. 메르디앙 호텔(The Meridien)은 등록상표 침해를 명
목으로 구글을 소송한 적이 있다. 메르디앙은 구글에서 메르디앙
을 검색했을 때 구글이 경쟁사로 링크가 이어지는 광고를 보여주
었다고 주장했다. 전 세계 회사들이 이러한 논쟁을 계속하고 있
다. 악사(Axa), 루이비통(Louis Vuitton), 프랑스 여행사(Bourse des
Vols), 게이코 보험(Geico Insurance), 독일의 메타스피터 미디어 등
이다. 법원은 검색결과를 높이기 위해 HTML에 경쟁사 이름을 넣
고 인터넷 서퍼를 경쟁사 사이트로 유인하기 위해 자사의 등록상
표를 사용했다고 주장하는 이 회사들의 불만에 대해 판결을 내려
야 했다.

원고들에게는 브랜드 가치가 걸린 문제이고 유명한 브랜드일
수록 그 가치는 엄청나다. 예컨대 인터브랜드(Interbrand)의 2008
년 순위에 따르면 기업 브랜드가치는 코카콜라가 670억 달러, 메
르세데스(Mercedes)가 210억 달러, 애플(Apple)과 루이비통이 각
각 60억 달러라고 한다. 구글은 남몰래 짝퉁을 파는 사람들이 돈
을 벌기 위해 이런 브랜드 이름을 사용하여 스팸과 부정 클릭으
로 대기업을 희생시키는 일을 감행할 수 있게 내버려두었다.

전환율을 인위적으로 높이기 위해 수백 번 혹은 수 천 번 클릭
하는 것을 말하는 '부정 클릭(click fraud)'은 광고주들뿐만 아니라
구글에게도 영향을 미친다. 이는 오히려 구글의 아킬레스건이 될
수도 있다. 비도덕적인 경쟁자뿐만 아니라 불만족한 고객들이 복

수하기 위해 가짜로 클릭하거나 사이트 소유주가 애드센스나 유사 프로그램에서 수익을 높이기 위해 가짜 클릭을 만들어낼 수도 있다.

컴퓨터 트래픽의 품질검사를 전문으로 하는 회사들에 따르면 가짜 클릭은 전체 클릭의 15%를 차지하며, 인터넷 광고주들이 수억 달러를 낭비하게 하고 있다. 아웃셀(Outsell)이 조사한 결과를 보면, 광고주에게 비용청구가 들어온 클릭의 14.6%가 부당한 것이었고, 클릭 포렌식스(Click Forensics)에 따르면, 2008년 3분기에 부정 클릭은 업계 전체에서 평균 16%에 달했다고 한다.

구글은 이 수치가 너무 부풀려진 것이라고 주장했다. 구글은 이들 감사기관에서 데이터를 모으는 방식에 오류가 있다고 말한다. 감사기관이 필요한 데이터를 갖고 있지 않기 때문에 문제를 정확하게 추적할 수 없다는 것이다. 이 수치들은 검색엔진 데이터가 아닌 사이트 방문자를 분석한 것이다. 감사기관은 노출 데이터(광고가 노출된 빈도)에 접근할 수 없고, 해당 광고의 클릭비율도 알 수 없다. 구글이 '부당(invalid)'하다고 판단해 이미 제거시켜버린 클릭 비율도 고려하지 않았다고 한다. 감사기관은 사이트를 들락날락하는 방문자나 이전 웹페이지로 돌아가거나 재가동된 웹페이지를 클릭하는 수까지 클릭 수에 포함하고 있다고 한다. 하지만 이 문제를 심도 있게 연구한 알렉산더 투질린(Alexander Tuzhilin)은 검색엔진이나 광고주를 비롯해 그 누구도 '부당한 클릭 수를 감지할만한 포괄적인 데이터'를 갖고 있지 못하다고 설명한 바 있다.

투질린과 구글이 주장하는 것처럼(구글은 부정 클릭이 전체의 0.02%를 넘지 않는다고 본다) 이런 수치가 과장된 것이라 하더라도 부정 클릭은 검색엔진 기업에게는 가볍게 넘어갈 수 없는 진정한 위협이며 인터넷 경제에도 거대한 위협이 된다. 2004년 12월 재무분석가 회의에서 당시 구글의 최고재무책임자(CFO: chief financial officer)였던 조지 레이에스(George Reyes)는 "이것이 잠재적으로 우리의 사업모델을 위협한다고 생각하기 때문에 정말로 신속하게 뭔가 조치를 취하지 않으면 안 된다"고 말했다. 다른 전문가들도 이 의견에 전적으로 공감한다.

하지만 이 문제를 연구한 학자 조지 젠센(George Jansen)은 구글이 사용하는 지불시스템이 이미 광고주에게 부정 클릭에 대한 부분을 보상해주고 있다고 주장한다. 예컨대 광고주가 클릭의 15%가 부당하다고 생각한다면 그 만큼 광고예산을 줄일 수 있다. 2006년 스탠포드대학 컨퍼런스에서 에릭 슈미트가 "결국 광고주가 이런 클릭이 가치 없다고 생각하기 때문에 자신이 지불하고자 하는 가격, 다시 말해 광고의 가치는 내려갈 것"이라고 예측했던 것처럼 이 시나리오는 매우 낙관적이다. 그러나 그는 즉시 "이것은 바람직한 일이 아니며 우리가 원하는 바도 아니기 때문에 우리는 부정 클릭을 제거하기 위해 노력할 것"이라고 덧붙였다.

분명 에릭 슈미트는 합리적인 해결책을 제시했다. 특히 구글이 대처하지 못했다면 야후와 마이크로소프트가 이 문제를 제기했을 것이다. 사실 구글은 부정 클릭으로 손해를 본 광고주들에게 환불해주는 동시에 부당한 사기행위를 찾아낼 수 있는 필터를 개발해왔다. 하지만 이것만으로 충분하지는 않으며 생산적이지도 않다. 필터가 부정 클릭을 걸러낸다든지 부정 클릭으로 인한 피해를 보상한다고 구글이 아무리 강조한들 누가 확인할 수 있겠는가? (구글은 최근에 방문자가 미리 예상된 특정 행동을 하는 경우에만 광고주가 값을 지불하도록 하고 있다. 일명 CPA(cost-per-action)라고 한다)

부정 클릭은 인터넷 전체에 영향을 미치는 보다 일반적인 현상인 스팸(spam)의 한 측면일 뿐이다. 스팸이라는 단어는 원래 원하지 않는 대량 이메일을 표현하는 것이었으나 지금은 부당한 것뿐 아니라 시스템을 전복하려는 다양한 현상까지도 포함한다. 전(前) 구글러인 더글라스 메릴(Douglas Merrill)이 "스팸은 군비경쟁"이라고 말한 것처럼 검색엔진을 기만하는데 대응하기 위해서는 수백만 달러가 지출된다.

모든 스패머(spammer)는 자신의 사이트 방문자 수를 올리고자 한다. 일부는 자기 사이트가 검색결과 페이지의 상단에 나타나도록 하기 위해 알고리즘을 부정하게 이용하기도 한다. 또 일부는 웹페이지 오른쪽 광고 공간에서 더 좋은 자리를 차지하기 위해 경쟁을 벌이기도 한다.

검색엔진 스패머는 검색엔진과 광고배열 알고리즘을 속이는 기법을 사용하기도 한다. 가장 흔한 방법은 상관없는 웹페이지

사이에 링크를 만드는 것이다. 이러한 연고적인 링크(nepotistic links)는 사이트에 대한 코멘트, 토론장, 블로그를 집중 공략하여 거기에 링크를 게시하고, 다른 사이트에서 나오는 링크를 유인하여 경쟁사의 순위를 떨어뜨린다. 이 기법은 2004년 유대인(Jew)이라는 단어로 반유대주의 사이트를 격하시키기 위해 정치적으로 사용되었다. 격렬하게 경쟁하는 선거 캠페인에서도 같은 기법이 사용될 수 있다는 것을 쉽게 상상할 수 있다. 링크 폭탄(link bombing)으로도 불리는 구글 폭탄(Google bombing)은 링크된 페이지 수를 높여 구글의 검색결과 페이지에서 순위를 높이는 것을 말한다. 또 다른 기법인 클로킹(cloaking)은 검색엔진이 '제시하는' 페이지가 아닌 다른 페이지가 나타나게 한다. 예컨대 '모기의 번식력'에 대한 정보를 검색하면, 비아그라(Viagra)나 시알리스(Cialis)를 검색한 페이지가 뜬다.

이런 시도는 해당 사이트에 상당한 경제적인 이익을 가져다준다. 이런 기법이 성공하면 주로 검색결과의 첫 페이지만 읽는 인터넷 사용자의 행동에 직접적인 영향을 미치게 된다. 검색결과의 첫 페이지 상단에 있는 사이트만 방문하는 사용자가 20%이고 광고칼럼 상단의 광고를 따라가는 경우가 10%라는 연구결과가 있다. 더 놀라운 것은 검색결과 페이지와 광고칼럼 양쪽에서 상단에 위치할 경우 둘 중 하나를 클릭하는 사용자가 60%다.(최상위 결과는 모든 사람이 보지만 최하위 결과(10위)를 보는 사람은 겨우 10%다. 방문자의 50%가 구글 검색 페이지 오른쪽 상단에 있는 스폰서 링크를 보지만 마지막 광고를 보는 사람은 10%다) 이 때문에 스패머는 알고리즘을 조작하면서까지 순위를 올리려고 하는 것이다.

개인 단위의 스패머 뿐 아니라 페이지랭크 이면의 알고리즘을 조작해 검색결과 첫 페이지에 자기 고객(많은 대기업 홈페이지도 포함된다)의 사이트가 나타나도록 서비스를 제공하는 컨설턴트도 있다. 이메일 스패머와 달리 이렇게 검색을 전복시키는 기법은 눈에 보이지 않기 때문에 더욱 파괴적이다. 사람들은 이메일 스팸을 인지하고 자신을 보호하는 방법은 배웠지만 조작된 검색결과를 인지하기는 쉽지 않다.

검색결과의 품질과 신뢰도를 떨어뜨리는 검색 스팸은 합법적인 사이트의 권리를 빼앗기 때문에 더욱 강력하게 맞서 싸워야 한다. 어떤 사이트가 속임수에 성공하면 다른 사이트도 속이려 들 것이고 결국 이것은 우리 모두의 문제가 된다.

이것이 구글이 CPC(cost-per-click: 클릭당 비용) 광고를 CPA(cost-per-action: 후불식 광고)로 바꾸려는 이유이기도 하다. CPA는 방문자가 미리 예상된 특정 행동을 하는 경우에만 광고주가 값을 지불하면 된다. 그런 행동은 카탈로그를 읽거나 특정 시간 동안 사이트에 머물거나, 개인의 정보를 제공하거나, 구매를 하는 등을 말한다. 사실 이 방법은 구글이 대규모 광고주들에게 제안했던 것으로 거래 관련량에 따라 광고 위치를 제안하는 것이다.

하지만 웹 스팸을 감지하는 것이 핵심 도전과제이기 때문에 최고의 해결책은 기술적인 것이 될 가능성이 높다. 스팸은 링크나

페이지 컨텐츠를 분석함으로써 감지할 수 있지만, 여기에는 어려움이 있다. 결정적인 해결책이 없으면 검색엔진은 정기적으로 알고리즘을 바꿈으로써 적을 혼란시키는, 군사이론가들이 말하는 기동전략(strategy of maneuver)을 채택했다는 비난을 받을 가능성이 있다.

이 전술에는 또 다른 결점이 있다. 검색엔진이 순위 알고리즘을 바꾸다 보면 정직한 사이트에 손해를 입힐 수도 있다. 또 알고리즘이 기밀이다보니 이 전략은 구글이 순위를 정직하게 매기지 않는다는 의심을 받게 만들 수도 있다. 이 두 가지는 구글에 대해 가장 흔하게 쏟아지는 비판이다.

24

고객으로부터
확고한 신뢰를 얻는다

구글의 장기적인 성공은 많은 사용자들로부터 얼마나 신
뢰를 확보하는가에 달려 있다. 구글의 서비스가 무료이기 때문
에 신뢰는 더욱 중대하다.

구글 사업모델의 핵심을 이야기하면서 신뢰와 프라이버시를
빼놓을 수 없다. 광고주들은 구글이 자사 광고를 클릭한 사람에
대해 정확한 정보를 주지 않는다고 비난한다. 하지만 구글 검색
은 무료로 이용되기 때문에 사용자가 회원가입을 할 필요가 없으
며, 사용자는 개인정보를 제공해도 좋다고 동의할 필요도 없다.
그렇다고 구글이 고객에 대한 정보를 모른다는 뜻은 아니다. 오
히려 구글은 많이 알고 있는 편이다.

구글의 고객 정보는 주로 쿠키 사용과 서버 로그를 통한 기술

적인 정보에서 나온다. 쿠키는 인터넷 사용자가 어떤 웹사이트를 방문할 때 그 사이트가 사용하고 있는 서버에서 인터넷 사용자의 컴퓨터에 설치하는 작은 기록정보파일이다. 이 파일에 담긴 정보는 인터넷 사용자가 같은 웹사이트를 방문할 때마다 읽히며, 수시로 업데이트된다. 서버 로그는 IP 정보를 수집한다. 엄청난 가치가 있는 이 정보들을 인터넷 서퍼들은 일반적으로 인식하지 못한다. 구글은 방문자의 지리적 위치, 언어, 검색, 방문한 사이트를 판단하기 위해 이 정보를 사용할 수 있다. 이 안에 개인적인 정보(나이, 성별, 소득, 주소 등)가 포함되어 있지 않은 것 같지만 실제로는 상당 부분 포함되어 있다.

검색엔진은 검색자의 행동에 대한 정보를 수집한다. 검색을 많이 하는 사람일수록 정보수집이 더 쉽다.

전자프론티어재단(EEF: Electronic Frontier Foundation, 네티즌의 자유권을 보호하기 위해 일하는 조직)의 선임변호사 커트 옵살(Kurt Opsahl)은, "구글을 비롯한 검색엔진이 우리 생활 속에서 가장 개인적인 세부정보(무엇을 검색하고 무엇을 읽으며 무엇을 걱정하고 무엇을 즐기는지)를 터치할 수 있는 거대한 데이터베이스를 유지하고 있기 때문에 이들이 개인정보의 프라이버시를 보호하여 사람들이 어깨너머로 감시당하고 있다는 두려움 없이 정보검색 툴을 자유롭게 사용할 수 있게 하는 것이 중요하다"고 말했다.

어깨너머로 감시한다고? 그렇기는 하지만 구글은 사용자에게 수준 높은 검색결과를 제공하기 위해서는 이 정보가 필요하다고 주장한다. 구글은 검색자의 (IP주소에서 나온) 지역으로 검색 결과를 재단하여 영국에 있는 사람이 은행을 찾을 때 호주에 있는 은행이 나오지 않게 한다. 또는 사용자가 사회학이나 철학 사이트를 방문한 기록이 있으면 구글은 가장 빈번하게 검색했던 관련도를 따라 사이트 목록을 보여줄 수 있다. 사용자 선호도는, 아무리 검색어를 잘 입력해도 빠져들 수 있는 부정확성을 줄여주는 가장 좋은 정보이다. 하지만 의견이나 결정을 포함해 개인이 말하고 행동하는 것에 대한 모든 정보를 추적하는 것은 인간의 기본권, 즉 비밀을 유지하고 의견을 바꿀 수 있는 권리를 침해한다.

다이렉트 마케팅 협회(Direct Marketing Association: 1990년, 지금처럼 인터넷이 발전하기 전에는 텔레마케팅을 억제하는 것을 시작으로 그 동안 제기되었던 많은 규제를 성공적으로 처리해왔다)의 집요한 청원에 설득된 미국정부는 이 어려운 문제의 해결을 자율에 맡기기로 했다. 반면 유럽 국가들은 시민이 개인정보에 접근하여 바로잡고 통제하고 상업적으로 이용되는 것을 예방할 수 있는 법적 수단을 제공할 수 있도록 EU의 명령을 시작으로 법안을 통과시켰다.

이러한 차이는 국가의 역할과 개인정보 보호에 대한 철학적인 문제로 귀결된다. 유럽에서는 '개인정보 보호'가 개인의 존엄성에 관한 문제로 받아들여지지만 미국에서는 정보에 대한 일반대중의 접근을 보호하는 것에 초점을 맞추고 있다.

익명으로 한다고 하더라도 결코 자율규제는 문제를 해결하지 못한다. 사실 전문가들은 개인정보 보호가 디지털 세상에서 완벽하게 보호받지는 못하리라는 것을 인정한다. 썬마이크로시스템스(Sun Microsystems)의 창업자 빌 조이(Bill Joy)는 "기술과 프라이버시는 충돌하게 되어 있다. 기술은 '감시와 추적' 비용을 떨어뜨린다… 대중적인(public) 공간을 보다 덜 개인적인(private) 공간으로 만드는 것은… 힘든 싸움이다."라고 말했다.

법학자, 경제학자, 신기술 전문가를 불문하고 오늘날 미국의 전문가들은 시장과 법률 시스템 사이에 갇혀 있다. 시장 제재와 개인정보 보호를 원하는 사람들은 아서 밀러(Arthur R. Miller)가 1981년에 출간한 《사생활 습격(The Assault on Privacy)》이라는 저서에서도 제기한 적이 있는 문제에 직면하게 된다. 밀러는 개인정보 소유권의 개념은 표현의 자유를 저해할 수 있다는 문제를 제기했다. 개인이 스스로에 대한 정보를 소유하면 다른 사람들-특히 기자들-이 그것을 사용하지 못할 것이다. 미시건대학 로스쿨 교수인 제시카 리트만(Jessica Litman)은 "가장 간편하게 법률을 존중하는 프라이버시 보호법 중 하나는 개인정보도 일종의 재산권이라는 개념을 적용하는 것이다. 이 전제를 수용하면 정보의 주체가 스스로에 대한 정보를 통제할 권리를 갖고 소유권에 대해 법적 보호대상자가 될 수 있다."라고 했다.

개인정보를 법적 자원으로 주장하는 사람들은 금전적 손해를 생각한다. 그들은 정보를 오용하여 피해를 입는 경우에만 법적 제재를 원한다. 하지만 아스날(Arsenal) 소속 축구선수 애쉬리 콜

(Ashley Cole)이 동성애를 암시하는 온라인 신문기사에 자신의 이름을 링크한 것 때문에 구글을 고소한 일과 유사한 사건들은 언제든 일어날 수 있다. 이 문제는 회사에 대한 사용자의 신뢰, 광고주의 충성도, 시장개발과도 연관되어 있기 때문에 구글에게도 중요하다.

휴대전화의 인터넷 애플리케이션을 생각해보자. 특히 대부분의 사람들이 휴대전화를 소유하고 있는 개발도상국을 떠올려보자. 컴퓨터 시장보다 휴대전화 시장이 더 큰 이 나라들은 구글에게 중요한 성장의 기회를 제공한다. 하지만 휴대전화 애플리케이션의 경우 서비스 제공자의 서버에 저장되는 개인 데이터(다이어리, 달력, 노트 등) 때문에 서비스 제공자를 신뢰할 수 있어야 한다. 마케터가 개인 정보를 수집하고 사용자의 위치(근처 레스토랑, 주유소, 약국 등을 검색할 때)를 추적할 수 있는 서비스도 마찬가지다.

건강관리 정보는 구글의 성장에 적지 않은 영향을 미칠 수 있는 또 다른 분야이다. 날마다 인터넷 사용자의 7% 혹은 미국 성인 8백만 명이 병명을 확인하기 위해 증상이나 특정 질병에 대한 정보를 온라인으로 검색한다. 질문에 정확하게 대답하려면 응답을 읽어내는 유틸리티와 더불어 구글이 학술자원(Google Scholar), 특허(Google Patents), 프로그래밍 코드(Google Code) 등을 개발했던 것과 유사한 수직적 솔루션(vertical solution) 개발이 필요하다.

여기에 신뢰문제가 또 다시 제기된다. 사람들이 건강에 대해 질의하면서 검색한 정보는 그들의 관심과 개인적인 건강문제를 노출시킨다. 기업 경영자, 정부, 생명보험사 및 건강보험회사가 불필요하게 이런 정보에 접근하는 것을 원하는 사람은 없을 것이다. 과연 구글이 이런 정보를 안전하게 지켜줄 것인가?

구글의 장기적인 성공은 많은 사용자들로부터 얼마나 신뢰를 확보하는가에 달려 있다. 구글의 서비스가 무료이기 때문에 신뢰는 더욱 중대하다. 검색엔진을 바꾸고 경쟁사로 옮겨 가는 것을 막을 길은 없다. 신뢰는 깨지기 쉬운 것이어서 고객이 자기 정보가 엉뚱하게 활용된다고 느끼면 고객은 금세 사라지고 만다. 이런 이유로 2007년 3월 구글은 "로그 데이터를 더 오랫동안 보유하는 것이 법적 의무사항이 아니라면 일정 시간 이후에는 서버 로그를 익명화하겠다"며 더 이상 정보를 무한대로 저장하지 않겠다고 발표했다. 구글은 블로그 게시글을 통해 "(구글 서비스를 점진적으로 개선하고 보안과 오용으로부터 보호할 수 있도록) 서버 로그를 유지는 하겠지만 이 데이터를 익명으로 만들어서 18~24개월 후에는 개별 사용자를 인식할 수 없게 하겠다"고 밝혔다.

개인정보 보호는 미국을 비롯한 전 세계적으로 민감한 사안이며 이를 침해할 경우 문제가 파생한다. 야후는 중국 경찰에 정보를 제공하여 체제반대자들을 투옥시킨 것 때문에 소송을 당했다. 하지만 이 문제는 중요한 데이터가 외국에 저장되는 것을 우려하는 정부 당국자들에게도 민감한 사안이다. 검색엔진을 통해 공공 정보 데이터베이스에서 단순한 질문을 던지는 것만으로도 CIA와 같은 비밀조직으로서는 자기 조직의 정보가 상당 부분이 드러나는 것으로 여길 수 있다.

인터넷이 CIA정보를 누설시킬 수 있을까?

영국 컴퓨터 보안회사의 전문가들은 공공기관의 데이터베이스에서 CIA와 그 프로그램, 설비, 인력에 대한 정보를 얼마나 찾을 수 있는지 궁금해했다. 조사결과는 거의 기적이었다. 그들은 기밀 전화번호, 비밀 사이트 주소, 내부 네트워크의 사이트맵, 도메인 이름, 서버, CIA컴퓨터 시스템의 소프트웨어 프로그램을 검색할 수 있었다. 10장 분량의 정보는 별칭 '회사(The Company)'로 불리는 CIA가 비밀로 유지하려고 할 내용이었다. 하지만 그 정보는 영국법과 미국법에 따라 모두 합법적으로 획득한 것이었다. 법률을 지키지 않는 어떤 개인이 (사악한 목적을 위해) 조금만 노력하면 구글을 통해 얼마나 많은 정보를 획득할 수 있을지 충분히 예상해볼 수 있다.

유럽과 중국처럼 사우디아라비아, 인도, 일본 정부가 검색엔진 개발을 지원하는 것도 뜻밖의 일은 아니다. 정부는 전 세계 지식을 외국 회사의 손에만 맡기고 있는 것이 얼마나 경솔한 것인지 잘 알고 있다. 미국은 포르노, 소아애(小兒愛), 테러를 제압하는 '선한' 이유를 제외하면 인터넷을 규제하는 일에 거의 관심이 없다. 하지만 그 철학이 언제 바뀔지는 아무도 모른다. 일상적으로 검색엔진을 사용하는 연구원, 전략가, 경영자가 외국 세력의 처분에만 의존한다면 유럽인, 일본인, 혹은 중국인들이 가만히 앉아서 받아들이고만 있을까?

구글의 딜레마는 사용자의 신뢰를 저버리지 않고 검색결과의 품질 개선에 필요한 데이터를 저장하는 것이다. 첫 번째 방법은 더 이상 유용하지 않은 데이터베이스 정보를 정기적으로 지우는 것이다. 하지만 극성적인 프라이버시 수호자들에게는 이것으로도 충분하지 않을 것이다.

또 다른 방법은 웹 히스토리(Web History)에서와 같이 방문자의 정보저장 여부를 방문자가 스스로 선택하게 하는 것이다. 웹 히스토리는 방문했던 사이트를 찾고 마우스로 클릭을 했던 사이트의 북마크 목록을 제공해준다. 이 서비스에 동의한다는 것은 구글에게 자신의 웹 활동을 추적할 수 있는 권한을 주는 것이다. 구글 계정(Google Account), 크롬(Chrome, 구글 브라우저), 구글 닥스(Google Docs), 지메일(Gmail), 아이구글(iGoogle) 등 모든 구글 애플리케이션도 마찬가지다.

25

진출하는 현지의
문화적 저항을 극복한다

처음부터 구글은 서로 다른 언어를 사용하는 사람들을 향해 세계적인 제품을 포지셔닝해왔다. 또 다른 장벽인 문화적 저항은 앞으로도 구글에게 지속적인 과제가 될 것이다.

영화나 비디오, 텔레비전 프로그램을 온라인으로도 볼 수 있게 되면서 이 시장은 구글의 성장과 광고판매에 가장 유망한 영역으로 떠오르고 있다. 하지만 이 시장에 관심을 갖는 다른 회사들이 당면한 문제들을 구글도 마찬가지로 가지고 있다. 구글이 이들 컨텐츠를 허락 없이 그냥 가져와서 보급할 수는 없다는 점이다.

그러나 데일리모션(Dailymotion)과 유튜브(YouTube)처럼 사용자들이 생산한 컨텐츠를 호스팅하고 스트리밍하기 시작하면서 이 장애물은 피할 수 있게 되었다. 저렴한 디지털 카메라와 캠코

더의 등장으로 이 사이트들은 별로 주목받지 못할 수도 있었던 행동에 큰 관심을 불러 일으켰으며 거의 아무도 예상하지 못했던 비디오 시장을 열어 몇 달 만에 온라인에서 수십만 개의 비디오를 이용할 수 있게 했다.

하지만 이 방법은 저작권이 있는 컨텐츠를 제공할 때는 문제가 된다. 호스팅과 검색은 전혀 다른 별개의 활동이기 때문이다. 검색엔진은 검색결과 페이지에 나타나는 문서에 대한 책임이 없는 반면(문서의 존재를 알리고 접근하는 방법을 제공할 뿐) 호스팅 서비스는 서버에 보관하고 있는 자료에 대한 책임을 져야 한다. 이것은 호스팅 서비스 업체가 컨텐츠를 분류하고 규칙을 강화하여, 법적인 소송이 제기될 수 있는 자료는 거부해야 한다는 것을 의미한다. 열렬한 포르노 애호가가 찾는 포르노 데이터뿐 아니라 저작권을 침해할 수 있는 자료, 특히 대규모 미디어 재벌기업에 소속된 자료가 그렇다. 이 두 비즈니스 사이의 혼동으로 검색엔진은 다른 곳에서 호스팅한 것보다 자사에서 호스팅한 컨텐츠를 더 선호한다.(구글은 검색결과 자사 서버와 유튜브에 있는 비디오만 링크를 제공해준다) 가능한 멀리 유포시키고자 하는 생산자는 비디오를 여러 사이트에 업로드하고 싶겠지만 이것은 시간 낭비일 뿐 아니라 오히려 몇몇 대표적인 검색엔진에서는 해당 비디오 컨텐츠의 가치만 떨어뜨리게 된다.

지적재산권을 보호하는 국제법과 저작권을 살펴보자. 지적재산권에 대한 법률은 창작물에 대한 배타적인 권리, 무분별한 복사로부터의 보호, 작업에 대한 지불을 창작자에게 보증해줌으로써 새로운 예술·상업 저작물을 지속적으로 만들어낼 수 있는 동기를 갖게 해준다. 이 법률은 창작물 생산과 유통에 비용이 많이 드는 시장을 위해 만들어졌다. 출판사, 제작자, 서적판매상, 극장 소유주, 방송회사, 음반 유통업자가 창작물의 판매와 유통에서 나오는 주요 수입을 통제하고 있다. 그들은 서비스의 상당부분을 쓸모없게 만들거나 가치를 한정시키는 디지털 기술의 도래로 인해 상당히 많은 수익을 잃었다. 요즘은 누구나 온라인상에서 거의 비용을 들이지 않고도 책이나 음악을 발표할 수 있게 되었다.

이런 메커니즘은 이제 재평가되어야 한다. 제작자와 편집자들이 만들어낸 '투자한 만큼 당연히 보호되어야 하는 권리'는 그런 투자비용이 감소하면서 이제 의미가 줄어들고 있다. 생산·유통 비용이 사실상 사라지고 있는데 인터넷 서퍼가 노래, 책, 영화에 이전과 같은 가격을 지불할 필요가 있을까? 컴퓨터 파일은 음반도 아니고 책두 아니다. 더 이상 레코딩 수단이나 전통적인 유통 채널(부동산이나 사람)에 돈을 지불할 필요가 없다. 무료 아마추어 비디오의 폭발적인 성장은 저작권 보호 체계가 없으면 예술가들이 새로운 창조활동을 하지 않을 것이라던 저작권 보호론자들의 주장을 약화시켰다.

하지만 저작권 보호에 관한 이런 법률이 변하지 않는 한(그리고 곧 바뀔 조짐이 없는 한) 구글은 저작권이 있는 비디오와 음악을 유포하는 주요 창구가 되기 어려울 것이다. 비디오를 찾기 위해 검색엔진을 이용하는 비율은 2007년 미국 인터넷 사용자의 39%에 불과했다. 이처럼 기존의 검색엔진 업체들이 비디오 시장에서 성장을 방해받는 사이에 이 시장에 진입하려는 신규 업체들에게는 좋은 기회가 되고 있다.

NBC 유니버설의 합작회사 훌루(Hulu)가 좋은 예다. 2008년 3월에 출시하여 8개월 만에 훌루는 2억 개 이상의 스트리밍과 9백만 명의 시청자를 확보했다. 구글의 자산인 유튜브가 컨텐츠의 4% 정도만을 수익모델로 사용했을 때 훌루는 모든 비디오에 비용을 부과했다. 저작권 소유자가 광고수익을 공유하기로 하면 상황이 달라지겠지만 그것은 자사 사이트에 컨텐츠를 호스팅할 때 기대되는 수익 이상으로 높은 수익이나 자체 판매를 침식하지 않는 상당한 부가수익을 구글이 보장할 수 있을 때나 가능한 일이다. 방문자가 컨텐츠에 무료로 접속할 수 있게 하면서 수익을 높이려면 구글은 비디오를 색인화하고 기존 TV광고보다 훨씬 효율적인 광고를 삽입하는 기술을 개발해야 한다(몇몇 방안이 나왔는데 그 중 하나는 인터넷 서퍼로 하여금 호스트에서 제공 받은 툴로 비디오에 캡션을 추가하는 것이다. 가장 정교한 툴은 비디오 파일의 사운드 트랙을 분석하고 복사하는 것인데 이미지 분석은 먼 미래에나 가능한 일이다) 이런 기술혁신이 일어날 때까지 구글은 소비자에게 비용을 부과하는 아이튠즈(iTunes) 같은 수익모델을 채택하지 않는 한 아마추어 비디오에서 수입을 창출해야 할 것이다.

세계시장에서 구글은 또 다른 장벽인 문화적 저항에 부딪칠지도 모른다. 중국의 검열제도와 관련하여 구글과 야후에 대한 비판은 아주 격렬했다. 구글의 경영자들은 그때 내렸던 결정을 후회하고 있다. 처음부터 구글은 서로 다른 언어를 사용하는 사람들을 향해 세계적인 제품을 포지셔닝해왔다. 이것이 전혀 불가능한 것은 아니지만 과연 얼마나 잘 해낼 수 있을까?

기술에 열광하는 사람들과 그렇지 않은 사람들 사이에 디지털 격차가 있듯이 검색엔진이 잘 다룰 수 있는 언어와 그렇지 않은 언어 간에도 격차가 있다. 아랍어, 중국어, 일본어, 한국어처럼 영어 문자가 아닌 언어는 다루기가 어렵고 각 국에서 출현한 경쟁자와도 싸워야 한다.

이 문제를 프랑스어로 한번 살펴보자. 프랑스어 단어 loue와 loué를 비교해보자. 첫 번째 단어는 '빌리다'와 '찬양하다'는 뜻을 가진 동사이고 두 번째 단어는 첫 번째 단어의 과거형이면서 가축으로 유명한 브레스(Bress) 지방의 지명이다. 이 순간에도 프랑스 버전 구글은 이 두 단어를 구분하지 못하고 어느 단어를 입력해도 아파트, 찬양, 가축에 대한 결과를 모두 제공할 것이다. 슬라브어와 히브리어도 이와 유사한 문제가 있어 생각보다 혼란스럽고 유용성이 떨어지는 검색결과를 제공하고 있다.

물론 이런 세부적인 사항은 교정되겠지만 이는 인터넷 사용자의 일부만이 영어를 구사하는 환경에서 나타나는 검색엔진의 한계라고 할 수 있다.

구글 검색엔진의 이러한 약점 때문에 구글은 중국에서는 바이

두(Baidu)와, 러시아에서는 얀덱스(Yandex, 구글의 시장점유율 33%에 비해 러시아 시장의 거의 절반을 장악하고 있다)와 경쟁하고 있다.

　해당 국가 검색엔진과의 경쟁은 유럽뿐 아니라 아시아(특히 중국)와 중동에서 이미 나타나고 있는 문화적 지배에 대한 두려움을 자극하게 될지도 모른다. 2006년 프랑스와 독일은 콰에로(Quaero)라는 유럽형 검색엔진을 출시했다. '구글 킬러(Google Killer)'라는 별명으로 미국에서 많은 웃음을 자아내기도 했지만 이는 문화적 패권에 대한 우려를 말해주는 단적인 예라고 할 수 있다. 거의 같은 시기에 이와 같은 이유로 사우디아라비아는 아랍어 검색엔진 사와피(Sawafi)를 개발하기 위해 독일과 협력하겠다고 발표했다. 한 전문가는 이와 같은 상황을 "아랍어로 된 홈페이지 수가 0.2%에 불과한데, 아랍 인터넷 서퍼의 65%는 영어를 읽지 못하고 전체 웹의 70%가 넘는 영어 웹페이지를 읽을 수 없기 때문"이라고 풀이했다. 이 검색엔진은 결국 출시되지 못했지만 이 프로젝트를 의도했던 이유는 아직까지 그대로 남아있다. 아랍 문화는 웹에서 충분히 확산되지 못하고 있다.

　일본과 인도도 자체 검색엔진을 개발하기 시작했다. 중국에서는 바이두가 '중국을 가장 잘 아는' 엔진을 자처해왔다. 공식적인 정부 지원을 받는 사기업인 바이두는 문화적인 카드를 내놓고 '열린 중국 백과사전'과 '진왕조의 고전문화 연구센터'에 착수했다. 중국의 〈피플즈 데일리(People's Daily)〉는 "인터넷은 이제 문화적 싸움터로 변하고 있다. 문화적 대결이 심해진 것은 당연한 현상이다. 인터넷 시대에 우리는 전통을 고수하고 기술을 개발하여 우리의 존재를 확인시킬 필요가 있다"고 보도했다.

미국의 인터넷 지배는 문화적·지적 지형을 완전히 재배치하기에 이르렀다. 온라인에서는 영어가 지배적인 언어일 뿐 아니라 영어를 구사하는 문화가 기준과 가치를 부여해왔다. 다른 많은 지표 중에서도 구글 질문어로 셰익스피어가 단테, 라신, 괴테보다 훨씬 앞서는 것이 이를 증명한다.

구글 북 서치(Google Book Search)의 질문어도 비슷한 결과를 나타낸다. 이런 결과들은 단지 영어를 구사하는 문화가 (현재로서) 다른 문화에 비해 인터넷 상에서 잘 구현되고 있으며, 구글을 비롯한 검색엔진이 의도하지 않게 생략되고 왜곡된 문화에 접근하고 있다는 것을 보여주고 있다.

이런 상황은 몇 가지 요소에 의해 만들어졌다고 할 수 있다. 예컨대 링크 수와 양에 따라 문서를 분류하는 페이지랭크 메커니즘은 가장 많이 주목한 문서를 첫 번째 페이지 상단(인터넷 사용자가 가장 많이 보는 곳)에 놓는다. 영어가 다른 유럽어에 비해 많이 사용되기 때문에 다른 언어로 씌어진 문서보다 검색 수가 많은 영어로 된 문서가 결과 페이지 상단에 나타난다. 따라서 구글에서 괴테를 검색하면 독일어로 된 문서보다 영어로 된 문서를 먼저 발견할 것이다.

이런 경향은 저자가 모국어보다 영어를 사용하는 것이 더 유리하다고 판단하기 때문이다. 이것은 내쫓기(ousting) 또는 밀어내기(crowding out)와 같은 고전적인 현상이다. 지배적인 언어와 문화가 소수 언어와 문화를 주변화(marginalize)시키게 된다. (세계 문화의 전체적인 측면이 인터넷에 나타나는 것은 아니기 때문에 모든 문화 구성원이 자기 문화를 수호하고자 하는 것은 이해할 만하다. 언어 장벽을 뛰어넘을 수 있는 수준 높은 번역기가 나오면 문제가 해결되겠지만 오랜 시간이 걸릴 것이다. 하지만 이런 현상은 예기치 못한 결과를 가져와 과학 분야에서 이상한 역전이 나타났다. 과거에는 학술 논문의 워킹 페이퍼(working paper)가 학술 커뮤니티 내부에서만 순환되었다면 오늘날에는 누구나 웹에서 읽을 수 있다. 워킹 페이퍼들은 동료평가 패널의 승인을 받고 큰 대학 도서관에서 이용 가능한 저널로 출간된 최종 논문 보다 훨씬 더 중요한 정보의 원천이 된다) 이 현상은 인터넷 전체에 침투한다. 저작권 제한으로 인해 온라인에서 접근할 수 없는 많은 정보들이 제거되고, 그로 인해 인터넷 사용자는 원하는 본문을 읽을 수 없게 되면 즉각 이용 가능한 다른 자료를 찾는다.

26

기업환경이 복잡해질수록
원칙을 견지한다

복잡성은 회사의 성장을 제한한다. 급속히 성장한 다른 회
사들처럼 구글도 관료주의의 확산을 피할 수 없을 것이다. 하
지만 구글은 자신만의 강점으로 충분히 약점을 극복할 것이다.

성장이 예상되는 또 다른 분야는 기업 인트라넷과 파일서버를
조사하는 '기업검색(enterprise search)' 이다. 구글 엔터프라이즈
(Google Enterprise)와 구글 서치 어플라이언스(Google Search
Appliance)가 진입한 이 분야는 기밀 문제만 있을 뿐 저작권 문제
나 문화적 저항은 없다. 하지만 이 분야에서는 치열한 경쟁이 예
상된다.

경쟁은 특히 IBM과 파트너십을 맺은 야후의 옴니파인드(Omni-
Find)와 마이크로소프트의 엔터프라이즈서치(Enterprise Search) 사

이에서 치열하게 벌어지고 있다. 현재로서는 마이크로소프트가 구글(60% 이상)보다 훨씬 뒤처지고 야후(20% 정도)보다도 멀리 뒤처진 3위(9% 미만)이지만 끝난 게임은 아니다.

마이크로소프트는 여러 가지 자산을 갖고 있으며 그 중에도 그들이 가지고 있는 재무자산은 결코 무시할 수 없다. 그들은 매년 R&D에만 수십억 달러를 투자하고 있다. 마이크로소프트는 상당한 투자가 요구되는 매우 광범위한 제품군을 가지고 있다. 뿐만 아니라 여느 대기업처럼 상당한 예산이 그다지 유망하지 않은 프로젝트에 투입되고 있지만 여전히 거대한 활동자금을 보유하고 있다.

마이크로소프트의 두 번째 자산은 독점적인 지위이다. 〈이코노미스트〉지의 편집자가 지적한 대로, 대부분의 사람들이 하루 종일 검색엔진을 사용하지 않을 수는 있어도 마이크로소프트 제품을 사용하지 않을 수는 없을 것이다.

세 번째 자산은 마이크로소프트의 굳은 결의다. 빌 게이츠는 한 인터뷰에서 이렇게 말했다. "오늘 우리 회사에서 검색 담당자들과 회의를 했습니다. 검색분야는 구글이 앞서 있고, 또 매우 잘하고 있습니다. 이 전투에서 우리는 '다윗과 골리앗' 같아서 우리가 만들어낼 것들을 재미있게 이야기할 날이 올 것입니다." 마이크로소프트는 경쟁에서 결코 주저앉지 않는다. 많은 사람들은 그들이 인터넷 익스플로러로 넷스케이프를 제거한 것을 아직까지 기억하고 있다. 이런 대결이 반복될 것으로 생각하는 이들도 있다.

구글이 지배하고 있는 기업검색 시장은 아직 끝나지 않은 전쟁터다. 마이크로소프트는 구글보다 비즈니스 컴퓨팅에 대해 더 많이 알고 있고 이 점은 분명 그들의 경쟁우위가 될 수 있다. "기업검색은 우리의 비즈니스입니다. 우리의 영역이고 구글은 그 비즈니스를 가져가지 못할 겁니다." 마이크로소프트의 최고운영책임자(COO: chief operating officer)인 케빈 터너(Kevin Turner)의 말이다. 시장 규모가 크기 때문에 경쟁은 더욱 격렬해질 것이다.(마이크로소프트의 회장 스티브 발머(Steve Ballmer)에 의하면 130억 달러의 가치가 있다) 구글의 기업총괄관리자인 데이브 기로워드(Dave Girouard)는 아무도 이 분야에서 독보적인 존재가 되지 못할 것이라고 인정했다.

분명 구글도 자산이 적지 않다. 구글은 넷스케이프 보다 훨씬 많은 자산을 보유하고 있다. 구글은 광고와 문서관리 시장을 주도하고 있고 이 분야에서 마이크로소프트보다 많은 전문지식을 갖고 있다. 또한 구글은 기업 데이터 작업에 전문성을 확보하고 있는 코그노스(Cognos)와 비즈니스 오브젝트(Business Object) 같은 비즈니스 인텔리전스의 핵심 주자들과 이미 협정을 맺었다. 미국 PC유통을 이끌고 있는 델도 구글을 지원하고 있으며 어도비(Adobe)도 마찬가지다. 따라서 구글은 마이크로소프트가 저질렀던 과거의 행패에 분개한 회사들로부터 지원을 받을 수 있다. 하지만 싸움은 이제 시작되었고 훨씬 더 격렬해질 것이다. 구글 비즈니스에서 기업 데이터 처리 부문이 꼭 성공할 것이라고 내다 볼 수만은 없는데, 그 이유는 다음과 같다.

- 기업 데이터 대부분은 현재 크롤러(crawler)가 효과적으로 질 문할 수 없도록 구조화된 데이터베이스에 저장되어 있거나 검색엔진이 다루지 않는 포맷으로 저장되어 있다.
- 많은 기업 파일들은 빨리 소멸하거나 업데이트된다.
- 기업 데이터는 접근하기 어려운 다양한 기계로 종종 분산된다.
- 대부분의 기업은 조직에서 맡은 역할에 따라 정보 접근을 제 한하는 위계적인 시스템으로 이루어져 있다.

이것은 하드드라이브에 저장된 파일을 찾기 위해 PC를 검색할 때 생기는 문제를 상기시킨다. 대부분의 사람들이 증명하듯이 그 결과에는 보통 많은 '노이즈(noise: 회선의 혼선으로 생기는 데이터 의 오류)'가 있다. 이 문제를 해결해야만 성공을 거둘 수 있다.

기술적인 이해관계는 더 복잡하다. 구글의 검색 알고리즘이나 MSN의 검색 알고리즘 모두 문서화된 데이터베이스에 언어로 질 문하게끔 설계되어 있다. 따라서 중대한 변화 없이는 전통적인 데이터베이스에서 발견되는 숫자나 포맷화된 데이터를 물을 수 있을지는 불확실하다. 그들이 사용하는 크롤러는 사용자가 검색 형태에 따라 질문용어를 구체화하는 역동적인 페이지가 아니라 정지된 페이지를 색인하도록 설계되어 있다.

더 큰 문제는 기업검색을 위한 사고과정이 다르다는 점이다. 텍스트 데이터베이스에서는 사용자가 개념을 갖고 시작해서 시행착오를 통해 연속적으로 접근하여 사고를 진전시킨다. 사용자는 원하는 것을 찾지 못하면 질문을 수정한다. 이 전략은 회의 날짜, 직원 주소, 지역별 판매수치와 같은 정확한 정보를 찾는 기업검색에 적합하지 않다. 구글과 같은 알고리즘을 사용하면 노이즈만 발생할 것이다.

하지만 이 문제는 기업 데이터 검색에만 국한되지 않는다. 마이크로소프트가 독점하고 구글이 야망을 품고 있는 사무자동화 툴에서도 경쟁이 일어날 것이다. 구글 닥스 수트(Google Docs Suite)는 구글이 모방한 오피스제품이다. 처음 출시했을 때는 평범했지만 닥스는 신속하게 진화를 거듭하여 이제는 웹 기반 사무자동화 툴의 표준으로 당당하게 자리잡았다. 이 시장은 인터넷을 통해 소프트웨어를 '서비스로' 제공하는 클라우드 컴퓨팅으로 인해 매우 빠르게 성장할 것이다.

통신회사 등 약탈자들의 등장

구글의 외형적인 성장은 많은 약탈자를 만들어냈다. 가장 경계해야 할 (가장 구글을 위협하는) 대상은 인터넷 인프라를 구축하는 통신회사다. 전화회선 없이는 웹 사용이 불가능하므로 이들은

1990년 중반에 스스로 포기했던 자리를 다시 요구하고 나섰다.

그들이 품고 있는 야망은 비교적 간단하다. 통행시스템을 만들어 구글을 비롯한 인터넷 업체들이 고속회선 사용에 대한 비용을 지불하게 하는 것이다. 이로 인해 컨텐츠 제공자 사이의 자유경쟁은 제한되고 전화회사와 케이블 회사에게 인터넷 사용을 통제할 수 있는 능력이 넘어가게 될 것이다.(그리고 사용자를 차별할 것이다)

그들은 텔레비전처럼 거대한 대역폭을 요구하는 인터넷 기반의 대규모 소비자 서비스 유통에 필요한 네트워크에 대한 투자가 일어나야 한다고 주장한다. 인터넷이 '(차별 없이) 중립적' 이기를 원하는 구글이나 마이크로소프트, 야후 등은 그들의 주장에 반대하고 있다. 통신회사가 그렇게 한다면 모든 인터넷업체는 수준(속도) 높은 서비스를 유지하기 위해 '통로를 제공하는 상인(pipe merchants)' 과 광고수익을 나눠 가져야 한다. 이것은 무료 정보교환의 꿈을 종식시키고 인터넷 수익모델을 철저하게 바꾸게 될 것이다.

소비자 입장에서 보면 이는 인터넷 컨텐츠의 무료접속과 네트워크 품질 사이에서 일어나는 싸움이다. 인터넷을 이메일이나 문서 읽기 정도에만 사용한다면 데이터 스트리밍의 속도와 품질은 그다지 문제되지 않는다. 그러나 월드 와이드 웹(World Wide Web)의 부상과 음악과 비디오를 전달하는 새로운 온라인 서비스(방해받지 않는 신속한 데이터 스트리밍을 요구하는 서비스)의 도래로 모든 것이 바뀌었다.

기본적으로 네트워크의 중립성(net neutrality)이란 인터넷에 동일하게 접근하는 것을 말한다. 에릭 슈미트가 2008년 구글 사용자들에게 쓴 편지에서처럼 "거의 모든 인터넷 접근을 관리하는 전화와 케이블 독점회사들은 누가 초고속라인으로 접근하고 누구의 컨텐츠가 가장 먼저 나타나게 할지 선택할 수 있는 힘을 원한다. 그들은 2단계 체제(two-tiered system)를 도입하여 지불 할 수 없는 측의 진입로를 막으려고 한다."

싸움은 2006년 4월 26일 미(美) 하원이 웹사이트 제공업체에게 가격을 차별화하는 것을 금지하는 수정안을 거부하면서 시작되었다. AT&T와 버라이즌(Verizon)이 한 골을 먼저 넣자 웹과 블로그 세계에서 즉시 토론이 시작되었다. 법안을 규탄하는 수천 개의 메시지가 다양한 매체를 타고 대중들에게 퍼져나갔다. 전문가를 자청한 사람들이(일부는 진짜 전문가였다) 정치적인 PR 대행사의 전문가인양 온라인에 문서를 게시했다.

경제논리와 기업의 이해관계가 맞물린 이 전투는 구글의 수익성에도 심각한 문제를 제기했다. 싸움은 미국 의회의 회랑과 기업 이사진들의 회의로 이어졌다. 통신·케이블회사들은 거대한 자원을 가지고 있을 뿐만 아니라 의제 통과를 도와주는 입법자들과 오랜 친분을 유지하고 있다. 길고 어려우면서도 매우 기술적인 논쟁이지만 이미 정보를 얻은 대중들의 감시를 피해가지는 못할 것이다.

이 사업자들에게 고객 기반이나 영업 네트워크 역량 같은 데이터 자산에 대한 값을 지불함으로써 광고수익의 일부를 제공하는 것이 문제를 해결하는 한 가지 방법일지도 모른다. 하지만 어떤 해결책이든 결국 구글의 이윤은 감소될 것이다.

이처럼 다양한 양상으로 벌어지는 싸움에서 승리하기는 쉽지 않을 것이다. 하지만 더 중요한 도전과제는 구글 내부에서 나올 수 있다. 그 도전은 단순히 직원을 더 많이 고용한다고 해서 해결할 수 없는 비즈니스의 복잡성이 점점 증가하는 것이다. 구글은 다음과 같은 요소를 고려해야 할 것이다.

- 더 커진 시장의 다양성
- 더 풍부해진 상업 광고
- 정치, 경제, 기술적인 문제의 중첩과 그런 현상의 증가
- 음성과 이미지 색인, 번역기 등 해결하기 어려운 기술적인 문제

저명한 미국 경제학자 에디스 펜로즈(Edith Penrose)는 1995년 〈아메리칸 이코노빅 리뷰(The American Economic Review)〉에 '회사의 성장과 규모의 한계(Limits to the Growth and Size of Firms)' 라는 논문을 발표했다. 이 논문에서 그녀는 복잡성이 회사의 성장을 제한한다는 것을 증명했다. 적정 수준이 지나면 경영진이 회사를 올바로 경영하기 위해 필요한 정보를 다룰 수 있는 인지 능력을 유지할 수 없게 된다는 것이다. 게다가 '회사자원이 산출하

는 서비스는 자원을 관리하는 사람들의 역량에 달려 있기’ 때문에 경영능력과 기술능력의 부재는 회사성장을 가로막는 병목(bottleneck)이 된다.

기업경영의 역사는 이 문제에 대한 일반적인 해결책을 말해준다. 노동의 분업, 전문화, 다양한 부서 개발, 분권화는 복잡한 조직을 경영하기 위한 보완책으로 사용되었다. 문제는 점점 복잡해지는 상황에서 과연 구글의 조직모델이 성공할 수 있느냐는 것이다. 구글이 성공할 수 있는 이유는 다음과 같다.

- 래리 페이지, 세르게이 브린, 에릭 슈미트라는 구글의 3인 체제는 핵심집단의 인지능력을 배가시킨다. 명확한 역할을 가지고 있는 세 지도자들은 한 명에 비해 더 많은 데이터를 더 신속하게 처리할 수 있다.
- 구글 내 급속한 정보흐름이 팀워크를 촉진하고 조직을 신속히게 재구성히며 성공할 것 같지 않은 프로젝트는 조기에 종결시킨다.
- 구글의 측정 시스템은 엔지니어들에게 사용자 행동에 대한 직접적인 정보를 제공해주고 빠른 시간 내에 적합한 제품개발을 결정하게 해준다. 그들은 회사의 성장을 가로 막는 두 장애물인 마케팅조사 결과나 계획수립을 책임지는 사람의 지시를 기다릴 필요가 없다.
- 마지막으로 제품개발에 대한 구글의 맥가이버 칼 접근법은 신

제품의 수를 증가시킨다. 개발자는 신제품이 기존 제품과 통합되는지 여부를 고려할 필요가 없다. 구글은 많은 신규서비스를 동시에 테스트할 기회를 갖고 있다. 장기적으로는 하나의 서비스에 의존하지 않고 비즈니스를 확장해나갈 수 있다.

구글이 모든 문제를 해결할 수 있다는 뜻은 아니다. 구글은 보다 작은 프로젝트에 효과적인 혁신 메커니즘을 가지고 번역기나 컨텐츠에 기반한 자동 이미지, 비디오 인덱싱처럼 복잡한 문제를 해결하기에는 적합하지 않을지도 모른다. 하지만 이 경우에도 구글은 학술 커뮤니티와의 강한 유대관계로 약점을 보완하기를 원할 것이다.

구글의 모델이 독점방지(anti-trust) 문제와 같은 정치적인 이슈를 해결하기에 적합한지도 확신할 수 없다. 네트워크의 중립성 문제처럼, 독점방지 문제는 워싱턴에서 해결해야 할지도 모른다. 엔지니어는 이런 문제를 풀 수 없다.

구글의 비즈니스 모델이 지속적인 성장을 유지할 수 있을까? 직원이 5천 명일 때 효과적이었던 방법이 훨씬 더 큰 조직에서 그대로 사용될 수 있을까? 급속히 성장한 다른 회사들처럼 구글도 관료주의의 확산을 쉽게 피할 수 없을 것이다. 구글에게 성공의 열쇠는 처음에 성공할 수 있었던 이유, 즉 신속한 아이디어 이동과 사용자, 엔지니어, 경영자 사이의 정보 공유를 유지하는 것이다.

27
조직의 노화와 순응주의를 경계한다

주주로부터의 압력, 부패, 사람들과 조직의 노화는 잘 운영되던 초기 모델을 체제에 순응하게 만들기 마련이다. 구글은 자신들의 모델을 진화시킴으로써 이에 대응할 것이다.

급성장하는 기업들이 그렇듯이 구글에도 성장을 방해하는 장애물들이 곳곳에 있다. 관습적으로 적용했던 경영기준을 강요하려는 주주들, 서비스가 혼란스럽다고 불평하는 고객, 거래처, 직원, 피터의 법칙(Peter Principle: 무능력 수준에 도달할 때까지 승진하려는 경향)에 빠진 간부들, 어제의 성공이 내일의 성공을 보증해주지 않는다는 것을 망각한 경영자들이 모두 성장을 막는 장애물이다. 이들은 모두 체제순응적인 조직으로 변화시키는 위험요소들로서, 일반적으로 회사의 창의성과 초기에 이루었던 성공의 원천으로부터 멀어지게 한다.

여기서는 구글의 미래에 영향을 미칠 수 있는 핵심적인 문제를 논의해보려고 한다. 무료서비스를 제한하려는 압력, 관료주의에 대한 유혹, 혁신모델의 이면, 직원들 간의 계층 구분, 구글 보상 체계의 예기치 않은 결과 등에 대해 살펴보자.

여러 측면에서 표준화에 대한 압력이 가해질 때 그 첫 번째 목표물은 수익 모델이다. 금융관계자들은 구글이 무료서비스를 통해 가져가는 혜택에 대해 논쟁하는 반면, 비평가들은 다양한 수입 원천에 주목한다. 구글은 예상치 못한 회의론자의 압력에 부딪치기도 한다. 〈서치 엔진 워치(Search Engine Watch)〉의 편집자이자 선도적인 기술 전문가인 대니 설리반(Danny Sullivan)은 여러 가지 이유에서 구글이 서비스 비용을 청구하기를 원한다. 설리반은 '구글을 싫어하는 25가지 이유' 라는 풍자문에서 스팸과 노이즈를 막기 위해 인터넷 컨텐츠를 올리는 사용자에게 비용을 물리라고 주장했다.

블로거(Blogger)를 공짜로 주지 않기 바란다. 완전 쓰레기투성이다. 쓰레기, 쓰레기, 쓰레기. 진입장벽이 없으면 누군가 들어와서 나쁜 짓을 하게 되어 있다…. 단돈 1달러라도 비용을 지불하게 하면 큰 장벽이 생긴다. 1달러 요금을 설정한다고 한들 누가 뭐라고 하겠는가? 공짜로 나눠 주어야 한다면 학교나 다른 기관과 협정을 맺거나 더 믿을 만한 메커니즘을 찾아야 한다. 아니면 블로거 블로그에서 초기 30일간 자동검색을 하지 못하게 했다가 충분히 확인한 다음 열어주면 어떨까? 이걸로 충분하지 않으면 다른 방법을 찾아내야 한다. 제발 뭔가를 하란 말이다.

지금은 구글의 수익모델을 변경하게 하려는 외부 압력이 조심스럽게 제기되고 있지만, 구글의 수익과 혜택의 증가속도가 느려지면 이 압력은 더욱 집요해질 것이다. 이런 압력에 대응해서 구글이 무료서비스를 바꾸면 어떻게 될까?

구글은 사용자 스스로 자원해서 봉사하는 분위기를 고취시켜주면서 사용자와 암묵적 협정을 맺고 있다. 이러한 사용자와의 공존관계를 통해 제품에 결함이 있을 때 사용자는 아무런 불평없이 그것을 고치고 개선하기 위해 모든 노력을 다한다.

이런 메커니즘은 구글 툴에 기반한 응용프로그램을 개발하는 협력적인 네트워크를 성장시켜주었다. '공짜'는 구글의 성공을 설명하는 효과적인 단어다. 구글이 출시되기 전만 해도 무료검색 툴이 인터넷 정보의 질을 전반적으로 떨어뜨릴 것이라는 주장이 우세했지만, 시간이 지나면서 모든 종류의 질 좋은 정보가 더 풍부해졌다. 출판하고 싶지만 출판사를 찾을 수 없는 사람들, '사장된(died)' 책이나 논문을 부활시키고 싶지만 절판되어 접근할 수 없는 사람들, 자신의 의견을 표현하는 데서 개인적인 기쁨을 누리는 사람들이 있다. 경제학자 앨버트 허쉬만(Albert Hirschman)은 의사표현 자체가 행복의 원천이라고 설명했다. 웹을 무료로 제공함으로써 검색엔진은 찾고, 발표하고, 의견을 유포할 수 있는 기회를 모든 사람들에게 제공해주었다. 그 대가가 바로 구글의 성공이다. 앞서 설명한 것처럼, 구글은 일종의 선물 경제다. 구글이 그 선물에 비용을 청구하기 시작하면 스스로 패러다임을 깨뜨리게 되고 그 동안 헌신적으로 일해주었던 자원봉사자를 잃을 수도 있다.

물론, 이와 같이 장점들이 많음에도 불구하고 무료서비스에는 단점이 있다. 재무적 차원에서 제기되는 비평과 대니 설리반이 우려한 스팸 외에도 구글이 무료서비스를 제공하기 위해서는 지메일(Gmail)과 페이지 크리에이터(Page Creator, 사용자 고유의 웹사이트를 구축하는 툴)처럼 공간을 할당하지 않을 수 없다.

공간이라는 자원은 선착순으로, 지역에 따라, 또는 초대 형식을 취하든, 아무튼 여러 가지 방법으로 나눠줄 수 있다. 각각의 방법에는 장점이 있지만 그 어느 것도 만족스럽지는 않다. 먼저 온 사용자에게 우선적으로 할당하게 되면 가장 많은 정보를 알고 있고 충성스러운 사용자를 편애하는 결과를 만들 것이다. 초대장을 보내면 암시장을 형성할 수도 있다(지메일 초대장이 그랬다). 그것을 받지 못한 일부 사용자들은 좌절하고 실망하여 다른 회사가 만든 유사 제품으로 전환하는 것을 고려할 것이다. 따라서 이런 식으로 나눠주는 것은 시장이라는 공간에 경쟁자를 불러오게 되고 배제된 고객에게는 돌이킬 수 없는 큰 불만을 야기할 수 있다.

무료서비스의 제공으로 구글은 스스로 정보를 놓치기도 한다.

노벨상 수상자 프리드리히 하이에크가 말했듯이 "가격은 정보를 소통하는 메커니즘"이다. 가격은 구입하고자 하는 품목에 대해 상대적인 이용가능성과 생산비용에 대한 정보를 구매자에게 제공하는 동시에, 어느 소비자가 제품을 좋아하고 유용하게 생각하는지에 대한 정보를 판매자에게 제공하게 된다. 이 정보가 없다면 회사는 소비자 선호도를 판단할 다른 방법을 찾아야 한다. 구글은 동기부여가 잘 되어 있는 사용자 커뮤니티와 훌륭한 측정시스템이 이런 결점을 보완하고 있지만 결점을 완전히 제거하지는 못할 것이다.

이 문제는 2009년 초 구글이 블로그에 게시한 대로 '다른 제품에 비해 인기 없는' 일부 서비스를 제거하려고 할 때 드러났다. 하지만 무료서비스의 성공을 어떻게 측정할 수 있단 말인가? 사용자 수에 따라? 아니면 시장점유율에 따라? 미래에 필요할지도 모를 정보를 확보하기 위해 읽지도 않는 신문을 매일 구독하는 사람도 있다. 사용여부가 항상 유용성과 일치하는 것은 아니다. 사람들은 공중전화를 거의 사용하지 않지만 그것이 필요할 때도 있다. 구글 제품도 마찬가지일 수 있다.

무료서비스는 뜻밖의 문제를 가져올지도 모른다. 회사 성장에 관하여 에릭 슈미트는 항상 '트래픽 증가' '판매 증가' '유럽과 아시아 시장에서의 성장' 이라는 세 가지 요소를 언급한다. 그 중 성장을 추진하는 요소에 대해 구체적으로 질문하면 그는 알 수 없지만 (분별하기가 매우 어렵지만) 모든 요소가 함께 간다고 말한다.

그는 트래픽이 가장 많이 증가하는 분야에서 반드시 판매가 가장 급성장하는 것은 아니라고 덧붙인다. 유럽보다 아시아에서 트래픽이 더 빨리 높아지는데 광고 판매가 그 반대라면 어떻게 할까? 유럽의 수익으로 아시아의 트래픽을 보조해줘야 할 것인가? 성장률의 차이를 이용하여 서로 다른 시장의 차이를 완화할 것인가? 아니면 광고 시장이 작은 곳에서는 공익사업을 할 것인가?

구글에 수익이 존재하는 한 수익 모델을 바꾸라는 압력은 큰 힘을 받지 못하겠지만 이윤이 줄어들면 압력은 금세 커질 것이다. 그 때 구글의 경영진은 초기에 구글에게 성공을 가져다주었던 요소를 다시 살릴 수 있도록 신중을 기해야 할 것이다.

많은 직원들에게 스톡옵션을 제공했던 구글은 내부적인 압력과도 맞서야 할 것이다. 구글이 금융시장을 간과하는 바람에 주가가 떨어진다면 직원들은 경영자들이 기존 체제와 타협하도록 압력을 가할지도 모른다. 그러나 한 사람에 비해 지도자 세 사람을 설득하기가 훨씬 어렵기 때문에 3인 체제는 이 경우에도 효과를 발휘할 것이다.

회사가 성장하면 작은 조직에 먹혀들었던 비공식적인 커뮤니케이션 라인을 더 이상 유지하기 어려워지고 연약한 경영구조는 쉽게 흔들리게 된다. 이런 상황을 막기 위해 일을 완만히 진행하고자 병목 절차(bottleneck procedure)를 만들지만 이 절차는 회사의 대응능력을 떨어뜨리게 되고 부담스러운 행정업무만 늘어나게 할 뿐이다. 구글도 이런 현상에서 자유로울 수 없다. 일부 개발자들은 벌써 불평하기 시작했다.

구글에서 계약을 담당했던 사람들에 따르면, 구글에 익숙한 직원들이 '체계화된 혼돈(organized chaos)'이라고 부르는 것이 사실은 무질서와 별반 다르지 않다고 한다. 구글에서는 책임 구분이 명확하지 않아 급성장하는 회사에서 나타나는 구조적 불명확성이 다른 조직에 비해 훨씬 더 심각하다고 한다. 직원간 기술과 업무를 서로 교차시킨 것은 제품 개발에 매우 효과적이지만 모든 사람이 모든 것에 대해 말하게 된다는 점에서 비생산적이라고 할 수 있다.

누가 무엇을 책임지는지 알지 못하면 잠재적인 비즈니스 파트너, 고객, 사용자는 어디에나 대고 자기생각을 표출한다. 벨기에에서는 소송을 담당할 변호사가 없었고, 2007년 초반 독일에서 도메인 이름을 갱신하지 못한 사태는(언론에서 상당한 웃음거리가 되었다) 급성장하는 회사가 부여준 역기능의 사례였다.

조직이 급격하게 성장하고 규모가 확대되면, 속임수가 만연한 환경이 조성될 우려도 있다. 직원들이 20% 정책을 오용하게 될 가능성도 얼마든지 있다. 직원들의 활동을 거의 통제하지 않기 때문에 직원들은 이 특전을 쉽사리 활용하고 개인적인 일에 시간의 20% 이상을 사용할 수도 있다. 사실 이런 현상은 이미 일어났다. 경영진이 요구해서 시작된 근무시간 조사 결과, 엔지니어들이 일반적으로 개인 프로젝트에 30% 정도를 투자한다는 것이 밝혀졌다. 그대로 내버려두면 어쩌면 구글은 1980년대 팔로알토연구소(PARC)를 망친 것과 같은 문제의 또 다른 희생자가 될 수도 있을 것이다. (제록스 연구센터에서 인간 대 기계 인터페이스, 문서전송 언어 등 몇 가지 새로운 것을 발명했지만 복사기 제조업체에게는 그다지 유용한 발명은 아니었다. 그런 작업을 지원할 정도로 뛰어났던 회사가 그 결과를 상용화할 만큼 실용적이지는 못했던 것이다)

팔로알토연구소에서와 같이 구글에 직원이 증가하면 회사 제품라인과 무관한 연구 프로젝트 수가 증가한다. 엔지니어들은 거절당하고 의미 없게 된 프로젝트로 무엇을 할까? 구글 주식에서 돈을 많이 벌었다면 다른 회사로 옮겨 프로젝트를 진전시킨 다음 언젠가 구글에 되팔 것이다. 실리콘밸리의 오랜 전통과도 같은 이러한 유형은 구글이 가지고 있는 혁신 메커니즘의 톱니바퀴에 모래를 던지는 것과 같은 사태가 될 것이다.

현재 구글의 조직구조가 가지고 있는 또 다른 잠재적인 위험은 연구실험실에서 종종 나타나는 현상으로, 팀 사이의 중복과 비생산적인 경쟁이다. 지식의 진보에 기여한다는 측면에서 경쟁은 유용하지만 팀이 병렬적인 프로젝트를 진행한다는 점은 분명 비생산적인 것이다. 구글이라고 해서 스프레드시트를 두 개, 워드프로세서를 세 개, 지도 프로그램을 네 개씩 만들 수는 없는 노릇이다.

구글은 기술에 무게중심을 두고 관료주의를 극복함으로써 이만큼 성장해왔지만 이런 상황을 얼마나 더 유지할 수 있을까? 기술에 기반한 조정은 회사가 평균적인 규모일 때 그 효과가 이미 입증되었다. 그러나 전 세계에 지점을 두고 수천 명이 근무하는 지금의 상황에서도 이것이 지속될 수 있을까? 이러한 조정이 비생산적으로 변하는 순간이 오지는 않을까?

베타 버전을 통해 체계적으로 신제품을 출시하면서 구글은 계속 경쟁자를 앞질러 왔다. 하지만 이러한 성공도 언젠가는 끝날 때가 있을 것이다. 완성되지 않은 제품을 조기에 출시함으로써 구글은 경쟁자에게 시장의 니즈와 기회를 노출하게 된다. 그 결과 구글은 경쟁우위를 잃게 되고 경쟁은 더 심해질 것이다. 또 다른 심각한 위험이 나타날 수도 있다. 미완성 상태의 평범한 제품이 너무 많아서 그것들이 구글의 핵심제품을 약화시킬 뿐만 아니라 그 동안 쌓아온 구글의 명성에 누를 끼치고 시장 침투를 저해할 수도 있다. 회사의 자원은 한정되어 있기 때문에 신제품을 출시하면 기존 제품을 소홀히 하게 되는 문제도 일어날 수 있다.

구글은 무적불패가 아니다. 다음 표에서 보는 것처럼 구글이 모든 웹 시장을 지배하는 것은 아니다. 물론, 이 통계 결과가 100% 정확한 것은 아니다. 힛와이즈(Hitwise)나 컴스코어 (comScore)가 사용하는 방법이 반드시 과학적인 것은 아니며 다른 조사에서는 다른 결과가 나올 수도 있다.

표에 나타난 경쟁제품의 가치가 동일한 것은 아니다. 각 그룹은 제품주기 상 다른 단계에 와 있다. 그럼에도 불구하고 이 자료는 이미 구글이 경쟁상황에 처해 있으며 특정 시장의 경우 경쟁이 매우 심하다는 것을 보여준다.

인터넷 서비스	제품	미국 시장점유율
이메일 서비스	Yahoo! mail	54.63%
(출처: Hitwise, 2008년 2월)	Windows Live mail	22.54%
	Gmail	5.51%
검색엔진	Google	65.98%
	Yahoo! Search	20.94%
	MSNBC	6.90%
지도	MapQuest	50.25%
(출처: Hitwise, 2008년 1월)	Google Maps	22.20%
	Yahoo! Maps	13.34%
비디오	Google Sites	44.0%
(출처: comScore, 2008년 7월)	Fox Interactive Media	3.9%
	Yahoo! Sites	2.5%

출처: *Hitwise, comScore, 2008*

구글이 직면한 도전과제 중 하나는 '쉽게 팔리지 않는 제품'이다. 고객들은 새롭고 더 좋은 제품이 출시되어도 친숙한 제품을 사용하는 경향이 있다. 최초가 항상 최고는 아니더라도 사람들은 최초 제품에 대가를 지불하려고 한다. 수년 간 맵퀘스트(MapQuest)나 야후맵스(Yahoo! Maps)를 사용한 사람은 길을 찾을 때 이 오래되고 친숙한 서비스를 찾을 것이다. 경험해 본 것이 안전하고 쉽기 때문에 사람들은 경쟁사 제품이 훨씬 강력하다고 해도 구글맵스(Google Maps) 같은 새로운 툴을 익히기 위해 노력하지 않는다.

검색엔진을 통해 접근한다는 점에서 비디오와 지도 서비스는 이 문제를 피해갈 수 있을지도 모른다. 하지만 문제는 소셜미디어, 네트워킹 사이트, 블로그, 웹메일에서 훨씬 더 심각하게 나타난다. 예컨대 많은 사람들이 핫메일보다 지메일을 더 강력한 웹메일로 생각하더라도 구글이 핫메일을 격퇴시킬 수는 없었다. 실용성도 그렇지만 관성도 무시할 수 없다. 사람들은 모든 사람들에게 바뀐 주소를 알리는 것을 귀찮아하기 때문이다.

웹 통계자료를 볼 때 주의해야 할 사항

알렉사, 컴스코어, 닐슨 넷 레이팅, 힛와이즈 처럼 온라인시장 점유율 분석을 전문으로 하는 회사들이 있다. 이들의 분석에 이용되는 자료는 보통 사용자 패널 또는 ISP를 통해 수집된다. 각 패널의 규모와 구성이 회사마다 다르고 각 방법에 따라 다른 결과가 나오기 때문에 조사결과를 직접적으로 비교하기는 어렵다. 각 조사에 쓰인 방법에 대한 정확한 정보를 얻기는 어렵다. 뿐만 아니라 패널 구성에 사용하는 기법은 심리적 편견 및 지역적인 요소도 무시할 수 없다. 어떤 제품이 특정 시장에서만 인기 있는 경우가 있는 것처럼 말이다. 예컨대, 구글의 소셜네트워킹 제품인 오컷(OrKut)은 미국에서 상대적으로 인기가 없는 반면 브라질과 아시아에서는 성공하고 있다. 이런 이유로 웹에 대한 통계에 접근할 때는 주의가 필요하다. 통계가 트렌드를 보여주기는 하지만 그 정확도는 의심해볼 만하다.

마지막으로 구글에게 가장 큰 문제는, 맥가이버 칼 전략으로 제품 개발에 접근한다고 해서 꼭 성공한다고 할 수는 없다는 것이다. 구글이 검색시장을 지배한다고 해서 다른 영역에서도 시장을 지배한다고 확신할 수 없다. 그렇다. 구글 브랜드는 엄청나게 강력하지만 고객은 브랜드만으로 제품을 바꾸지 않는다.

이런 의미에서 구글은 마이크로소프트보다 불리한 위치에 있다. 마이크로소프트는 제품통합 때문이든, 익숙한 마이크로소프트 인터페이스를 좋아하는 고객 때문이든 다양한 제품을 이용해 오랫동안 고객 '잡는' 법을 학습해왔다. 마이크로소프트는 이 분야에서 탁월하고 자신들이 이미 확보하고 있는 지배력을 행사하기를 주저하지 않는다. 구글은 이와 같은 방식으로 힘을 사용하기를 꺼려한다. 많은 제품이 매력적일 수 있지만 여러 분야에서 효과적으로 경쟁하기 위해 노력하다 보면 오히려 그로 인해 회사의 잠재력이 소진될 수도 있기 때문이다. 구글이 제품개발에 접근하는 맥가이버 칼 방식은 독특하지만 전략적으로 불리한 면도 있다. 구글은 한 곳에서 지배적인 시장 장악력을 다른 시장에서 발휘하지 못하고 있다. 이것은 흠일까? 구글 주주들에게는 그럴지 모르지만 자유로운 시장경쟁을 옹호하는 사람들에게는 그렇지 않을 것이다.

인재 관리방식의 유효성

이직률이 엄청나게 높은(종종 연 20% 이상) 산업에서 구글의 독특한 인적자원 관리방식은, 뛰어난 직원을 채용하고 유지하는 데 크게 기여해왔다. 하지만 이 모델을 얼마나 지속적으로 사용할 수 있을까? 구글은 이미 세밀한 관찰을 요하는 두 가지 위험에 놓여 있다. 회사 내 카스트제도로 인해 생기는 위험과, 보상정책의 예기치 않은 효과로 인한 위험이다. 구글 엔지니어들이 개인 프로젝트에 20%를 투자할 수 있지만 때로는 그 이상의 시간을 투자한다고 언급한 바 있다. 이 매력적인 특전은 엔지니어들에게만 해당한다. 관리직이나 영업직에 근무하는 직원들은 회사나 산업의 주목을 받을만한 개인 프로젝트를 개발할 시간을 확보하기 어렵다.

구글의 창립자들은 회사가 경쟁력 있는 급여를 제공할 수 없었던 초기 시절부터 직원들에게 스톡옵션을 발행해왔다. 초기 직원들 가운데 상당수는 금방 부자가 되었다. 나중에 들어온 직원들은 그들과 같은 기회를 얻지 못했다. 하청업체와 임시직원에 많이 의존하는 것까지 고려하면 구글 내에 카스트제도가 생기는 것을 쉽게 예상할 수 있다. 이런 형태의 조직은 과거에도 존재했지만 많은 충돌 없이 제대로 돌아간다. 예를 들어 병원은 의사, 간호사, 관리직원이 구분되기 때문에 이런 모델을 취하고 있다. 관리부서 직원들은 환자를 돌보지 않고, 간호사 역시 의사와 다르다. 그래서 병원에서는 문제없이 카스트제도가 지속될 수 있다. 한 가지 차이점은 병원 직원들은 이러한 대우를 그들 스스로 이미 예상하고 있다는 것이다. 병원은 오랫동안 있어왔고 거기 존재하는 카스트제도도 잘 알려져 있어 일반적으로 받아들여지고 있다.

하지만 구글은 역사가 오랜 회사가 아니다. 회사의 자원을 마음대로 사용할 수 있는 엔지니어들과 동일한 지위를 누리지 못하는 관리부 및 영업부 직원들은 불평등한 조건 때문에 일어나는 갈등을 해결하는 것이 힘들 수도 있다. 모든 직원들이 성과에 대해 심한 압력을 받지만 그만큼 동일한 특권을 얻지 못한다. 회사가 지속적으로 성장하는 동안에는 이러한 갈등은 별로 중요하지 않겠지만 회사가 어려운 시기에는 긴장이 조성될 것이다.

이러한 문제를 일부 예방하는 차원에서 구글은 직원들이 제공받은 주식을 온라인 경매로 판매할 수 있는 양도스톡옵션(TSO: transferable stock option) 프로그램을 실행했다. TSO는 직원들이 스톡옵션의 불확실성을 줄이고 자산을 다각화하여 전체적인 보상을 관리할 수 있는 방법이다. 직원들이 구글의 주가에 덜 민감해짐으로써 경영진이 시장에서 달가워하지 않는 결정을 내릴 때 직원들이 주주들과 함께 압력을 가하지 않을 수 있다.

다음 표에 나타난 구글의 백만장자 순위는 의견 차이가 일어나고 계층이 구분되게 하는 원인이 되고 있다. 회사가 스톡옵션을 통합하고 채용패키지 속에 분배해주었기 때문에 최고경영진은 민망할 정도로 부자가 되었다. 2005년 2월 웨인 로싱(Wayne Rosing), 데이비드 드루먼드(David Drumond), 조지 레이에스(George Reyes), 조나단 로젠버그(Jonathan Rosenberg), 오미드 코데스타니(Omid Kordestani) 등은 주식을 팔아 수천만 달러를 벌었다. 그 때부터 대부분의 직원들이 이 뜻밖의 횡재에 참여했다. 한 달 안에 주식을 팔지 않은 사람이 없을 정도였다. 그해 말 구글 직원들은 총 30억 달러의 주식을 팔아 치웠다.

이것은 합법적인 소득이다. 고위층 직원에게 스톡옵션을 분배하는 것은 오늘날 미국에서 일반적인 현상이 되었다. 미국 500대 기업 중 94%가 전체 보상의 절반 정도를 스톡옵션으로 주고 있다. 스톡옵션을 파는 사람들은 회사 창업 초기부터 함께 해온 사람들이다. 그들은 열심히 일했다. 그들은 초창기 직원을 배려하는 회사의 관대한 정책으로 혜택을 보는 것이다. 하지만 우리는 이 엄청난 주식 판매가 가져올 결과가 궁금할 뿐이다.

2004년 7월부터 2009년 1월까지 주식 판매현황

임직원	스톡옵션 판매로 벌어들인 소득 (달러)
세르게이 브린	2,232,493,974
래리 페이지	2,192,202,709
에릭 슈미트	1,684,288,451
오미드 코데스타니	1,337,070,606
존 도어	848,925,221

출처: *Sec Form 4*[6]

거대한 주식덩어리를 분배하는 것은 주식 거래의 기능을 우려하는 경제학자들의 관심을 불러일으키기에 충분했다. 경제학자들이 이런 주식분배에 적대적인 것은 아니다. 반대로 그들은 이 방법이 최고경영진의 노력을 보상해주고 주주들에게 혜택이 돌아가게 하는 결정이라는 주장에 민감하다. 이유는 간단하다. 경영진은 회사 '소유주'의 이해관계에 관심을 갖는데 구글에서는 경영진이 곧 거대한 이해관계를 가진 소유주이기 때문이다.

경제학자들은 바로 이 부분에서 위험을 감지한다. 직원들이 회사에 대한 지식(프로젝트 개발이나 약점)을 이용하여 정보가 부족한 다른 주주들을 희생시키고 이윤을 창출하는 것을 어떻게 막을 것인가? 비도덕적인 경영자가 계획하는 부정한 수법을 상상할 수 있다. 하나의 예로 그들은 낮은 이윤실적을 발표하기 전날 자신들이 보유하고 있던 주식을 팔아 치워 그런 정보가 없는 투자자들을 희생시킬 수 있다. 물론 내부거래가 모든 선진국에서 불법이지만 말이다. 스톡옵션을 금지하지 않고 이 문제를 예방하기 위해 미국과 유럽의 주식거래 당국은 직원이 자사 주식을 팔 때 공개성명을 제출하도록 한다. 그들은 주식 수, 날짜, 주식 당 최저가격을 미리 명시해야 한다.

속임수를 막기 위해 미국 주식거래 당국이 이러한 요구사항을 고안해 냈지만 과연 얼마나 효과적일까? 기업 경영자들이 그토록 많은 스캔들을 일으킨 탐욕스러운 속임수를 반복하지 않도록 예방할 수 있을까? 2001년부터 2003년까지 180개 회사 직원들의 실제 주식거래를 분석한 스탠포드대학 경제학 교수 앨런 재거린 저(Alan D. Jagolinzer)에 따르면, 스톡옵션 판매는 가장 가격이 높은 시기에 집중되었고 실적도 평소보다 높았다고 한다. 데이터와 판매실적을 바꾸기는 어렵겠지만 경영진이 기업에 관한 정보를 조작하는 것은 아무도 막지 못한다. 예컨대 5월 15일에 주식을 다량으로 팔겠다고 발표한 CEO가 그날을 며칠 앞두고 주가가 올라가게 만드는 발표를 할 수도 있다.

구글 지도자들의 주식 판매를 분석해보면 그 달 중 가격이 가장 높은 날에 판매가 집중되기는 했지만 이런 종류의 조작은 나타나지 않았다. 하지만 속임수의 가능성을 넘어 이런 속도로 스톡옵션을 처리한 것은 놀라운 일이다. 그들이 매각한 주식량은 시장 전체의 누적효과를 우려할 정도로 엄청났다. 회사 전체 가치의 8% 정도가 몇 달 안에 주인이 바뀐다면 주가가 하락하지 않을 수 있을까? 주가가 하락하면 외부 주주들이 저항하지 않을까? 많은 관찰자들은 바로 여기에서 의심의 신호를 발견하였다. 최고 경영진이 보유하고 있던 주식을 팔았다면 회사가 지금까지 성장률을 유지해온 능력을 염려하고 있다는 것이다. 결국 이러한 주식매각은 시장에 부정적인 신호를 보내게 될 것이다.

하지만 좀더 면밀히 살펴보면 이런 매각은 첫 눈에 보는 것처럼 놀라운 것만은 아니다. 이윤을 창출하기 위해 스톡옵션을 조기에 매각하는 것은 경영자들에게는 흔한 관행이다. 회사를 위해 결정을 내릴 때는 위험을 감수하겠다고 맹세한 사람들이 개인적인 복지에 대해서는 위험을 회피한다. 이것은 자연스러운 현상이다. 그들은 모든 것을 한 회사에 투자하고 싶어하지 않는다. 그들의 재무설계사들은 자산을 다각화하라고 조언한다. 하지만 심리적인 효과도 있다. 그들은 회사를 더 잘 알고 한계도 더 잘 볼 수 있다. 직원들은 회사의 위험과 취약점에 대해 투자자들보다 더 민감하다. 그들은 종종 스톡옵션의 가치를 과소평가하고 현금화한다. 회사는 이것을 막지 않는다. 다만 참고 있다가 직원들이 회사를 떠날 계획을 하고 있는 시기를 예상하는 방법으로 바라볼 뿐이다.

이런 주식매각이 이사회 내에서 힘의 균형을 바꾸지 않는다는 점도 짚고 넘어가야 할 부분이다. 초기부터 세르게이 브린과 래리 페이지는 회사를 주도할 수 있는 투표권을 갖고 있었다. 그들은 영향력을 잃지 않고도 많은 주식을 팔 수 있었다.

이런 주식 판매는 실용적인 것으로 합리화될 수도 있다. 스톡옵션으로 경영자들은 주주들을 흥분시키고 성장을 확보하며 주가를 높이기 위해 모든 것이 준비되었다고 느끼게 만드는 결정을 내릴 수 있다. 실제로 이런 형태의 보상을 세부적으로 검토한 사람들에 따르면 자신이 근무하는 회사에 개인 자산을 투자한 경영자들이 신중하게 행동하는 경향이 있다고 한다. 그들은 격노한 주주들이 제기하는 소송으로 모든 것을 잃고 싶지 않을 것이다. 이런 측면에서 스톡옵션의 판매는 회사와 주주, 직원에게 좋은 일일 수도 있다. 주식시장 가격의 변동으로부터 아끼는 재산을

보호함으로써 경영자는 시장의 압력으로부터 해방된다. 경영자
는 잃을 것이 적기 때문에 더 많은 위험을 감수할 수 있다. 자기
재산을 이미 확보했기 때문에 더 장기적으로 투자할 수도 있다.

모든 것이 주식 거래와 관련된 것은 아니지만 몇 가지가 더 있
다. 예컨대 직원들이 부자가 되면 부자가 된 사람이나 그렇지 않
은 사람이나 행동이 금세 바뀐다. 동기부여가 줄고 만족감과 오
만함이 생기는 반면 질투와 분개도 일어난다. 이해관계의 갈등도
나타난다. 꿈에 그리던 집, 최신식 페라리, 별장, 개인용 비행기
(에릭 슈미트의 경우)를 갖고 나면 남은 돈으로 할 수 있는 일을 찾
아야 한다. 어떤 이들은 자선단체에 기부를 하고, 어떤 이들은 엔
젤투자자가 되어 가능성이 보이는 기업에 투자한다. 이해관계의
갈등은 전(前) 직원이 구글과 직접적으로 경쟁하는 회사에 투자
할 때 발생한다. 신생기업에 투자하는 것은 도박과 같다. 운이 좋
으면 많이 얻지만 운이 없으면 모든 것을 잃을지도 모른다. 여생
을 위한 자금을 준비했다고 하더라도 돈을 잃는 것은 결코 신나
는 일이 아니다.

주주와 파트너로부터의 압력, 역기능, 부패, 사람들과 조직의
노화는 잘 운영되던 초기 모델을 체제에 순응시키게 되고 평범하
게 만드는 강력한 세력이 된다. 구글도 이런 세력에서 자유롭지
못하지만 그 반대세력의 도움을 받을 수 있다. 3인의 최고경영자
와 기술에 기반한 조정을 두 가지 예로 언급한 바 있다. 세 번째
를 추가하자면 명성(평판)에 기반한 통제 메커니즘이다. 이 세 가

지 메커니즘이 있는 한 구글의 모델은 지속될 것이다. 이 모델은 환경의 요구와 제약에 따라 진화하고 변화는 하겠지만 그래도 지속될 것이다.

물론 이 세 가지 기둥 중 하나라도 갑자기 쓰러진다면 상황은 달라질 것이다. 구글은 모든 대기업들처럼 겹겹이 쌓인 관리자 계층과 엄격한 통제 · 계획 시스템을 가진 위계적이고 관료적인 모델이 되었다는 비난을 받게 될 것이다.

28

경기가 불황일수록
수익 원천을 다각화한다

구글의 경영모델은 독특하다. 문제는 구글의 경영모델이 심한 경기후퇴의 결과를 완화시키는 데 도움이 될 것인가 하는 점이다. 만약 도움이 된다면 어떤 방식일까?

이 글을 쓰는 동안에도 세계경제 위기는 계속되고 있다. 최근에 보기 드문 이런 경제상황은 구글 모델의 강점과 경기하강을 견디는 능력에 대해 의문을 제기하게 만들었다.

많은 사람들이 1990년대 초반과 2000년대 초반의 경기침체를 떠올리겠지만 1930년대 대공황 이후 경기후퇴는 여러 번 발생했다. 경제 사건을 추적하는 전 미 국가경제연구소(NBER: National Bureau of Economic Research)는 미국에서만 십여 차례의 경기후퇴를 감지했다. 이런 심각한 위기는 모두 다음과 같은 공통된 특징이 있다.

- 급격한 주가하락으로 인한 기업가치 파괴
- 경쟁력이 부족한 기업의 소멸
- 광고, 마케팅, R&D처럼 즉각적인 수익이 나타나지 않는 활동에 대한 투자 감소
- 생산성 향상을 위한 기업 구조조정
- 가장 취약한 회사를 약화시키는 가격하락 등의 방어전략

오랜 위기에 걸쳐 이런 현상은 자기실현적인 것으로 나타났다. 투자감소와 해고는 거대한 실업을 불러왔고 사업을 위협하는 가격하락을 초래했다. 이런 위기는 사업주기 분석으로 유명한 슘페터(Joseph Alois Schumpeter)가 주창한, 오래된 방식이 파괴되고 새로운 기술과 경영방식이 대체하는 '창조적 파괴' 현상을 일으켰다. 경제위기가 오래 지속될수록 그 효과는 크다. 경기후퇴 후의 경제전망은 그 이전과 매우 다르다. 이번이라고 해서 그렇지 않을 이유가 없다. 일부 회사들이 사라질 때 또 다른 회사들은 떠오른다. 어떤 시장은 급격히 변화한다. 이러한 변화는 자동차나 금융시장뿐 아니라 구글에게 직접적으로 중요한 광고와 소매유통시장에도 마찬가지로 나타난다.

여기서는 현재의 경기후퇴가 구글에 미치는 잠재적인 여파에 대해 살펴보려고 한다. 먼저 구글의 사업환경과 새로운 기회에

경기후퇴가 미치는 영향을 검토할 것이다. 다음으로 구글이 경영 모델을 바꾸었는지(그렇다면 어떻게 바꾸었는지), 위기가 일어나기 전에 구글의 급격한 성장으로 제기되었던 문제들이 경기후퇴로 인해 해결될 것인지를 조사하여 구글이 경제위기에 대응하기 위해 취했던 방법의 효과를 검토할 것이다. 마지막으로, 구글의 독특한 경영모델이 전통적인 경영 방법에 비해 이런 상황에서 어느 정도 효과적인지 검토할 것이다.

금융위기의 첫 번째 희생자 중 하나는 혁신이다. R&D는 불경기에 회사가 예산을 제일 먼저 삭감하는 분야 중 하나다. 회사가 R&D 예산을 줄이지 않을 경우에는 연구원들이 혁신적인 제품을 개발하기보다 생산성을 높일 방법을 찾도록 요구한다.

이런 혁신감소는 불경기에 제출하는 특허 등록 수가 감소하는 것으로도 증명된다. 다음 그래프에서 보는 것처럼 1995년 경기가 후퇴하자 1996년 특허등록 수가 15% 정도나 감소했다. 이 경우 특허신청이 감소하는 추이가 곧 끝나고 다음해에 바로 정상적으로 돌아오긴 했지만 불경기가 오래되면 상황은 다를 것이다. 예컨대 1929년에 무너졌던 특허등록은 제2차 세계대전까지 본격적으로 재개되지 않았다.

특허활동의 감소는 R&D에 큰 비용을 지출하는 두 산업인 화학과 제약 분야에 대해 영국과 독일에서 조사된 연구를 통해서도 확인된다. "경영자들에게 보낸 설문지의 응답에 따르면 응답자

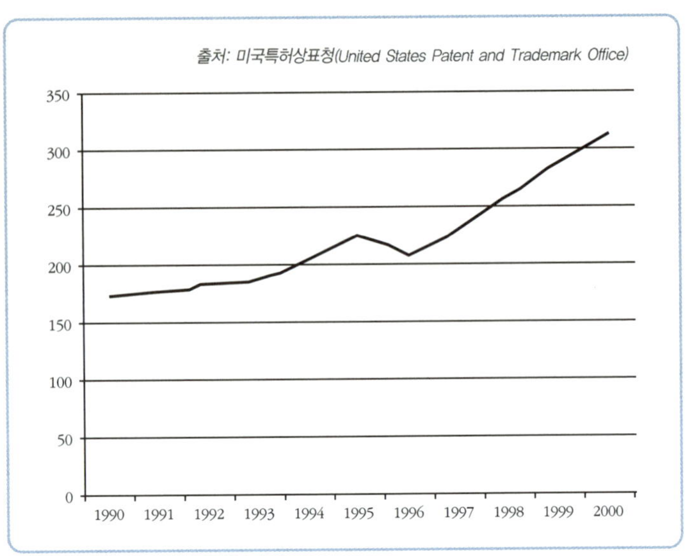

미국 내 특허 등록 수 (단위: 천)

의 61%가 1990년대 초반 R&D 지출이 감소했고 66%는 R&D 인력 채용이 줄었다고 한다. 또한 39%는 R&D의 초점이 바뀌었다고 하고 33%는 주로 비용절감을 위해 노력했다고 한다."

R&D 지출이 감소하는 이유 중 하나는 많은 회사들이 과거 판매실적을 토대로 R&D 예산을 책정하기 때문이다. 전년도 판매가 부진하면 다음 해 R&D 비용은 줄어들기 마련이다. 물론 많은 회사가 이 시기에 사라진 것도 R&D 비용 감소를 설명해주는 요인이다.

이런 현상은 가장 혁신적인 산업에서도 마찬가지다. 예컨대 다음 그래프에서 보는 것처럼 2000년대 초반 인터넷 버블이 터지자

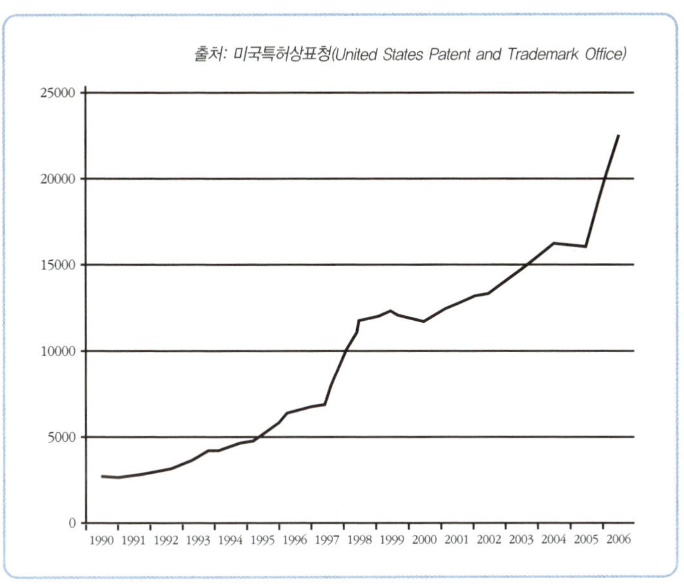

미국 내 IT 특허 신청

혁신을 강조하기로 이름난 IT산업의 특허신청도 영향을 받았다.

IT분야는 주요 자금원천 중 하나였던 벤처캐피털에 미친 금융위기의 영향으로 한층 더 악화되었다. 자금이 떨어진 신생회사들은 자금부족으로 R&D 예산을 삭감할 수밖에 없었다. 벤처캐피털 감소가 혁신속도 감소에 얼마나 큰 영향을 미쳤을지 충분히 상상할 수 있다.

모든 투자자들과 마찬가지로 벤처캐피털리스트는 어려운 시기에 더욱 요구하는 것이 많다. 그런 벤처캐피털리스트 중 하나인 허머 윈블래드(Hummer Winblad: 1989년 창립한 허머 윈블래드 벤처 파트너스(Hummer Winblad Venture Partners)는 소프트웨어 회사에

281

만 투자한 최초의 벤처캐피털이다)의 윌 프라이스(Will Price)는 자신
의 블로그에서 "적절한 출구가 없다면 VC(벤처캐피털)가 회사에
투자할 이유가 있을까?"라고 변명했다.

R&D 예산이 감소되면 다음과 같은 일이 일어날 수 있다.

- 사업모델이 너무 취약하거나, 성장하기 위해 벤처캐피털리
  스트에 의존해야 하는 회사는 사라질 수 있다.
- 능력이 떨어지는 업체는 사업을 위한 연구노력을 단념하거
  나 제한하기 쉽다.
- 재정자원이 부족한 혁신적인 회사는 파트너십이나 합병으로
  보다 강한 회사의 보호를 구할 수밖에 없다.

결국에는 경기후퇴로 시장 진입장벽이 높아져 지배적인 위치
에 있는 회사를 위협할 수 있는 아이디어를 가진 신규경쟁자가
등장할 가능성이 줄어든다. 동시에 경기후퇴는 큰 기업이 다른
회사를 싼값에 인수할 수 있는 기회가 되기도 한다. 이 모든 것은
구글에게 유리하게 작용할 것이다. 여러 시장에서 자리를 굳히고
경쟁하기 어려운 소셜네트워킹 시장에서 경쟁자들을 인수할 기
회가 생기기 때문이다.

경기후퇴는 R&D 지출도 방해하지만 경기변화에 매우 민감한
광고 예산에도 많은 영향을 미친다. 미디어 경제의 아버지로 불
리는 로버트 피커드(Robert G. Picard)에 따르면 다음 그래프가 나

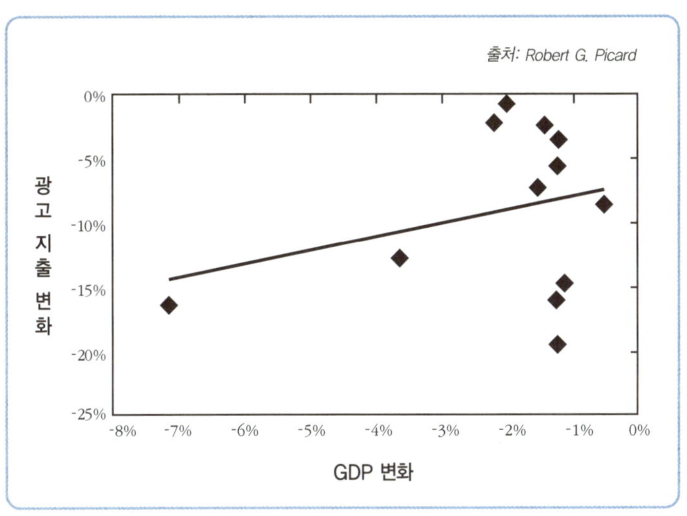

GDP가 광고지출에 미치는 영향

타내듯이 "GDP가 1.15% 감소할 때 광고 예산은 평균 5.98% 감소한다"고 한다.

불경기와 광고지출 사이의 상관관계는 나라별로 다르지만(독일, 핀란드, 영국, 프랑스, 미국에는 매우 강하고 일본에는 거의 존재하지 않는다) 구글의 주요 시장에서는 현저하게 나타난다. 분명히 구글의 광고 수익은 구글의 사업모델을 위협하는 세계적인 불경기로부터 직접적인 영향을 받기 쉽다.

세계경제 위기가 구글의 광고 수익에 미치는 영향을 평가하기 위해 온라인광고의 진화와 사용자행동 및 키워드 판매가격에 미친 영향을 생각해보자. 모든 불경기의 시작이 그렇듯이 2008년 코카콜라, 비자카드 같은 대기업과 많은 자동차 제조업체들, 은

행들이 광고예산 삭감을 발표했다. 이들이 대규모 광고주안만큼 산업 전체에 충격이 일어났다.

중소기업의 광고예산 삭감은 뉴스의 헤드라인을 장식하지는 않더라도 주요 매체에 상당한 영향을 미친다.(BDO Seidman이 조사한 연구에 따르면, 미국 소매유통을 주도하는 최고마케팅책임자(CMO: chief marketing officer)의 3분의 1이 금융시장 붕괴 후 마케팅과 광고 예산이 줄어들었다고 말했다) 하지만 이런 광고지출 감소가 웹 광고에는 어떤 영향을 미칠까? 불경기에 광고주는 광고 캠페인의 비용과 직접적인 효과를 더욱 고려하게 된다. 효과에 대한 요구와 효율성에 대한 관심은 광고의 효과를 더욱 잘 통제하게 하고, 그 효과를 측정할 수 있는 방법을 제공하는 광고 매체에게는 유리하게 작용할 것이다. 이런 관점을 고려해보면 특히 구글 같은 검색엔진의 웹 광고는 전통적인 매체 광고에 비해 고통을 훨씬 덜 받게 될 것이다.

기업이 온라인광고를 증가시키면서 광고예산의 방향을 바꾼 덕분에 구글은 혜택을 볼 것이다. 맥킨지(McKinsey&Company)가 2007년에 발표한 조사에 따르면, 온라인광고는 향후 몇 년 동안 현저하게 성장할 것이다.

- 인터뷰한 회사의 69%만이 온라인 매체 광고를 자주 사용한다.
- 온라인 매체를 사용하는 회사의 30%만이 이 새로운 광고 매체에 예산의 10% 이상을 투자한다: "3년 후에는 이 응답자의

2배가 적어도 이 정도 예산을 온라인에 지출할 것이라고 믿
고 있으며 11%는 온라인에 대부분의 예산을 투자할 것이라
고 말했다.”

이 시장의 발전에 주된 장애물은 적절한 기술을 가진 인력이
부족하다는 것이다. 새로운 매체의 성공에 반드시 전통적인 광고
부서의 기술이 필요한 것은 아니다. 물론 구글이 온라인광고의
유일한 주자도 아니다. 맥킨지 조사에 따르면, 가장 효과적인 온
라인 마케팅 형태로 알려진 검색엔진 광고는 온라인광고 예산에
서 (이메일과 배너 광고 뒤를 이은) 3위를 차지한다. 하지만 그 균형
은 곧 바뀔 것 같다. 응답자의 71%는 검색엔진 광고에 대한 예산
이 증가할 것이라고 말했다. 경기후퇴가 그들의 생각을 바꾸지는
않을 것 같다.

광고예산 감소는 검색엔진의 선두주자인 구글에게 경쟁우위
를 제공헤줄 것이다. 기업들은 가장 많이 노출시켜줄 수 있는 한
곳에 모든 노력을 집중하고 싶어하기 때문이다. 이러한 변화는
자연스럽게 페이스북, 마이스페이스와 같은 소셜네트워크를 통
한 대안적인 온라인광고의 발전을 막을 수 있다.

경기가 어려울 때 소비자는 가격을 비교하게 되어 있다. 가격
을 비교하기에 구글 같은 검색엔진보다 더 좋은 방법이 있을까?
하지만 전자상거래는 아직 사업초기에 있다. 미국연방통계국(US
Census Bureau)에 따르면 2008년 온라인 쇼핑은 전체 소매유통 쇼

핑의 5%에도 미치지 못한다. 이 놀라울 정도로 적은 숫자는 앞으로 성장할 여지가 많다는 뜻이기도 하다.

전자상거래의 성장은 소비자가 온라인에서 제품을 찾는다는 점에서 검색엔진을 자연스럽게 지원하게 될 것이다. 예컨대 2007년 퍼포믹스(Performics) 조사는 온라인 쇼핑을 하는 미국 주부들의 70%가 구매 전에 가격을 조사하며, 57%는 오프라인 상점에서 구매하기 전에 온라인에서 쇼핑을 한다는 것을 보여준다. 온라인에서 가격을 조사하는 것이 구글에게 왜 좋은 일일까? 소비자가 구글을 통해 온라인으로 상품을 검색할 때마다 구글이 광고를 제시할 수 있기 때문이다.

게다가 전자상거래는 검색엔진에게 신규 서비스와 새로운 수익 원천을 개발할 기회를 준다. 예컨대 구글은 광고주가 제품 인지도를 높이는 방법을 제공함으로써 유튜브를 수익화할 수 있다. 더 나아가 구글 상품 검색(Google Product Search, 가격 비교 서비스)과 구글 체크 아웃(Google Checkout, 지불 서비스)을 통해 광고를 직접 판매하거나 거래 수수료를 징수할 수 있다. 고객이 온라인 쇼핑과 구매를 늘리면서 구글은 경기후퇴로 인해 오히려 수입원천이 증가할 것이다.

하지만 세계적인 불경기는 위험도 제기한다. 구글이 경매에서 키워드 판매로 수익을 창출한다고 생각해보자. 이 수익이 증가하려면 키워드에 대한 광고 클릭 수가 증가하고 키워드에 대한 가격도 증가해야 한다. 방문자 수가 증가한다고 해서 이런 일이 일어나는 것은 아니다.

키워드의 가치는 몇 가지 요소에 따라 달라진다. 첫째, 광고주 사이의 경쟁이 중요하다. 광고주들이 특정 단어를 원할수록 그 단어의 가격이 올라간다. 하지만 그 가치는 광고주의 기술(잘못 선택한 단어는 클릭을 얻지 못한다), 광고주의 전략(브랜드를 만들거나 보호하려고 웹 광고를 사용하는 경우 클릭보다는 인상에 더 주목하게 된다), 광고주의 재정 자원에도 영향을 받는다. 경쟁자의 입찰 정보를 얻기는 어렵지만 부유한 광고주는 경쟁사를 이길 수 있는 높은 가격으로 입찰에 응할 것이다.

금융 혼란은 브랜드를 구축하는 방법으로 광고를 사용하려는 대기업의 성향과 경쟁을 줄임으로써 이 모든 것을 바꿔놓을 수 있다. 불경기에는 규모가 큰 기업도 광고성과에 집중하게 되고 지출을 최소화할 수밖에 없다. 사실 구글의 키워드 경매 시스템은 이러한 상황에서 경제적인 어려움을 가중시킬 수 있다. 어느 징도 안징성 있게 가격을 설정할 수 있는 다른 방법과 달리(경제학자들은 '가격경직성'이라고 부른다) 경매는 사용자의 행동과 경제 조건의 미미한 변화에도 신속하게 반응한다.

경제조건에 대한 민감한 반응의 첫 번째 효과는 키워드 당 비용(cost per keyword)의 계절성이다. 키워드 당 비용은 클릭 규모와 클릭당 비용을 결합한 비율로 한 달 동안 해당 키워드를 구매하는 평균비용을 말한다. 예컨대 퍼포믹스(Performics)에 따르면 키워드 당 비용은 2005년 8월 26달러에서 2005년 12월 55달러로 상승했다. 이런 계절성은 수익의 급격한 성장에 묻히지만 불경기에도 계절성은 유효하다. 이것이 구글의 현금유동성에 문제를 야기하게 될까? 현금유동성은 수익의 계절 변동성이 큰 회사들이 직면하는 최대 과제다. 물론 구글은 특별한 경우이기는 하지만 구글 역시 계절성이 높아지면 현금유동성을 고르게 하기 위해 광고 외 수단(예컨대 클라우딩 컴퓨팅)으로 현금을 만들 수 있는 활동에 투자할 수도 있다.

금융위기와 불경기 속에서 회사들은 비용을 절감하고 구조조정을 하며 조직을 정비한다. 일부는 어쩔 수 없이 구조조정을 하기도 하고 일부는 상황을 활용하기 위해 구조조정을 하기도 한다. 이러한 움직임에 기여하는 요소는 두 가지다.

- 직장을 잃는 것이 두려운 직원들은 급여삭감과 단축 근무 등을 수용한다.
- 생산성저하는 개혁이나 훈련 등 생산성향상 활동에 투자할 기회를 제공한다. 스탠포드대학의 로버드 홀(Robert E. Hall)이 설명하는 것처럼 "불경기에 측정된 생산량은 낮을지 몰라도 개혁에 투자한 시간은 미래의 생산성에 기여한다."

즉, 생산성향상 활동의 비용이 감소한다. 이런 경향은 구글을 비롯해 호스팅 솔루션과 소프트웨어를 제공하여 데이터 처리 비용을 줄이는 회사들에게는 이롭게 작용할 것이다.

이 상황에서는 두 가지 분야가 특히 전도유망할 것으로 보인다.

- **온라인 사무자동화 및 협력 툴**: 이동과 협업비용 감소
- **클라우딩 컴퓨팅**: 구글, IBM, 마이크로소프트, 아마존닷컴 같은 회사 네트워크와 컴퓨터에 응용프로그램과 데이터를 아웃소싱하는 기술

회사들이 웹에 모든 응용프로그램을 옮겨놓고 자사가 운영해오던 데이터센터를 닫기를 원하는 것은 아니지만, 금융위기 덕분에 이 기술은 확산될 것 같다. 긴축예산으로 인해 값비싼 프로젝트를 포기하는 대신 IT부서는 예산을 아껴 쓰면서 프로젝트를 실행할 것이다. 클라우딩 컴퓨팅이 사용되면 투자 자본으로 운영비를 대체할 수 있다.

전자상거래처럼 클라우딩 컴퓨팅은 구글이 새로운 소득원천을 발견할 수 있는 기회를 제공해줄 것이다. 하지만 구글이 검색 시장을 지배하고 있다고 해도 이 새로운 비즈니스에 큰 도움이 되지 않을 것이다. 구글은 대기업에 대한 지식과 ERP툴, 전통적인 IT분야의 기술과 직원, 컨설팅 서비스가 부족하므로 특히 IBM, HP, 오라클과 같은 경쟁사를 마주할 때 실질적인 장애를 겪을 수 있다. 그럼에도 불구하고 구글은 이 시장에서 주요한 자산인 '거대한 양의 데이터를 관리, 저장, 분석하는 능력'을 가지고 있다.

구글은 불경기를 극복할 수 있는 능력에 대해 낙관적이겠지만 그렇다고 빈둥거리지는 않을 것이다. 구글은 조직을 재정비하기 위해 최대한 불경기를 이용할 것이다. 이 글을 쓰는 동안 이미 구글은 다음과 같은 비용감축 대책을 발표했다.

- HR 컨설턴트 및 임시직원 감축
- 직원 혜택 및 특전 감축
- 신규채용 연기
- 중복 제품(Page Creator와 Google Sites) 제거를 통해 제품라인을 간소화하고 사용자가 사용하지 않는 서비스(Lively 혹은 Datasets Research) 중단
- 구글 파이낸스(Google Finance) 등 신제품 광고 개시

구글은 내부절차와 제품범위의 효율화를 위해 노력해야 한다고 생각한다. 그 동안 구글의 급속한 성장과 인수(acquisition)가 양산해왔던 문제가 행정부서를 신속하게 확장한다고 해서 풀리지는 않는다. 구글은 충분한 조정 없이 너무 많은 것을 하려고 너무 많은 프로젝트를 내놓았다. 제품을 통합하고 부서 간에 해왔던 조정노력을 개선하며 프로젝트의 수익성에 따라 예산을 분배하는 절차를 실행할 때가 되었다.

이런 변화는 오랫동안 기다려온 것이지만 위험이 따르지 않는 것은 아니다. 경영진과 직원 사이뿐만 아니라 공동창립자 사이에

도 긴장을 조성할 수 있기 때문이다. 지출감소에 동의하기가 예산증대에 동의하기보다 훨씬 어렵기 때문이다.

이런 비용감축 움직임은 직원들의 동기와 충성심에도 부정적인 영향을 미칠 수 있다. 엔지니어들은 구글이 '또 하나의 지루한 대기업'의 모델로 변하는 것을 두려워할지 모른다. 수익성에 기반하여 예산을 편성하는 방법은 훌륭한 프로젝트를 만드는 만족감이나 동료로부터의 존중에서 오는 개인적인 보상과 금전적인 보상 사이의 매우 미묘한 균형에도 영향을 미칠 수 있다.

이러한 위험은 현재 경제위기가 스톡옵션과 이윤분배에 기반한 구글의 임금 모델에도 깊은 영향을 미친다는 점에서 더욱 실제적이다. 주식시장의 급격한 쇠퇴는 미국의 주요 기업들로 하여금 직원에게 보상할 새로운 방식을 찾게 만들고 있고 구글도 예외는 아니다.

이 일은 간단하지 않다. 회사들은 전통적으로 직원들의 사기저하를 우려하여 불경기 때의 임금삭감에 반대한다. 트루먼 뷰레이(Truman Bewley)가 《불경기에 임금이 내려가지 않는 이유(Why Wage Don't Fall During a Recession, 기업 간부, 노동계 지도자, 채용전문가 300명과의 인터뷰)》라는 책에서 설명한 것처럼 "고용주가 임금삭감에 반대하는 것은 주로 임금삭감으로 절약한 부분이 직원 사기저하로 인해 지불해야 할 비용을 초월하기 때문이다…. 사기저하는 이직률을 높이고 생산성을 감소시킨다. 활기찬 직원들은 일을 더 잘할 뿐 아니라 회사의 관심사를 면밀히 파악하기 때문에 더욱 생산적이다. 다시 말해 회사는 사기를 저하시키지 않기 위해 삭감보다는 차라리 해고를 선호한다.”

구글의 경영모델은 독특하다. 문제는 구글의 경영모델이 심한 경기후퇴의 결과를 완화시키는 데 도움이 될 것인가 하는 점이다. 만약 도움이 된다면 어떤 방식일까?

어느 회사든 경영진이 불경기에 사업을 이끌어가기 위해서는 다음과 같은 것을 추진할 수 있어야 한다.

- 변화하는 고객의 수요에 따라 제품과 조직구조를 신속하게 적응시키기
- 구조조정과 인원감축이 직원 사기와 생산성에 미치는 영향 줄이기

구글이 제품과 혁신을 관리하는 방법은 위의 활동에 도움이 되어야 한다. 구글이 변화하는 시장과 고객의 수요에 신속하게 적응할 수 있는 이유는 다음과 같다.

- 구글은 제품개발에 대한 맥가이버 칼 전략 덕분에 제품을 신속하게 바꿀 수 있다.
- ‘조기에 출시하고 자주 출시하는’ 원칙에 따라 사용자의 기대에 부응하고 필요에 따라 제품을 개량할 수 있다.
- 오픈 소스 솔루션 사용과 사용자 및 개발자와의 돈독한 관계

는 혁신의 신속한 통합을 용이하게 해준다.

위계구조 없이 작은 팀으로 구성된 구글의 경영구조는 경제가 어려운 시기에 더욱 진가를 발휘할 것이다. 그 효과성은 회사가 규모를 줄여야 하는 상황에서 더 명백해진다. 전통적으로 위계적인 조직에서 규모를 줄인다는 것은 승진기회 감소, 경영계층 제한, 경력기회 감소를 뜻한다. 하지만 직무만족도가 내재적이고 동료 사이의 명성이 구조상 지위가 높아지는 것만큼 중요한 구글에서는 조직축소로 인해 동기부여가 감소할 가능성이 다른 기업에 비해 훨씬 낮다.

호황기에 효과적이었던 구글의 경영모델은 불경기에도 도움이 되어야 한다. 이 모델이 불경기의 영향을 제거해주는 것은 아니지만 상당 부분 그런 영향을 축소하고 경기침체 이후에 신속히 회복할 수 있게 해야 한다.

구글은 경기후퇴를 잘 견뎌낼 것이다. 이 기간은 구글이 온라인광고 시장에서 누려온 지배적인 지위를 더 강화하고 새로운 수익창출 서비스를 만드는 기회를 제공할 것이다. 경제위기를 통해 구글은 최근의 성공에도 불구하고 광고에 의존해왔던 수익모델이 경기 변화에 매우 민감하다는 것을 기억해야 한다. 이번에는 무사히 통과하더라도 항상 그러리란 법은 없다. 구글은 미국의 주요 기업들이 대공황 이후에 그랬듯이 수익 원천을 다각화할 필요가 있다.

경기후퇴는 구글이 재고하고, 재편성하고, 재조직하게 할 것이다. 어떤 노력은 환영받겠지만 구글은 많은 위험에 부딪치게 될 것이다. 그 위험에 서투르게 대응한다면 구글이 어쩔 수 없이 선택한 변화가 사내에서 긴장을 조성하고 가장 소중한 자산인 직원들의 사기와 시장에서 받아왔던 호의에 영향을 미칠 수 있다.

구글 방식을 효과적으로 적용하는 방법

구글은 예외적으로 탁월한 몇 사람과 뛰어난 집단이 행한 모험의 결과이긴 하지만, 그 이상의 무언가를 이뤄내기도 했다. 그것은 바로 구글이 새로운 경영 모델을 발명했다는 사실이며 이는 혁명적이라고 해도 과언이 아니다. 구글은 대중 시장의 발견, 제품의 발명, 마케팅 및 직원관리의 새로운 기법 등에서 다른 위대한 산업혁명과는 구분되는 특징이 있다. 모든 위대한 경영혁명이 그렇듯이 구글도 1970년대와 1980년대에 설립된 회사들과는 다른 경제, 사회, 문화적 환경에 적응함으로써 정당성을 확보했다.

기술은 이 모든 것에서 결정적인 역할을 해주었다. 이 책을 통해 구글이 경영과 기술을 어떻게 접목시켰는지 살펴보았다. 기술은 조직을 위계적으로 통제하는 수단이 아니라 내부적인 조정 수단으로 사용되었다. 즉, 기술은 회사와 고객, 사용자 사이의 인터페이스였을 뿐 아니라, 구글의 정보 시스템에서 핵심적인 역할을 했다. 하지만 경영에 기술을 통합한 것이 구글이 이룩한 혁명의 유일한 측면은 아니다. 이 혁명에는 사회적 차원도 포함되어 있다. 신제품을 테스트하거나 새로운 아이디어를 얻고 제품을 강화하기 위해 구글만큼 직원들과, 사용자, 그리고 그들와의 관계에서 파생된 '자발적인 자본(voluntary capital)'에 의존했던 기업은 드물다. 구글은 추종자이면서도 때론 무자비한 비평가이자 관찰자로 구성된 팬 커뮤니티의 유용성을 발견한 최초의 회사이다.(그들의 신랄한 비판 덕분에 구글은 가장 효과적인 정보의 원천이 될 수 있었다)

구글의 지속적인 성공은 경영전략에 관심 있는 사람들에게는 수수께끼와 같았다. 몇 가지를 요약하면 다음과 같다.

- 구글은 광고비를 한 푼도 지출하지 않았다.
- 대중이 회사를 비판하는 것을 환영했다.
- 구글은 가장 기초적인 시장관행 마저 지키기를 거부하면서 경영교과서에 나오는 모든 규칙을 거리낌 없이 깨부수었다.
- 오랫동안 구글은 경쟁사에 비해 개발자들에게 임금을 적게 지불해왔다. 하지만 경쟁사보다 더 뛰어난 인재들을, 더 오랫동안 보유해왔다.

구글은 어떻게 몇 년 안에 세계에서 가장 널리 알려진 브랜드

중 하나가 되었을까? 구글은 이 모든 것을 어떻게 해냈을까?

　이 책을 통해 필자는 이 질문에 답하고자 했다. 무엇보다도 구글이 이런 결과를 성취하기 위해 선택했던 해결책을 자세히 설명하기 위해 노력했다. 하지만 이 방법을 액면 그대로 받아들여 모든 기업과 상황에 적용 가능한 방법으로 바꾸기는 쉽지 않다. 서점에는 성공에 대한 일곱 가지, 혹은 열 가지 '법칙' 또는 '단계'를 가르쳐준다는 서적들이 넘쳐난다. 그것들을 액면 그대로 받아들이는 것은 너무나 순진한 행동이다. 경제학과 달리 경영학에는 절대적인 법칙이 없다. 오히려 법칙을 발견했다고 생각하는 순간 즉시 거기에 반대되는 또 다른 아이디어가 떠오른다. 이것은 충분히 예상할 수 있는 일인데, 그 이유는 어떤 회사도 동일하지 않기 때문이다. 겉으로는 매우 닮은 회사라도 고유의 독특한 역사가 있고 제도적 상황과 경제적 환경이 서로 다르기 때문에 같은 조건에서 논할 수가 없는 것이다.

　단순히 구글을 복사한다고 해서 성공적인 회사를 만들 수 있는 것은 아니다. 경영자라면 구글의 지도자들이 스스로에게 던졌던 질문을 자신에게도 던져봄으로써 구글의 방식에서 통찰력을 얻을 수 있어야 할 것이다. 그런 다음 자신의 도전과제에 그 방식에서 얻은 통찰력을 적용시킬 필요가 있다. 다른 분야와 마찬가지로 경영에서의 성공도 일과 상상력을 모두 필요로 한다. 물론 혁신에 대해서는 구글이 정수를 보여주었다. 구글 지도자가 만든 모든 전략 중에서 20% 정책은 확실히 가장 놀라운 것이다. 하지만 이 정책은 직원들에게 창의성을 요구하는 조직이라야 제대로 적용될 수 있을 것이다.

그런 조직으로는 기업의 연구실험실이 가장 먼저 떠오르겠지만 뜻밖의 장소에서 발견되기도 한다. 미쉐린 가이드(Michelin Guide: 미쉐린은 별점을 주는 것에 꽤나 인색하다. 프랑스 전체 레스토랑 중 620곳이 별 1개를, 70곳이 별 2개를, 겨우 26곳만이 드물게 별 3개를 얻었다. (2006년 수치))에서 별 2개를 얻은 프랑스 남서부에 위치한 유명한 레스토랑 같은 곳 말이다. 그 레스토랑의 셰프(chef)는 새로운 메뉴를 정기적으로 소개하는 능력과 창조적인 요리법으로 명성을 쌓았다. 그 셰프는 매달 수-셰프(sous-chef: 부(副) 요리장)들에게 근무시간에 새로운 요리법을 발명하도록 했다. 이렇게 만들어진 요리는 모든 직원들로부터 검증을 받게 되며, 거기서 최고의 요리로 선정되면 '실험' 메뉴판에 올라 고객에게 선보인 뒤, 반응이 성공적이면 메인 메뉴에 올라가게 된다. 그 레스토랑이 취했던 방식은 구글의 20% 정책과 유사하다. 그 셰프는 큰 리스크를 지지 않고도 새로운 메뉴를 쉽게 추가할 수 있고 가장 창의적인 제자를 발굴할 수 있는 것이다. 뿐만 아니라 고객과 비평가를 모두 만족시키는 최상의 요리법을 통해 자신의 명성도 높여가고 있다.

구글의 맥가이버 칼 접근법과 베타 버전 신제품 출시는 복잡성과 불확실성에 대응하는 또 다른 해결책이다. 구글의 경영모델은 소프트웨어개발 업계에 퍼져나갈 것이다. 복잡한 것을 다루는 구글 방식은 의사결정이 연기되는 것도 막아준다. 의사결정의 연기는 신제품 출시 마케팅에 결정적인 영향을 미친다. 사용자가 제품설계에 참여하는 점도 주목할 만하다. 구글의 강점 중 하나는 사용자 및 고객과의 관계를 단절하지 않고 지속하는 능력에 있다.

모든 기업들은 고객이 회사의 중심이 되기를 원한다고 주장한다. 이런 주장은 경영학 교과서에서 가장 많이 나타나는 문구 중 하나이기도 하다. 하지만 대개의 경우 그렇게 목청높여 말할수록 그렇게 행동하지 않는 경향이 있다. 구글은 다음과 같은 행동을 통해 회사가 사용자에게 더 높은 우선순위를 두고 있다는 것을 보여주었다.

- 애드워즈 경매 시스템을 통해 고객이 지불할 가치가 있는 가격을 말할 수 있게 한다.
- 툴을 사용하는 방법에 대한 데이터를 모으고 이 정보를 여과하거나 중재하지 않고 제품을 설계한 사람들과 공유한다. 마케팅 전문가들은 사용자가 원하는 것을 엔지니어에게 더 이상 길게 설명하지 않아도 된다. 사용자들은 스스로 일상적인 행동을 통해 표현한다.
- 재미있어 보이는 응용프로그램을 개발하는 직원들의 능력과 상상력을 끌어낸다. 이케아(IKEA)가 스스로 조립하는 방식으로 가구세계에 혁명을 가져왔다면 구글(위키피디아 같은 것도

그렇지만)은 각 개인들이 지적인 정보를 제공하는 모델을 만들었다.

하지만 무엇보다도 이 한 가지를 기억하기 바란다. 소리를 내게 하면 고객은 목소리를 높인다. 이것은 고객이 다른 대안을 찾아 떠나가 버리는 것을 예방해 주기도 한다.

구글은 인력을 관리하는 면에서도 새로운 모델을 제시했다. 기업과 개인의 평판을 강조함으로써, 구글은 전통적인 기업에서 종종 간과하는 사회적 책임과 직원들에 대한 내재적 동기부여를 강조했다. "나는 나의 내재적 필요를 충족시키기 위해, 인정받기 위해, 동료들의 존경을 받기 위해 일할 것이다." 구글러들은 대부분 정말 그럴 것이다. 동시에 이 방법은 위계적인 질서는 줄이고 다른 기업으로부터의 유혹의 손길로부터 직원들을 계속 보유하게 해주며, 기술은 뛰어나지만 매너가 좋지 않은 기술진을 승진시킬 방법을 찾게 해주었다.

구글의 지도자들은 혁신, 인력관리, 제품, 고객관계 등 모든 회사가 직면하는 문제를 새로운 각도에서 바라보았다. 그들은 또 노동과 전문화의 분업 문제를 동시에, 그것도 뛰어난 방법으로 해결할 수 있었다. 그들은 누구나 모방하고 싶어하고 기업경영에 관심 있는 사람이라면 누구나 관심을 가질 수밖에 없는, 풍부하면서도 복합적인 모델을 성공적으로 만들어냈다.

구글은 일하는 방식이 다르다

초판 1쇄 인쇄일 2010년 4월 1일
초판 1쇄 발행일 2010년 4월 5일

지은이 버나드 지라드 옮긴이 이영숙
펴낸곳 (주)도서출판 예문 펴낸이 이주현
주간 이영기 편집 송현옥 · 김유진 디자인 박금순
마케팅 채영진 관리 윤영조 · 문혜경
등록번호 제307-2009-48호 등록일 1995년 3월 2일 전화 02.765.2306 팩스 02.765.9306
주소 서울시 성북구 성북동 115-24 보문빌딩 2층 http://www.yemun.co.kr
ISBN 978-89-5659-146-9 13320